北海道の古代・中世がわかる本

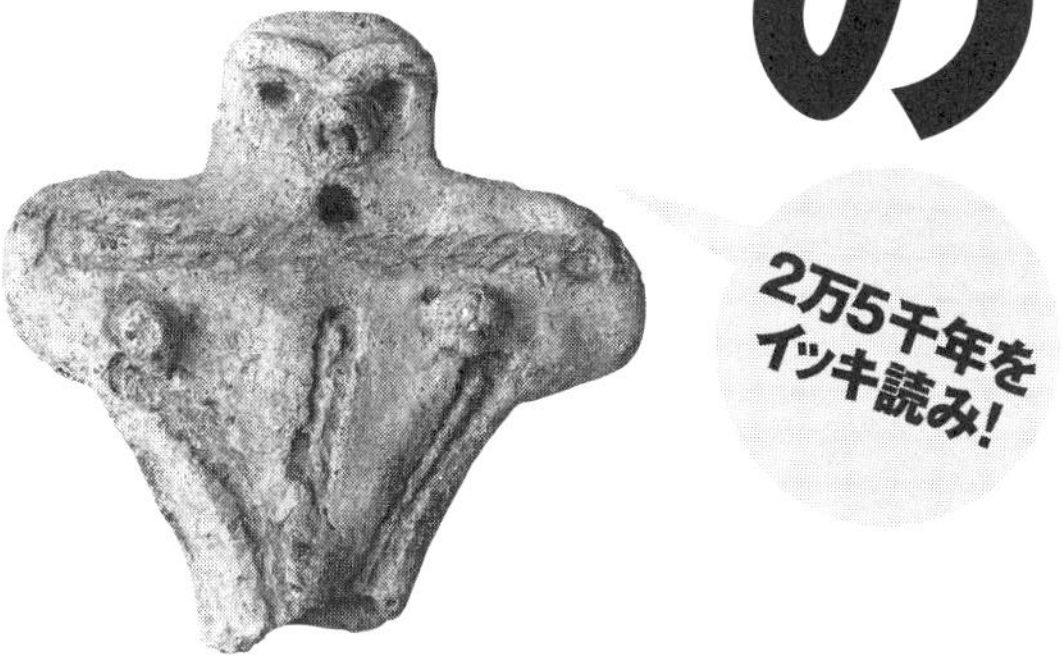

関口明
越田賢一郎
坂梨夏代

亜璃西社

はじめに

私たちが日本の歴史を学ぶ時、旧石器時代、縄文時代、弥生時代、古墳時代という時代区分に沿いながら、それぞれの代表的遺跡を介してその時代相を学ぶことが多い。年齢によって違うだろうが、群馬の岩宿遺跡、青森の三内丸山遺跡、佐賀の吉野ヶ里遺跡、大阪の大仙陵古墳(仁徳陵古墳)などを思い出す人もいるだろう。

しかし、これらの遺跡はいずれも本州以南のものであり、北海道に暮らす人々にとっては、その時の北海道がどのような歴史を持っていたのか、知りたくなるのは当然であろう。本州以南と共通する部分もあれば、異質な部分もあるはずだからである。

日本は海に囲まれた島国なので、独特な文化が育まれたという考え方がある。海を文化交流の障壁とみるのである。では、島である北海道はどうであろうか。北海道は、氷河期に大陸と陸橋でつながっていた。氷河期が終わって島となっても、北海道は大陸そして本州とさまざまな交流を持っていたことが本書を通して明らかになるであろう。我々の島は、海に囲まれていたが故の豊かな歴史を持つのである。

近年、藤本強氏は日本の社会・歴史を問いなおす際に、「北の文化」(=北海道)、「南の文化」(=沖縄などの南島)の重要性を説き、そこには「もう二つの日本文化」があると指摘した。北と南には公の歴史に記録されない大陸との交渉があり、その結果が、アイヌの社会と琉球の社会を形成したのである。これらは「中の文化」(=本州など)と直接の交流を持つこともあったが、隣接する「ボカシの地域」を介して相互に影響しあっていた。

2008年に出版された『北海道の歴史がわかる本』は、原始から古代・中世部分を10のトピックスで記述している。姉妹版の性格をもつ本書では、同じ期間を32のトピックスで構成し、新たな考古学的成果なども取り入れてより詳細に記述した。しかし、文献資料が圧倒的に少ない時代のため、隔靴搔痒の感をまぬがれず、読者の期待に十分応えられなかったのではと危惧している。

札幌では昨年、ある市議の「アイヌ民族なんて、もういないですよね」という発言が物議を醸した。本書が、アイヌ民族との関わりのなかで育まれた北海道の歴史をいま一度学びなおし、私たちの北海道がどのような歴史を歩んできたのかを考え、北海道の特色を考える一助となれば幸いである。

2015年3月

関口　明
越田賢一郎
坂梨　夏代

北海道の古代・中世がわかる本［目次］

第2章　北方への広がりとアイヌ文化

第3章 アイヌ民族と中世国家

[PART 1]「夷嶋」と中世国家

[PART 2] 武田(蠣崎)氏とアイヌ支配 松前藩成立前史

この本を読む前に

1　本書は全体が3章に分かれ、1・2章を主に考古学的な視点から、3章を文献史の視点から執筆している。そのため、一部時代の重複するところもあるが、各トピックはほぼ時代順に配列している。

2　考古学的な年代は、まだ議論がおこなわれている時代もあるため、あくまでも目安としてみていただきたい。また、文献史学の年号は和暦と西暦の併記を基本とした。

3　本書に掲載する地名などの固有名詞については、当時の名称と現在使われている名称が異なる場合は併記するようにした。

4　アイヌの人々をあらわす言葉として、本書では「アイヌ」「アイヌの人びと」「アイヌ民族」などの表現を文脈に応じて使用し、擦文文化・トビニタイ文化以降は、「アイヌ文化期」「アイヌ期」の名称を使っている。これは、近世の文献や絵画記録、口頭伝承、近代以降の民族学的調査によって明らかになっている「アイヌ文化」が、この時期に形成されたものととらえたことによる。

5　各トピックのタイトル下に配した年表では、その項と同じ時代の本州の時代区分を併記して、相互の関連がわかるように配慮した。

6　本文を補足する目的で、語句の説明などを脚注として本文下に配した。ただし、同じ語句が度々登場する場合は、参照ページだけを示したものもある。

7　各トピックの末尾に挙げた参考文献は、原稿を書く上で参考にさせていただいた文献のほか、その項をより深く知りたい方に読んでもらいたい文献も一部紹介している。

第1章

北海道の黎明

長さ36.5センチメートルの大型尖頭器（17ページ参照）

北海道の旧石器時代は、最も寒冷であった2万年前をはさんだ、最後の氷河期に展開する。海水面の低下によって、北海道は大陸から突き出した半島のような状態にあった。この陸橋をたどって、大陸からマンモス動物群と人類が渡ってきた。

その後、温暖化が始まったことで落葉広葉樹林帯が西日本から北上し、北海道の南西部までを覆うようになる。この落葉広葉樹林帯に育まれたのが、北海道の縄文文化である。土器の使用によって植物性の食料を積極的に利用するようになり、狩猟・採集・漁労主体の安定した社会を築いていく。

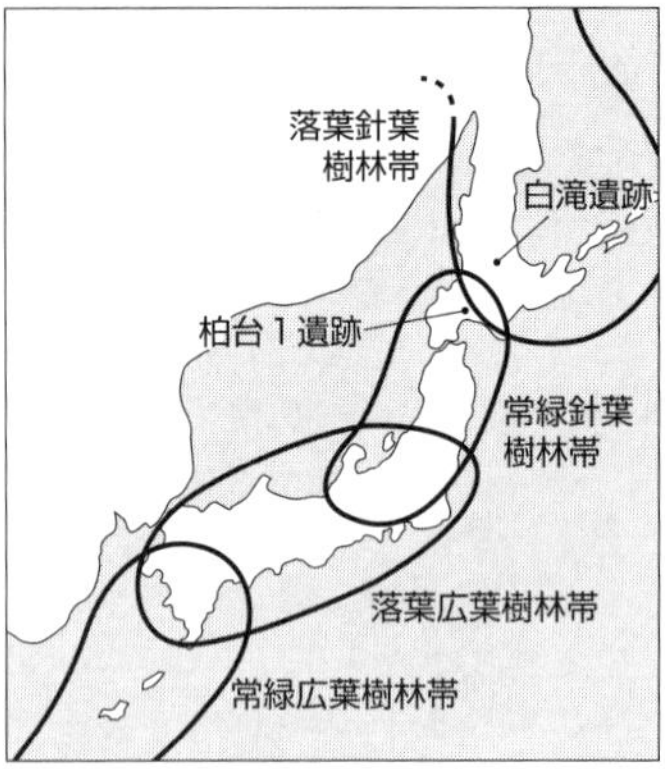

旧石器時代の日本列島植生図

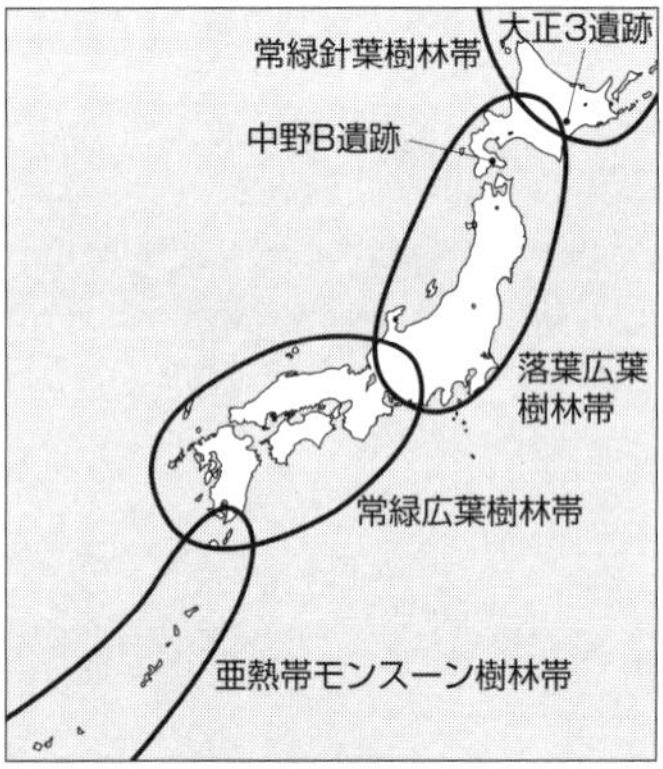

縄文時代の日本列島植生図

PART 1

遺跡が語る旧石器文化と縄文文化

縄文文化の大型化した竪穴式住居跡（32ページ参照）

topic..... 01

北海道にはいつから人が？陸橋渡る旧石器時代の人々

約2万5000年前まで遡る、北の旧石器文化

北海道の時期区分		本州
旧石器		旧石器
縄文		縄文
続縄文		弥生
		古墳
	オホーツク	飛鳥
擦文		奈良
	トビニタイ	平安
中世（館）	アイヌ	鎌倉
		室町
近世（松前藩）		江戸

最も古い石器群は約2万5000年前

人類は、今から約700万年前にアフリカで誕生したとされている。しかし、この「○万年前」という年代値も、新たな発見があるたびにどんどん遡っているのが現状である。

アフリカの熱帯地域で生まれた人類は、長い時間をかけて世界中に広がっていき、約1万3000年前には南米大陸の最南端まで達したとされている。ひと口に人類といっても、その種類は研究者によって見解が異なる。当初は20種類近くいたと考えられているが、現在生き残っている人類種は、我々**ホモ・サピエンス**ただ1種類のみとする説が有力だ。

約20万年前にアフリカで誕生したホモ・サピエンスは、約10万年前にアフリカを出て、5～7万年前にアジア・オーストラリア、約4万年前にはヨーロッパに移動していったことが明らかになってきている。日本列島にはシベリア、

ホモ・サピエンス　ヒト科ヒト亜科に属する、現生人類の学名。

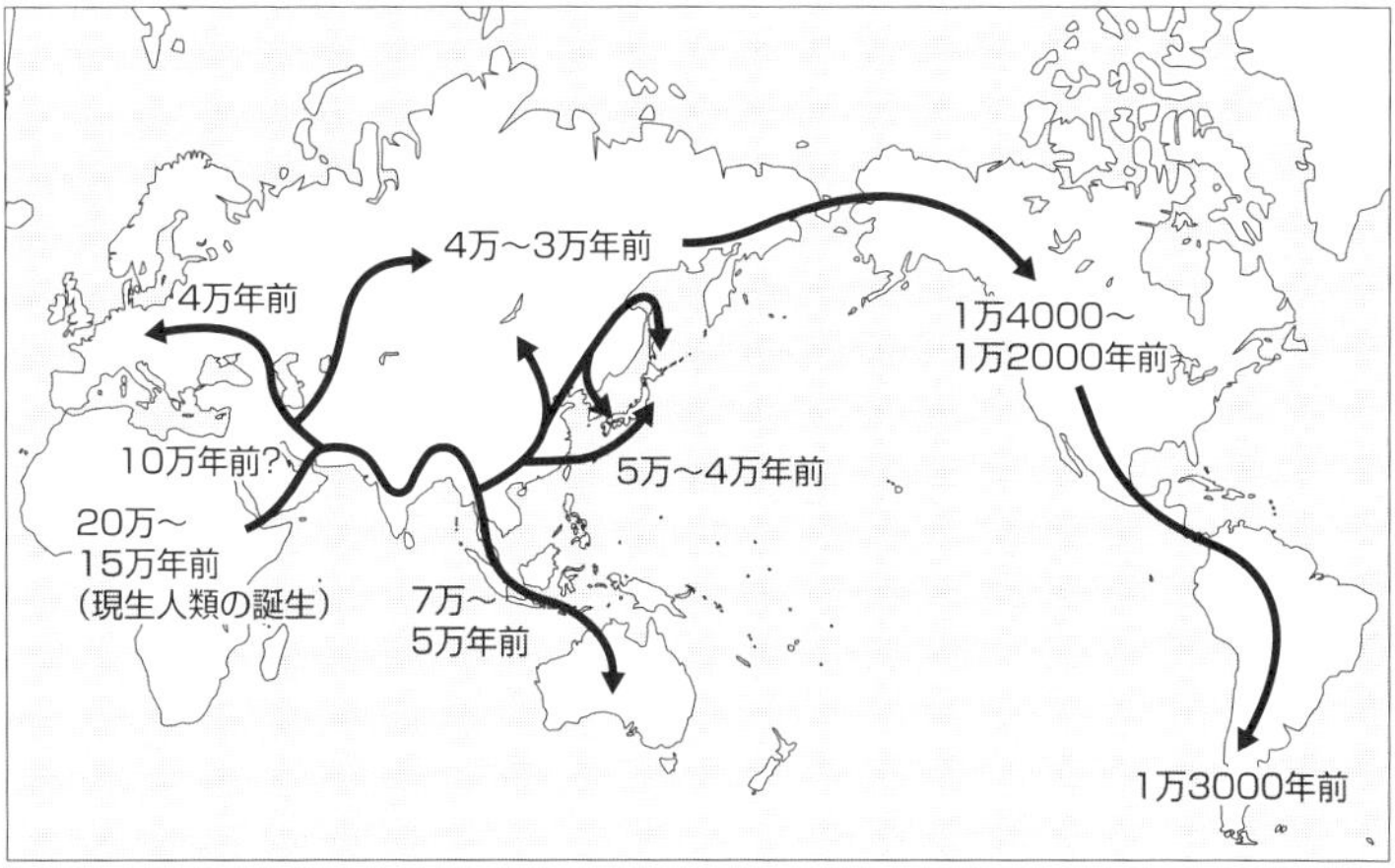

現生人類（ホモ・サピエンス）の世界拡散ルート

東南アジア、朝鮮半島から移動した可能性が示唆されており、現在のところ約4万年前には日本列島に到着していたとみられる。

現在、北海道で最も古い石器群は、約2万5000年前の台形様《だいけいよう》石器群（簡単な加工を施して台形に近い形状にした、大きさ3〜4センチメートルの石器を含む石器群）と呼ばれるもので、これは同時期に本州でも展開していたことから、その影響が論じられている。

一方、北方地域からの影響として注目されるのは、**細石刃**《さいせきじん》石器群である。細石刃は、完形品で長さ5センチメートルほどのカミソリ状の刃で、それを木製や骨製の柄にはめ込み、槍として使った。

細石刃　細石刃核（黒曜石のかたまり）から、幅数ミリメートルの薄く細長い剥片を叩きはがしつくられた石器。

細石刃石器群が出土した柏台1遺跡
（北海道立埋蔵文化財センター提供）

細石刃は細石刃核から連続して大量につくられるが、この細石刃核はシベリアなどの北方地域に広く分布する特徴的な石器で、そこから約2万〜3万年前に北海道へ入ってきたと考えられる。その後、細石刃石器群は約1万2000年前まで続き、北海道内で各地域の石材環境などに適応し、独自の発達を遂げていく。人々の交流もこうした石器から推測することが可能で、広範囲にわたる移動をおこなっていた様子が明らかになっている。

このような石器を使って、人々が暮らしていた時代を**旧石器時代**《きゅうせっきじだい》と呼ぶ。とくに、北海道に最初の人類が来た3万〜1万年前ごろは、**氷河期**と呼ばれる寒冷な気候であり、現在、大陸―サハリン―北海道を分かつ海峡は、その時代には陸化していた。

大陸と陸続きであったこの時代の北海道には、今では絶滅してみることのできない**マンモス動物群**（マンモスゾウ、ヘラジカ、バイソンなど）が、シベリアから南下したとされる。そして、これらの動物群の移動とともに、人類が北海道に移動

旧石器時代　ヒト科による石器（道具）の使用がはじまった、200万年前から1万年前までの時期。

氷河期　氷河時代のうち、気候の著しい寒冷化で氷河が発達し、世界的に海面が低下した時期。氷期とも。

マンモス動物群　氷河期のシベリアに特徴的な大型動物のグループ。約1万年前に絶滅した。

したと考えられている。

しかし、当時の人類がマンモスを狩っていたと考えられる確実な資料は、まだみつかっていない。アメリカでは、約1万2000年前のマンモスの化石骨に石器痕がついた資料もみつかっているようだが、世界的類例は少なく確証は得られていない。

単一的ではなかった旧石器時代初期の様相

道央部の千歳市**柏台《かしわだい》1遺跡**は、約2万年前の最終氷河期に、寒冷かつ乾燥した気候のもとで形成された内陸**古砂丘《こさきゅう》**上に位置する。北海道における後期旧石器時代の細石刃石器群の遺跡として、平成9(1997)年から同11年にかけて、6300平方メートルの広大な地区で調査がおこなわれた。

柏台1遺跡には、樹木の根の痕跡が多数残されており、また炉の跡もみつかっている。そこから得られた木炭を**^{14}C年代測定法**で調べたところ、1万9000〜2万2000年前の年代値が与えられたことにより、北海道の細石刃石器群が2万年前に遡ることを確認できた。さらにここからは、**蘭越《らんこし》型**といわれる細石刃核も出土している。みつかった細石刃核や剥片をパズルのように組み立てて接合したところ、蘭越型は石刃核の剥離が進んだ結果、そのまま小型化して細石刃核になったものであることがわかった。

柏台1遺跡　千歳市南東の千歳川沿いに位置する、後期旧石器時代の遺跡。細石刃が出土している。

古砂丘　おもに更新世（洪積世）に形成された砂丘で、多くが日本海沿いの海岸部に分布する。

^{14}C年代測定法　放射性炭素年代測定法とも。大気中に存在する放射性炭素^{14}Cを摂取した動植物が、生命を失った時点からその量を減衰させる特性を利用して年代を測定する方法。

蘭越型　細石刃核の型式のひとつ。両面調整の素材を用意し、その縦の長い部分で細石刃剥離をおこなう細石刃核のこと。

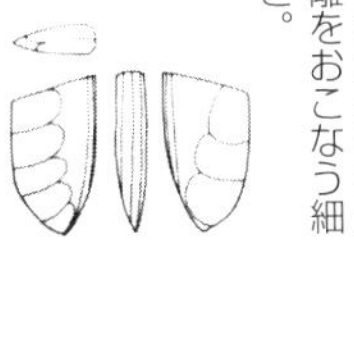

このほか、細石刃石器群よりも古層でみつかった、前出の台形様石器群がある。柏台1遺跡の様相から、蘭越型細石刃石器群は古い段階から存在し、台形様石器群と共存していたことが明らかになっている。

　こうした石器群の混在は、その後の発掘調査でも類例がみつかっており、北海道における旧石器時代初期の様相は単一的でないことがわかってきた。

黒曜石の大原産地
白滝遺跡群の成果

旧石器時代の道具は、主に石でつくられていた。石器に使う石はどんな石でもよいわけではない。**黒曜石**《こくようせき》、**頁岩**《けつがん》、**チャート**、**安山岩**《あんざんがん》、**サヌカイト**、**玉髄**《ぎょくずい》、**砂岩**《さがん》など、加工に適したものが多く選ばれていた。なかでも黒曜石はガラスに似た石で、加工のしやすさに加えて鋭い切れ味を持つことから、日本各地で使用された。

　北海道では黒曜石と頁岩が多く使われている。黒曜石は主に道東・道北・道央部に原産地を持ち、遠軽町白滝《えんがるちょうしらたき》、置《おけ》戸町《とちょう》、上士幌町《かみしほろちょう》、三股《みつまた》、赤井川村《あかいがわむら》などが知られる。一方、頁岩は道南の長万部町《おしゃまんべちょう》・国縫川《くんぬい》などが知られている。

　黒曜石原産地のうち、特に白滝は大原産地であり、その周辺には数多くの旧石器時代の遺跡「白滝遺跡群」が点在

頁岩　剥離性の強い泥質の堆積岩／**チャート**　動物の殻や骨片が海底に堆積した岩／**安山岩**　マグマが短時間で冷却されてできた火山岩／**サヌカイト**　安山岩の一種で、緻密で固く青銅光沢がある／**玉髄**　微細な石英の粒子や結晶が塊状になったもの。蝋のような光沢を持つ／**砂岩**　砂粒が堆積・固結した岩

遠軽町白滝赤石山の露頭（坂梨撮影）

する。白滝遺跡群は、オホーツク海に注ぐ湧別川とその支流・支湧別《しゆうべつ》川の河岸段丘上、および黒曜石原産地の赤石山《あかいしやま》一帯に位置する遺跡群で、確認されているだけで100カ所以上の遺跡が残る。昭和の初めごろにその存在が知られるようになり、**遠間栄治**《とおまえいじ》氏よって石器収集がおこなわれていたが、昭和28(1953)年以降の吉崎昌一《よしざきまさかず》氏(1931～2007、元札幌国際大教授・考古学者)の調査・研究によって、より詳細な様相が明らかとなった。

さらに平成7(1995)年以降、高規格道路の建設に伴う大規模な発掘調査が、**北海道埋蔵文化財**《まいぞうぶんかざい》**センター**を中心におこなわれてきた。同センターの調査では旧石器時代の遺跡だけで20カ所が発見され、面積は約13万平方メートル、出土遺物は約696万点におよび、総重量は13トンを超える。調査によって得られ

遠間栄治　1904～1969年。遠軽町議会議長を務める傍ら、黒曜石石器の発掘に取り組み、収集資料の保存に努めた。

北海道埋蔵文化財センター　道内埋蔵文化財の保護、保存・活用を図るために設立された団体。

上白滝8遺跡出土の白滝遺跡群最大の尖頭器。長さ36.5センチメートル、重さ1.2キログラム
(北海道立埋蔵文化財センター提供)

た**層位学**《そういがく》的見解の研究や遺物の形態、加工の特徴から、遺跡群の年代は3万〜1万年前の後期旧石器時代〜縄文時代に相当することがわかった。

　出土した遺物の多くは、石器をつくる際に生じた大小さまざまな黒曜石の剥片である。石器は全体の1パーセントにも満たないが、それでも数万点におよぶ。石器の種類は石刃や縦長剥片が最も多く、また尖頭器《せんとうき》も多くつくられている。

　白滝遺跡群でつくられた尖頭器は大型のものが多く、ほとんどが破損した状況でみつかっているが、最大のものでは長さ36・5センチメートル、重さ1・2キログラムもある。こうした石器の存在や出土した石器の多さからも、白滝遺跡群では豊富な石材原産地を抱える特別な環境のもと、その石材を惜しみなく利用できる、他に類例をみない状況であったと想定される。

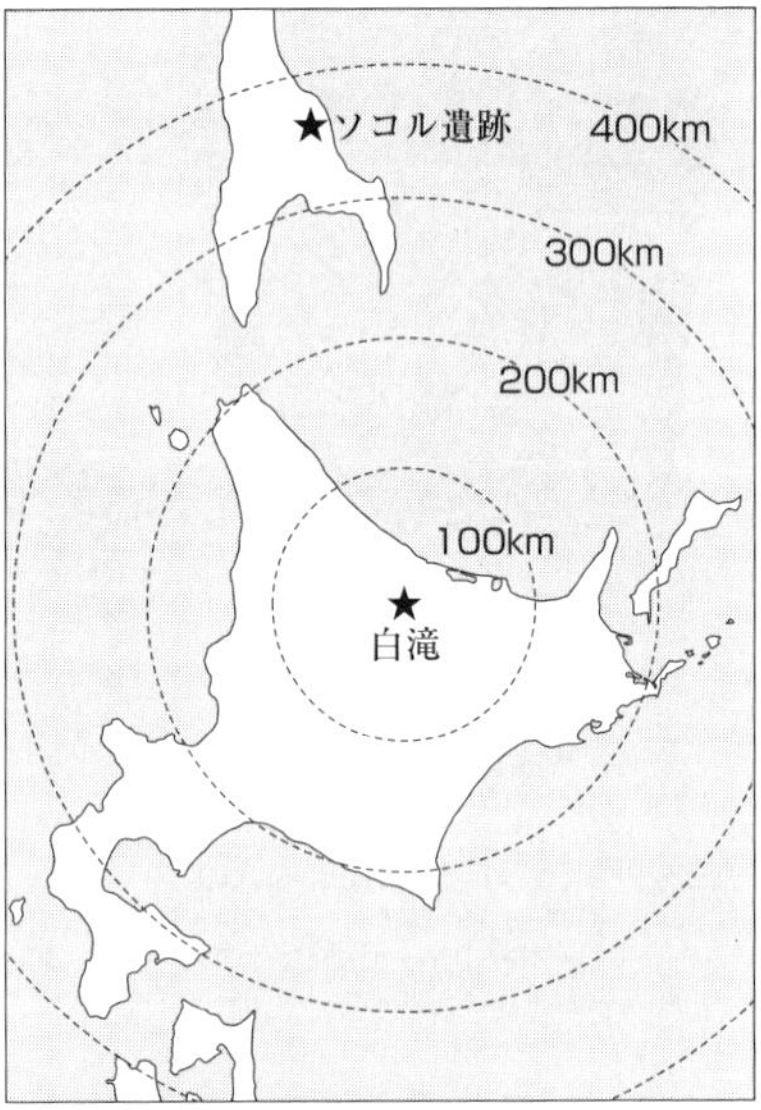

旧石器時代の白滝産黒曜石の広がり

層位学　遺物を含む地層同士の関係などから、年代の新旧を決定する考古学。

円礫　川原の玉石のような丸い岩石を指す。礫とは、2ミリメートル以上の大きさを持つ岩石の破片のこと。

道南やサハリンにも渡った白滝の黒曜石

　北海道における旧石器時代初頭の黒曜石利用状況には、二つの様相がみられる。一つは、主として近傍の黒曜石を石材に用いている点、もう一つは河原で採れる拳大《こぶしだい》ほどの**円礫**《えんれき》を用いる点である。この時期の石材の入手方法が、主に身近な河原の石であったことは、発掘調査でも明らかになっている。

そして旧石器時代中ごろには、石材獲得のための本格的な**露頭**《ろとう》開発が、積極的におこなわれるようになる。白滝遺跡群のなかでも大規模な遺跡が集中する時期であり、白滝産黒曜石の需要が高まった時代といえる。こうした状況は、道内の多くの遺跡で白滝産がみつかっていることからも理解できる。

同時にこの時期、白滝産の黒曜石は、道南の遺跡や遠く400キロメートルも離れた南サハリン（ソコル遺跡）にまで持ち込まれていたことも確認されている。これは氷河時代の氷期、気温の低下に伴い**間宮海峡**《まみやかいきょう》の海水面が低下し、大陸と陸続きになったためと推測されている。

そこからは、白滝産の上質なブランド黒曜石が、道内のみならず海を越えて運ばれ、そこに一つの黒曜石流通ルートが形成されていたことがうかがえる。

露頭　表土に覆われず、地表に露出している地層や岩石の一部。

間宮海峡　サハリン（樺太）と大陸を隔てる海峡。1809年、間宮林蔵が発見し、シーボルトが命名した。最狭部は幅約7キロメートル。

［参考文献］

木村英明『北の黒曜石の道　白滝遺跡群』（新泉社、2005年）
野村崇・宇田川洋編『新北海道の古代1　旧石器・縄文文化』（北海道新聞社、2001年）
加藤晋平・鶴丸俊明『図録・石器入門事典〈先土器〉』（柏書房、1991年）

topic..... 02

温暖化が生んだ縄文文化 土器の登場で食生活も一変

自然環境の激変に適応、住居は早期に大規模化

北海道の時期区分		本州
旧石器		旧石器
縄文		縄文
続縄文		弥生
続縄文		古墳
続縄文	オホーツク	飛鳥
擦文	オホーツク	奈良
擦文	トビニタイ	平安
中世（館）	アイヌ	鎌倉
中世（館）	アイヌ	室町
近世（松前藩）	アイヌ	江戸

温暖化で環境が一変
生活用具も大きく変化

縄文文化は気候が温暖になったことで、旧石器時代とは植生や動物相が大きく変化した。この温暖化による環境の激変によって、当時の人々をとりまく生態系は一変した。

旧石器時代、北海道の大部分はマツなどの針葉樹林に覆われていたが、温暖化によってほぼ全域にブナ、ミズナラなどの落葉広葉樹林が広がっていく。さらに同時期、暖流が北海道付近に流れ込んできたことも、気温の上昇をもたらした原因とされている。

また温暖化によって、寒冷な気候の時代に大陸からサハリンを経由して南下してきた大型哺乳動物（マンモス、バイソン、ヘラジカなど）は、生息できなくなった。そのため、それまで大型哺乳類を狩猟することで生活してきた旧石器人は、食料の獲得方法を変える必要に迫られたと考えられる。

その影響は、旧石器人にとって主要な生活道具であった石器の変化にもあらわれている。北海道の旧石器時代後半期は、一つの石(細石刃《さいせきじん》核)から同じ規格のカミソリ状の刃を大量につくりだす細石刃を、骨や木の柄に埋め込んで槍のように使う狩猟具が主流だった。この機能性、携帯性に富んだ道具は、人々の行動範囲を広げ、北海道内で独自の発達を遂げていく。

幕別町札内N遺跡から出土した有舌尖頭器
(幕別町教育委員会蔵)

しかし、旧石器時代の終わりごろにあたる約1万4000年前から、この道具は徐々に姿を消し、代わって有舌尖頭器《ゆうぜつせんとうき》といわれる、槍先の基部に舌状の突起をつけた道具が出現する。この新しい道具は、日本列島の生態系が変化し、それに伴って狩猟対象となる動物も変化したために生まれたと考えられる。本州では土器を伴って出土することが多く、少なくともこのころには、土器を持った人々が本州から北海道に流入していた可能性が高い。

ただし、ロシア極東地方などでも同時期に土器が出現しており、なぜ環日本海において、同時期にこのような形で土器が発現したかについては、いまなお議論が続く。しかし、同じような自然環境のなかで、新しい技術が生まれたということだけは確かだろう。

北海道最古の土器は約1万4000年前

現在のところ、北海道最古の土器が出土した遺跡は、帯広市街の南に位置する**大正3遺跡**である。高規格道路建設のため、平成15(2003)年に調査されたこの遺跡からは、指でつまんで痕をつけた「**爪形文**《つめがたもん》」とよばれる文様を持つ、丸底で先端に乳房のような突起がついた土器がみつかった。この文様は、本州の縄文時代草創期の土器と共通するものだった。

しかしこの爪型文は、デザインこそ本州のものと対比することが可能ながら、北海道の独自性がすでにあらわれているとする見方から、土器文化が早い段階で北海道に定着していた可能性も指摘されている。

大正3遺跡出土の爪形文土器（帯広百年記念館蔵）

大正3遺跡　帯広市大正町にある、縄文文化草創期〜前期の遺跡。土器や石器が各数百点出土した。

爪形文　爪形の痕を押した縄文土器で、人間の爪だけでなく、竹や二枚貝などを使って押したものもある。

土器の内部や外部に付着した煮こぼれと思われる炭化物を、^{14}C（放射性炭素）年代測定法で調べた結果、1万2500〜1万2000年前という年代が与えられた（**較正値**《こうせいち》1万4000〜1万5000年）。

それ以前は、富良野市 **東麓郷**《ひがしろくごう》**2遺跡**で約1万2000年前とされる土器片や、江別市**大麻**《おおあさ》**1遺跡**出土の約1万年前とされる土器、そして帯広市内の **暁**《あかつき》**遺跡**や八千代《やちよ》A遺跡（後出）などから出土した約8000〜9000年前の「暁式土器」が古いとされてきた。

しかし、この発見によって北海道の土器の使用開始は、数千年遡ることが明らかになった。また、一緒に出土した小型の尖頭器（槍先）から、石鏃《せきぞく》（矢尻）を使った弓矢による狩猟がおこなわれた可能性も指摘されている。

これまでは、北海道に土器が出現した縄文早期前半では、道南と道東に形態的な違いがあったとされ、道東では平底が主流で、道南では底のとがった土器が多く発見されていた。

それだけに、大正3遺跡で発見された丸底で爪形文を持つ土器は、それまで想定されなかった本州や道南とのつながりを示したものだった。さらに、爪形文は縄文のついた平底より古い時期のものとされているため、北海道における縄文文化の成立過程を再考するうえで、重要な資料となっている。

較正値　^{14}C年代測定法で得られた年代値は、実際の年代と異なるため、補正作業をおこなうことで暦年代に近づけた数値のこと。

東麓郷2遺跡　富良野市南東部にある、旧石器時代終末期〜縄文文化の遺跡。石器や土器片が出土したほか、縄文の竪穴跡や墳墓などの遺構もみつかった。

大麻1遺跡　江別市大麻新町にある、縄文文化の遺跡。土器や住居跡がみつかった。

暁遺跡　帯広市中心部に近い、旧石器時代〜縄文文化晩期の遺跡。8000点以上の石器が出土した。

土器の登場により急変した生活様式

ちなみに日本最古の土器は、青森県**大平山元《おおだいやまもと》遺跡**からみつかったもので、約1万3000〜1万4000年前（較正値1万5000年〜1万6000年）の年代値が与えられている。一方、大陸側の状況をみると、近年、日本海をはさんで対岸に位置するロシア極東部で、1万年を超える古い土器が出土した遺跡がみつかった。その初期出現期の土器について、放射性炭素年代測定法によって出された年代値がまとめられている。

それによると、ロシア極東地域アムール川下流域の**ガーシャ遺跡**下層で約1万3000年、アムール中流域の**グラマトゥーハ遺跡**で約1万2000年の年代値が示されている。ただし、資料が断片的で、土器の形態や文様などによる考古学的な編年体系が確立していないといった問題点もあり、まだ明確なことはいえない。

しかしながら、日本列島以外のロシア極東アムール川の中・下流域においても、古い時期から土器を使っていた可能性は充分考えられ、これらの地域との関連性を重視して論議を続けていく必要がある。

このように年代値だけでみれば、今のと

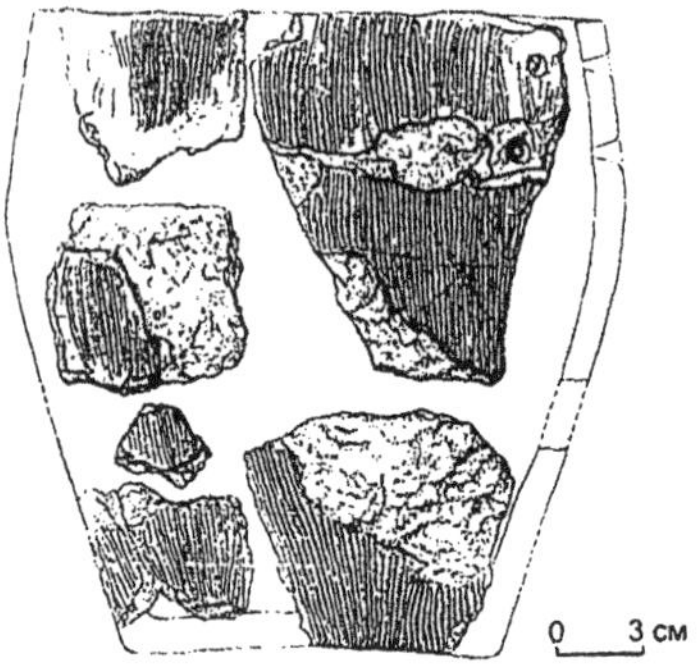

ガーシャ遺跡から出土した、オシポフカ文化の代表的な土器（Medvedev1993）

大平山元遺跡 青森県外ヶ浜町にある、縄文時代草創期初頭の遺跡。旧石器時代の特徴を持つ石器群のほか、土器片などが出土した。

ガーシャ遺跡 ロシアのアムール川下流域に位置する、旧石器時代後期の遺跡。オシポフカ文化の石器や土器が出土した。

グラマトゥーハ遺跡 ロシアのアムール川中流域に位置する、旧石器時代後期の遺跡。オシポフカ文化の石器や土器が出土した。

ころ日本が最も古い土器出現の地である。また比較的古い年代は、東アジアを中心とした地域に集中していることもわかっている。その一方、西アジアでは、約7500年前の農耕が開始された時期とほぼ同時に土器が生まれていることから、これより以前に出現している東アジアの土器については、農耕など生業の確立とは違った角度から考えなければならない。

いずれにせよ、土器の誕生はそれまでの生活スタイルを変える画期的なものだった。煮炊きや貯蔵といった用途に器として使われることで、食生活に大きな変化をもたらしたと考えられる。また、土器を彩る文様は、時代を追うごとに地域の独自性を持った、独特の形態に変化していく。

縄文文化早期に本州の土器が流入

縄文文化草創期（土器出現の初期）の遺跡やそこから出土する土器片は、断片的なものが多く、まだその様相は明らかになっていない。しかし、時代が進むにつれて遺跡から出土する土器の数が変化し、縄文早期初頭になると飛躍的に出土数が増加する。そして、多くの**竪穴式住居**《たてあなしきじゅうきょ》を持った大規模集落遺跡があらわれはじめる。

竪穴式住居 地面を直接掘り下げて床とし、そこに屋根をかけた半地下構造の住居。

縄文早期の大規模集落がみつかった函館市中野B遺跡
（北海道立埋蔵文化財センター提供）

〔函館市・中野B遺跡〕

中野B遺跡は、函館市街の東側約8キロメートルに位置し、標高40~50メートルほどの海岸段丘上に立地する縄文早期の遺跡である。函館空港の滑走路延長工事に伴い、発掘がおこなわれた。

最も注目される点は、600軒を超す竪穴式住居跡が残る大規模集落であったことである。住居跡からは漁網用の**石錘**《せきすい》が多量に出土し、漁労がおこなわれていたことが明らかになった。中野B遺跡が立地する段丘には、津軽海峡に流れ込む小さな河川がいくつもあり、当時の人々はこれらの河川で漁労を営んでいたと考えられる。周辺には、縄文早期の遺跡が多く、中野B遺跡に数多くみられる住居跡も、長い時間のなかで繰り返し利用されていた。これらのことから、この段丘上を人々が生活の場とし、活発に活動していた姿を想像できるのである。

中野B遺跡出土の貝殻文土器群
（北海道立埋蔵文化財センター提供）

石錘　魚網などにつけ、錘（おもり）として用いられたと考えられる石器。

〔帯広市・八千代A遺跡〕

道東地方の縄文早期の大規模集落に、帯広市の八千代A遺跡がある。約85

00〜7500年前の遺跡で、昭和60（1985）年に農地造成のため発掘調査がおこなわれ、100軒を超す竪穴式住居跡がみつかった。八千代A遺跡では、出土した石器の多くが狩猟や動物を加工するための道具で占められ、木を伐採するための石斧《せっぷ》や、植物を加工するためのすり石・石皿などの道具も多くみつかっている。また、炉跡からはミズナラ（ドングリ）、ヤマブドウなど植物の種子が出土したことも考え合わせると、狩猟だけでなく積極的に植物資源を利用していた様子がうかがえる。

このように中野B遺跡も八千代A遺跡も、長い時間をかけて繰り返し同じ土地が利用された結果、定住化が進み、100軒を超える住居跡が残る大規模遺跡となった。これらの地域が大規模集落に発展した理由は、出土する道具や植物種子などからもわかるように、遺跡周辺の豊かな自然という人々の生活に適した環境があったからこそなのである。

八千代A遺跡出土の縄文早期の土器
（帯広百年記念館蔵）

［参考文献］

長沼孝他『新版　北海道の歴史　上』（北海道新聞社、2011年）
北の縄文文化を発信する会編『縄文人はどこからきたか？　北の縄文連続講座・記録集』（インテリジェント・リンク、2012年）

topic..... 03 貝塚と大規模集落が示す縄文前期の生活と精神文化

大規模化した集落を、祭祀や儀礼によって維持

北海道の時期区分		本州
旧石器		旧石器
縄文		縄文
続縄文		弥生
続縄文		古墳
続縄文	オホーツク	飛鳥
擦文	オホーツク	奈良
擦文	トビニタイ	平安
中世（館）	アイヌ	鎌倉
中世（館）	アイヌ	室町
近世（松前藩）	アイヌ	江戸

縄文海進の証
北海道の貝塚

気温の温暖化が進行し、縄文海進《じょうもんかいしん》といわれる海水面の上昇がピークに達したのは、縄文前期（６０００年前）のことである。海水面の上昇（現在より2〜3メートルは高かったとされる）によって、それまで陸地だった部分に海水が入り込み、内湾《ないわん》などが形成されていった。

この縄文海進は、海岸部近くに存在するはずの貝塚（後述）が、内陸部から多数発見されたことによって提唱された。北海道では、現在の千歳市〜苫小牧市を中心とした地域や、網走、釧路などの道東地域、伊達市など内浦湾（噴火湾）に面した地域に多くの貝塚が残されている。全国的には約２４００カ所の貝塚が確認されているが、そのなかでも千葉県が最も多く、約８００の貝塚が確認されている。一方、北海道では約１３０の貝塚が確認されている（さらに約１３０カ所を追加する見解もある〔大島、１９８４*1〕）。

＊1　大島直行「北海道の貝塚調査」（『考古学ジャーナル』〈№231、20〜23ページ〉1984年、ニューサイエンス社）

北海道以外の地域では、農耕がおこなわれるようになった縄文時代以降（弥生時代）、一部の地域を除き貝塚がほとんどつくられなくなる。対して北海道では、続縄文から擦文、中・近世のアイヌ文化期まで貝塚はつくられ続けた。

そもそも貝塚とは、当時の人々が捨てた貝殻が積み重なった、昔の人々のゴミ捨て場である。そこからは、貝殻のほか獣や魚の骨といった食料の残滓に加えて、破損した土器や石器、骨角器などの道具類もみつかっている。

安定した生活を裏づける北海道の貝塚出土品

千歳市南東部の丘陵部を水源とし、ウトナイ湖に注ぐ美々川流域では、**美々《びび》貝塚**や**美沢4遺跡**などで貝塚が発見されている。

美々貝塚は、現在の海岸線より約17キロメートルも内陸に位置する縄文文化前期の遺跡である。当時は、現在の美々川に沿ってJR美々駅のあたりまで海岸線が入り込んでいた。発掘調査で出土した遺物から、美々で暮らしていた人たちは近くの入り江でシジミなどを採集して、貝塚を形成したと思われる。

美々貝塚　千歳市南東部に位置する、縄文前期の貝塚。数は少ないが、石錘や土器が出土した。

美沢4遺跡　苫小牧市にある、縄文前期の遺跡。貝塚がみつかっている。

縄文海進最盛期の海岸線（『北海道開拓記念館常設展示解説書 1』より、北海道博物館提供）

発掘体験もできる、伊達市北黄金貝塚に復元された貝塚（伊達市教育委員会提供）

ここでは貝類のほか、ボラ、スズキなどの魚類、エゾシカ、トドなどの陸海の哺乳類の骨もみつかったことから、漁労・狩猟が活発におこなわれていたことがわかっている。

道具類では、土器や石器、漁労具《ぎょろうぐ》（銛頭《もりがしら》など骨製の**刺突具**《しとつぐ》）などもみつかっており、石錘《せきすい》も多く発見されていることから、網を使った集団での漁業などをおこなっていたことも想定される。

また、この時期に内浦湾沿いで形成された伊達市の**北黄金**《きたこがね》**貝塚**と**若生**《わっかおい》**貝塚**では、現在生息していないハマグリなどの貝類が出土している。このことから当時は、温暖な気候と静かな内湾という恵まれた環境下にあったことがわかり、その結果、集落も規模の大きなものとなっている。

これらの貝塚からは、この時代は大きな集団によって安定した生活の場として集落が形成されていたことがうかがえる。と同時に、貝塚でみつかるさまざ

刺突具　魚類などを突き刺して捕獲するための道具。

北黄金貝塚　伊達市南端に位置する、縄文前期の貝塚を伴う集落遺跡。

若生貝塚　伊達市北西部に位置する、縄文早期～晩期の貝塚。

まな遺物は、当時の人々が何を食べていたのか、またどんな道具を使っていたのかを今に伝える、重要な考古資料ともいえる。

　貝塚の存在は、我々にもう一つ重要な示唆を与えてくれる。それは人々の食性の変化である。それまで人々の食生活を支えていたのは、狩猟で得られる肉類（動物性たんぱく質）や、採集により得られる木の実などの**堅果類**《けんかるい》だった。実際に貝塚から出土するシカやウサギなどの獣骨、炭化したクルミやドングリの皮が、そのことを示す。それらに加え、貝類だけでなく、魚骨、海獣骨、ウニなどの海産物もみつかっている。

　また気候の温暖化によって、魚を捕ったり、汽水状態の浅瀬を好む貝類（アサリ、シジミなど）を採集したりする漁労が活発におこなわれるようになったことは、貝塚でみつかった道具からもみてとれる。と同時に、貝塚は単なるゴミ捨て場ではなく、儀礼や祭祀の場でもあったという指摘もある。例えば、歯など特定の骨の部位が多く出土したり、道東の**東釧路**《ひがしくしろ》**貝塚**ではイルカの頭骨が放射状に並べられた状態で出土したりしている。また、北黄金貝塚でみつかった、刀の形をした鯨の骨製の「骨刀《こっとう》」は、実用品というより祭祀のための道具と考えられ、何らかの儀礼が貝塚でおこなわれていた可能性を示唆する。

堅果類　クリやドングリ、クルミのように、堅い殻を持った実の仲間。

東釧路貝塚　釧路市北東部に位置する、縄文早期～晩期の貝塚。土器のほか多数の屈葬人骨もみつかった。

千歳市美沢４遺跡の貝塚
（北海道立埋蔵文化財センター提供）

南茅部特有の大型竪穴式住居

　縄文時代の集落としてよく知られるのが、青森市の**三内丸《さんないまる》山《やま》遺跡**である。従来の縄文のイメージを覆す大集落で、巨大な建造物の跡などから祭祀的な場をも想起させ、脚光を浴びている。同じころ、北海道でも函館市**サイベ沢遺跡**や、後述するハマナス野《の》遺跡のような大規模な集落遺跡が形成されていた。縄文前期初頭から中期まで約2000年以上にわたり続いたサイベ沢遺跡は、約15ヘクタールの広さを持つ、三内丸山遺跡に匹敵する大規模集落である。

函館市大船遺跡の深さ 2.4 メートルにもなる
大型化した竪穴式住居跡（函館市提供）

　これらの遺跡が形成された時期は、津軽海峡を挟んだ東北地方と北海道南部に共通する「**円筒土器文化**」が広がっていた。サイベ沢遺跡からは、この円筒土器文化全般にわたる土器が出土しているほか、北海道南部と東北地方の関連性をうかがわせる多くの資料が出土している。

　しかし、少し時期が変わると地域によってその様相の異なることが、**大船遺跡**の発掘調査の分析からわかっている。

三内丸山遺跡　青森市南西部に位置する、縄文前期〜中期の大規模な集落遺跡。竪穴跡や土壙墓などの遺構に加え、膨大な量の土器や石器も出土した。

サイベ沢遺跡　函館市北西部に位置する縄文前期初頭から中期末にかけての大規模な集落遺跡。円筒土器が出土した。

円筒土器文化　縄文前期〜中期につくられた円筒土器を特徴とする文化。この土器は円筒形をした平底の深鉢で、東北地方北部から北海道南西部に分布する。

大船遺跡　函館市北東部に位置する、縄文中期の大規模な集落遺跡。竪穴跡などの遺構に加え、円筒土器も出土した。

同遺跡の集落跡で最も栄えたのは、「円筒土器文化」が衰退した縄文文化中期後半（約4500年前～4000年前）である。遺跡の総面積は7万1000平方メートルあり、そのうち4000平方メートルが調査済みで、112軒の住居跡が発見された。縄文文化の一般的な竪穴式住居の大きさは、長さ4×5メートル、深さ0・5メートルほどであるのに対して、大船遺跡の住居は長さ7×9メートル、深さ2メートルを超す大型のものが10数基も発掘されている。また、土器形式から区分したところ、少ない時期で4軒、多いときで22軒の住居があったと推測され、食料貯蔵の**土坑**《どこう》や墓なども検出されている。

大規模集落にみる縄文人の精神文化

函館市南茅部《みなみかやべ》地区には、大船遺跡が形成される以前にできた、縄文前期（約5500～5000年前）の**ハマナス野《の》遺跡**もあり、竪穴式住居が約200軒、墓や土坑が260基以上もみつかっている。発掘されていないものも含めると、本地域では少なくとも1000軒以上の住居があったと想定される。ただし、一時期にすべての住居が存在したわけではなく、発掘例からも常時あったのは20軒程度と考えられている。仮に家族・親族単位で1軒の住居を使うとしても、1軒につき4～5人程度の世帯数と思われ、それが20軒ならば100人程度の人数と推測できる。

これだけ大規模な集落を維持するには、食料をどう入手するかが大きな問題

ハマナス野遺跡　函館市南茅部地区にある、縄文前期の大規模な集落遺跡。竪穴跡などの遺構に加え、円筒土器も出土した。

土坑　出土した遺構のうち、人間が掘ったと考えられる穴で、かつその性格が見極めにくいもの。

となる。食料を獲得し、貯蔵する技術とともに、ゴミ問題なども同時に発生するだろう。大船遺跡では、シカなどの骨以外にクジラやオットセイなど海獣の骨が多く出土したほか、マグロやサケなど魚類の骨や、クリの実などの堅果類も多数みつかっている。さらにこうした狩猟採集のみならず、ハマナス野遺跡からはヒエ、ソバなどの炭化した種子も出土している。積極的な栽培とまではいかないものの、こうした植物の利用もおこなわれていたのだろう。

同時に大規模集落からは、縄文人の精神的な側面もみてとれる。集落を維持していくためには、祭祀や儀礼を共有する精神文化が重要となる。そのため祭祀施設が設けられ、儀礼に使われたと思われる道具が出土している。

このような集落は、縄文文化中期まで存続したが、気候が冷涼化する縄文文化後期になると縮小していったことがわかっている。それに伴い、祭祀施設はみられなくなるが、その一方で**環状列石**《かんじょうれっせき》（ストーンサークル）や非常に多彩な土偶が登場するようになり、儀礼スタイルの変化がうかがえる。そして、より環境に適応した技術が発達し、それとともに社会構造も大きな変化をみせていく。

環状列石　本文36ページ参照。

［参考文献］

野村崇・宇田川洋編『新北海道の古代1　旧石器・縄文文化』（北海道新聞社　２００１年）

topic.....04 周堤墓や環状列石にみる縄文文化の家族や社会の絆

自然環境と調和しながら定住化した人々

北海道の時期区分		本州
旧石器		旧石器
縄文		縄文
続縄文		弥生
続縄文		古墳
続縄文	オホーツク	飛鳥
擦文	オホーツク	奈良
擦文	トビニタイ	平安
中世（館）	アイヌ	鎌倉
中世（館）	アイヌ	室町
近世（松前藩）	アイヌ	江戸

生活や祭祀の場に利用された周堤墓

北海道の縄文文化には、生活や祭祀の場として利用したとされる、周堤墓《しゅうていぼ》や環状列石《かんじょうれっせき》、**配石墓**《はいせきぼ》などと呼ばれる特徴的な遺構が存在している。

なかでも周堤墓は、地表面を円形に掘り下げてつくったくぼみと、その周りに排土（取り除いた土砂）を積み上げた土手のある遺構——墓である。分布は道央から道東・道北に限られ、最も有名な遺跡として千歳市の**キウス周堤墓**があげられる。国指定の史跡でもあるキウス周堤墓は、縄文文化後期（約3000年前）につくられたとされ、周辺では計24基の墓がみつかっている。また、キウス4遺跡では、周堤墓のほかに**盛土遺構**《もりどいこう》や竪穴式住居も発見されている。

キウス周堤墓群には8つの墓がある。そのうち2号周堤墓は、直径が75メートル、周堤の高さは5メートルにおよび、墓には**ベンガラ**がまかれて、多くに

配石墓　自然石もしくは加工した石を、遺体の周りや墓壙の上に並べた墓。

キウス周堤墓　千歳市北東部に位置する、縄文後期の大規模な集団墓。

盛土遺構　掘り起こした土や動物・魚などの骨を、自然に返すための祭祀儀礼をおこなう場と考えられる。

ベンガラ　土からとれる酸化鉄を使ってつくる赤色の顔料。

石棒《せきぼう》などが副葬されている。

こうした周堤墓において、死者は手足を伸ばした状態で埋葬され（伸展葬）、腕輪やネックレスをつけたまま埋められている。おそらく、家族や親族など関係性が深いもの同士が一つの周堤墓に埋葬されたと想定でき、そこに死んでもなお家族とのつながりを維持しようとする、縄文文化の家族や社会の絆をみいだせる。のちに周堤墓がつくられなくなってからも、周堤墓のくぼみなどを使って共同の墓とする傾向が晩期までみられ、一定の場所に墓をつくる傾向は、続縄文文化まで継承されたようである。

道内最大規模 森町の環状列石

また縄文後期前半（約4500〜4000年前）には、環状列石（ストーンサークル）と呼ばれる、石を一定の範囲に規則的に並べた遺構が、北海道と北東北を中心にみられるようになる。

環状列石は、墓地や祭祀の場と考えられ、周囲の山の位置や、季節で変わる太陽の日の出・日の入りの方角と、強い関係性があると考えられている。北海道では道南・道央・道東部に広がっており、特に有名なのが、道内最大規模の

外径が75メートルもある、千歳市キウス1号周堤墓
（北海道立埋蔵文化財センター提供）

石棒　縄文時代にみられる磨製石器。男根を模し、祭祀に関連するとされる。

森町鷲ノ木遺跡の巨大な環状列石（森町教育委員会提供）

環状列石がある森町《もりまち》の**鷲《わし》ノ木《き》遺跡**である。

内浦湾（噴火湾）の南部沿岸に位置する鷲ノ木遺跡は、8万平方メートル以上という広大な面積を持つ。平成14（2002）年、高規格道路の建設に伴い発掘調査がおこなわれた結果、中央にある2・5×4メートルの配石と、それを取り巻く形で平行に配石された二重の列石によって構成された環状列石が発見された。その全体規模は、南北37メートル、東西34メートルにおよび、礫（石ころ）600個を使用する巨大なものだった。

　列石に墓は伴わず、隣接して円形の竪穴があり、そのなかに**墓坑《ぼこう》**と思われるものが7基と、4基の**ピット**が確認されている（竪穴墓《たてあなぼ》域《いき》）。この環状列石は遺跡から1

鷲ノ木遺跡　森町北西部に位置する、縄文後期の環状列石と集団墓地。

墓坑　地面に穴を掘り込んでつくった墓。墓穴。

ピット　小さな穴や細い穴状をした遺構の総称。

キロメートル以上離れており、比高差50メートル以上の高台に位置する。そのため、冬になると駒《こま》ヶ《が》岳《たけ》山頂から昇る日の出を望めることに加え、周囲に竪穴墓域（集団墓地）もあることなどから、祭祀・儀礼がおこわれた神聖な場所であったと考えられている。

道内にはこのほか、小樽市の忍路《おしょろ》や地鎮山《じちんやま》、余市町の西崎山《にしざきやま》、函館市の日吉町《ひよしちょう》などに環状列石が残されている。形状はさまざまだが、後期中ごろになると配石の下に墓坑が確認され、副葬品として玉（宝石）類や漆製品などもみつかっている。こうした墓や祭祀の場が、縄文文化後期後葉〜晩期初頭には周堤墓の出現に結びつくことから、その形成過程を考える上でも、環状列石は重要な遺構といえる。

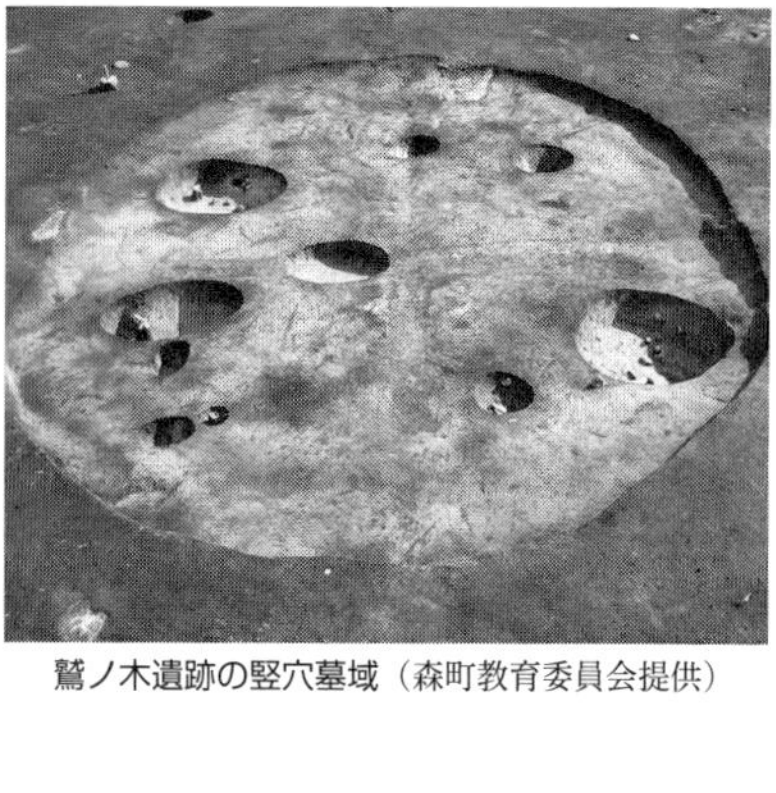
鷲ノ木遺跡の竪穴墓域（森町教育委員会提供）

駒ヶ岳　北海道駒ヶ岳。森町・鹿部町・七飯町にまたがる、標高1131メートルの活火山。

自然と共生した縄文文化の人々

縄文文化をひと言で表すなら、それは「自然との共生」といえる。地球規模の気候変動によって発生した温暖化は、ブナやナラが生い茂る落葉広葉樹林をもたらし、新たな植物性食料の利用を可能にした。豊かな森林資源を有効に活用するため、人々は土器という新たな道具を生み出していったのである。

土器の出現は、貯蔵という新たな食料保存方法を生み出し、人々の生活スタイルを急速に変化させていく。その結果、住居も地面を掘り込む固定式の竪穴式住居に移行していくことになり、こうした定住生活から、自分あるいは自分たちの土地という概念が生み出されたのではないだろうか。

その後、土器の増加とともに大規模集落が形成されると、その場所は彼らにとって共通の土地となり、集団の結束を強化する「故郷」のような存在になったと考えられる。

周堤墓などの存在も、共通の土地に共通の関係性を持った人々が埋葬されることによって、死んでもなお結束を維持し続けるという強い思いが、そこにはあったように思われる。

また、環状列石などの象徴的な建造物は、季節による日の出・日の入りの方角の変化と強い関係性を持つことから、自然の持つ神秘性になんらかの意味を与え、自然とともに生きる人々の結束感を生み出していたのだろう。そして、自分たちの存在が自然のなかに包括されているという畏敬と畏怖の念

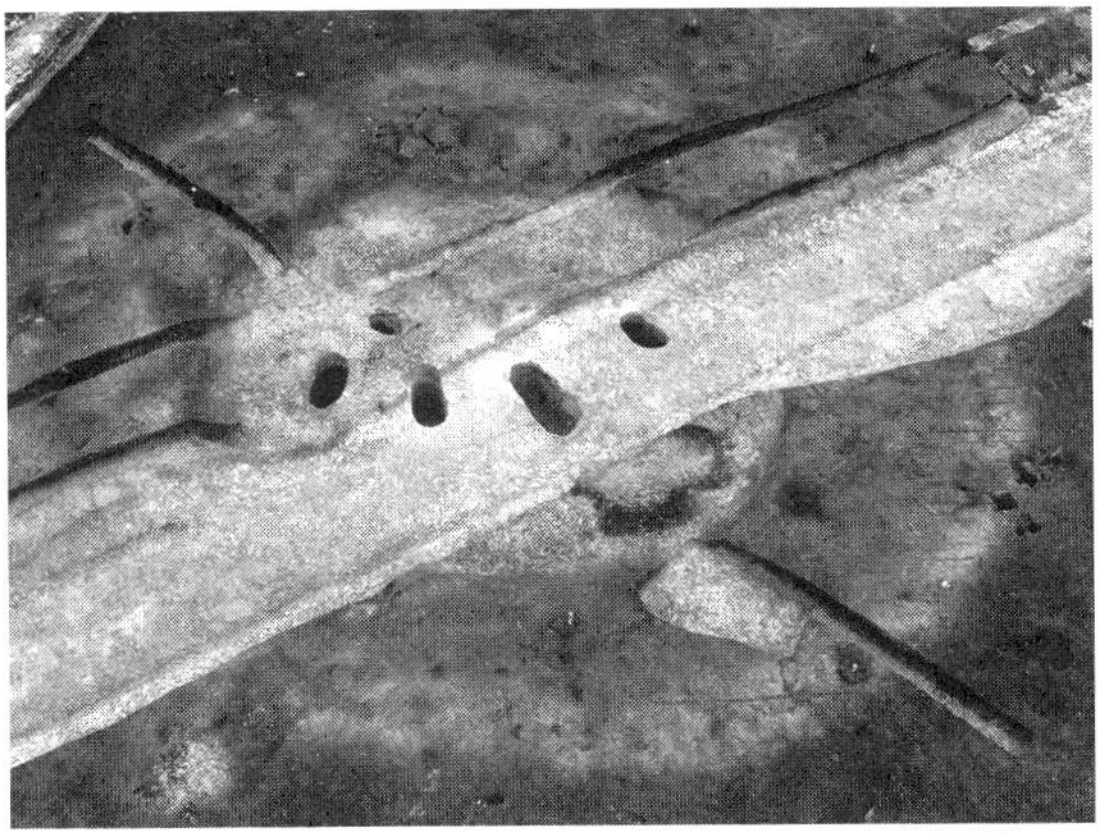
千歳市キウス X-17 周堤墓（北海道立埋蔵文化財センター提供）

が、土偶など多くの造形物を生み出していったと考えられる。

いずれにしても縄文文化の人々は、周辺の自然環境とうまく調和しながら、それを崩すことなく定住生活を送っていた。しかし、縄文文化期がつねに温暖だったわけではない。グリーンランドで採取された**氷床**《ひょうしょう》**コア**などのデータから、急に寒くなる時期もあったことがわかっている。そんなときも、縄文人たちは臨機応変に対応し、工夫を凝らしながら生活していたと考えられる。

自然とは、厳しさと喜びを与えてくれるものである。そうしたことを、現代に生きるわれわれ同様に自然から学び、自然と共生する暮らしのなかで、命の尊さや生命の循環と再生といった考え方を育んだのではないだろうか。

［参考文献］
長沼孝他『新版　北海道の歴史　上』（北海道新聞社、２０１１年）
大谷敏三『北の縄文人の祭儀場・キウス周堤墓群』（新泉社、２０１０年）

氷床コア　氷床をドリルで掘削して取り出した、筒状の氷の柱。深部ほど年代が古く、過去の大気成分や火山灰などを含んでいる。

コラム

中空土偶
──縄文文化の心象世界

2007年6月、函館市著保内野《ちょぼないの》遺跡から出土した土偶「中空土偶」が、北海道初の国宝に指定された。姿勢がよく、ウエストが美しくくびれた、スタイル抜群の土偶である。

北海道で最も古い土偶は、函館市中野A遺跡(縄文中期中葉)出土の非常に単純な形のものであった。こうした土偶が大型化し、顔や身体表現が写実的になるのは、縄文後期になってからのことだ。

中空土偶はその時期を代表するもので、高さ41・5センチメートル、幅20・1センチメートル、頭部の一部と両腕は欠損しているが、非常に精巧なつくりである。よく研磨された表面には、刻みのある細い粘土紐で装飾が施され、両足の内側に残された痕跡から、全身に黒と赤の漆が塗られていたと考えられる。

この時期の土偶は、墓と関連して発見される例が多く、形も完全なものからバラバラの状態のものまでさまざまである。また、土壙墓の上で意図的に壊されたものもみつかっており、埋葬に関係した儀礼の存在がうかがえる。

この芸術的な作品を生み出した縄文人の目に、当時の世界はどのように映っていたのだろうか。そんな彼らの心象世界の一部を、この土偶から垣間みた気がするのは、筆者だけではないだろう。

中空土偶がつくられた縄文時代、北海道と東北地方には共通する文化圏が存在していた。そうした世界的にみても素晴らしい、自然と共生する成熟した狩猟・採集文化を具体的に示すものとして、この中空土偶を含めた「北海道・北東北の縄文遺跡群」が世界遺産への登録を目指している。2009年に暫定一覧表入りを果たし、本登録に向けた活動が現在も続いている(78ページ参照)。

「縄文」という言葉は、考古学の世界ではすでに世界共通用語となっている。しかし、考古学の研究者や考古学が好きな人たちを除けば、その実像はまだまだ知られていない。

だからこそ世界遺産に登録されることになれば、縄文文化の素晴らしさをより多くの人々に知ってもらうきっかけとなるだろう。そしてそれにより、日本列島の歴史をいまに伝える遺跡の保全に対する理解が、より深まっていくことを期待したい。

旧石器・縄文文化
主要遺跡MAP

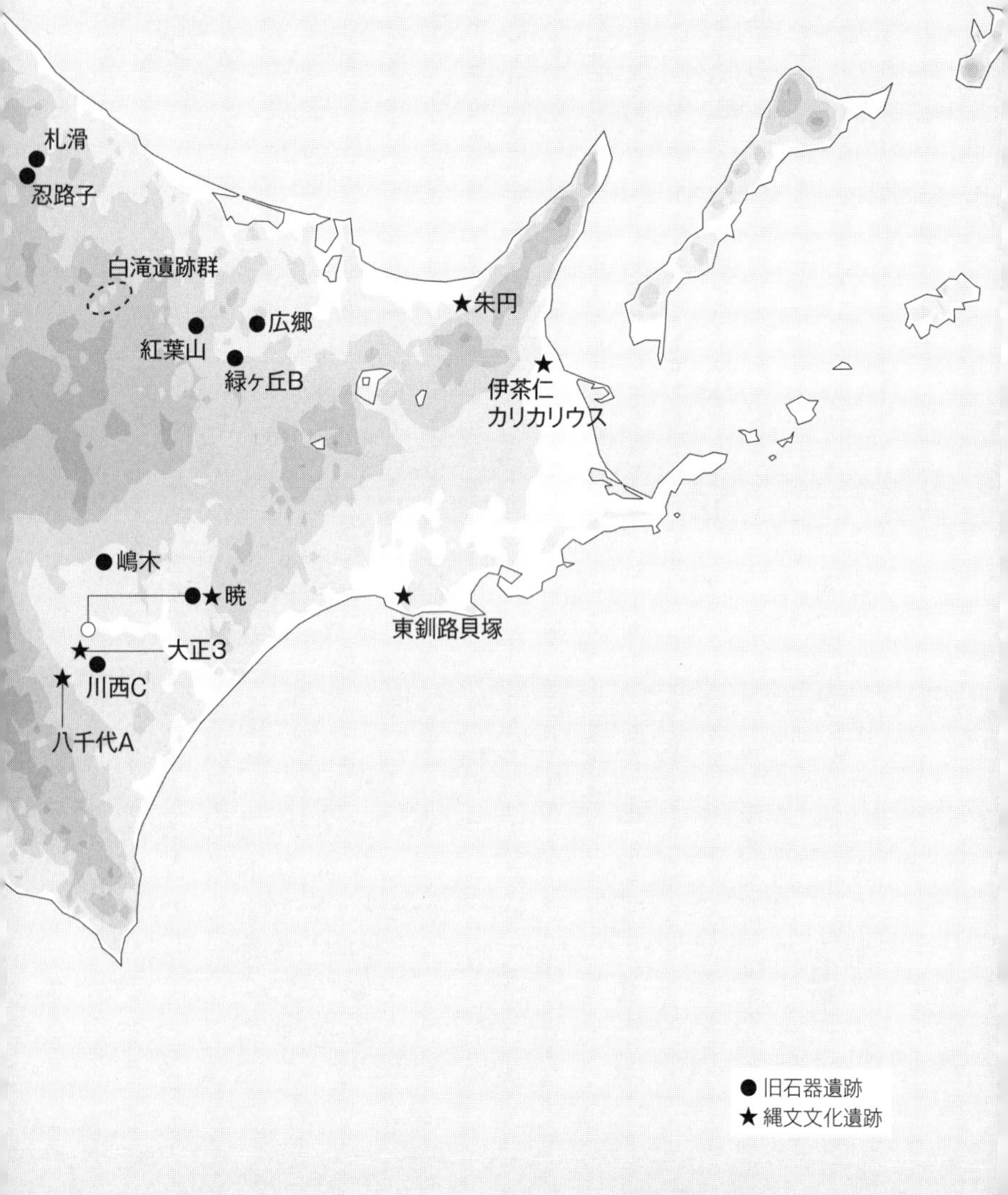

船泊
射的山
東麓郷1・2
石狩紅葉山49号
忍路土場
大麻1
西崎山
忍路・地鎮山
キウス周堤墓群
キウス4・5・7
カリンバ
峠下
祝梅三角山
樽岸
立川
柏台1
美々貝塚
美沢4
入江・高砂貝塚
若生貝塚
ピリカ
ママチ
北黄金貝塚
美沢川流域
遺跡群
鷲ノ木
大船
桔梗2
ハマナス野
著保内野
サイベ沢
中野A・B
日吉
湯の里4

縄文〜擦文文化のさまざまな土器

◆特集　時代を区分する縄文〜擦文文化の土器

①草創期〈爪形文土器〉

②早期〈貝殻文土器〉

③前期〈美沢3式土器〉

縄文

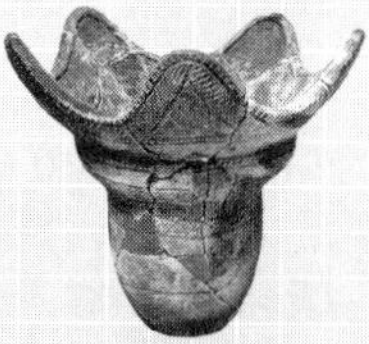
⑤後期〈鯱潤式土器〉

⑥−B 晩期Ⅱ〈亀ヶ岡式土器〉

⑥−A 晩期Ⅰ〈幣舞式土器〉

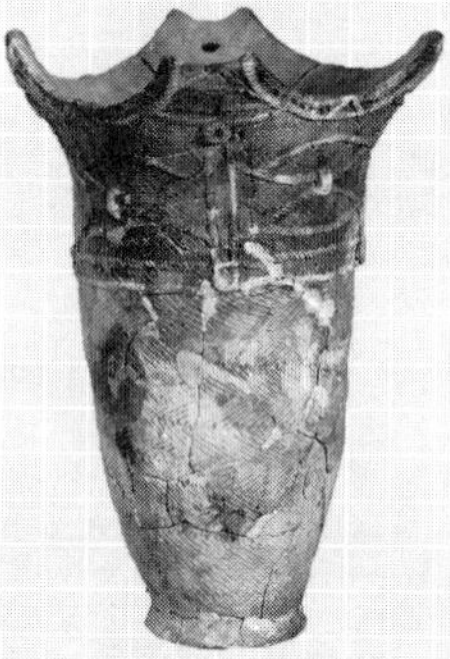
④中期〈サイベ沢Ⅵ式土器〉

❖縄文文化

①草創期〈爪形文土器〉 帯広市大正3遺跡（帯広百年記念館蔵）

②早期〈貝殻文土器〉 函館市中野B遺跡☆

③前期〈美沢3式土器〉 苫小牧市美沢3遺跡☆

④中期〈サイベ沢Ⅵ式土器〉 苫小牧市柏原18遺跡（苫小牧市美術博物館蔵）

⑤後期〈鯱潤《ほっけま》式土器〉 小樽市忍路5遺跡☆

⑥−A 晩期Ⅰ〈幣舞式土器〉 千歳市ママチ遺跡☆

⑥−B 晩期Ⅱ〈亀ヶ岡式土器〉 白老町社台1遺跡☆

＊20ページ参照

❖続縄文文化

⑦−A 前期〈恵山式土器〉 北斗市茂別遺跡☆

⑦−B 前期〈下田ノ沢Ⅰ式土器〉 釧路市興津遺跡（釧路市埋蔵文化財調査センター蔵）

⑧−A 後期〈後北式土器〉 江別市坊主山遺跡（江別市教育委員会蔵）

北海道の時代区分		年代	本州
旧石器		約25000年前	旧石器
		B.C.12000	
縄文	草創期	①	縄文
		B.C.7000	
縄文	早期	②	縄文
		B.C.4000	
縄文	前期	③	縄文
		B.C.3000	
縄文	中期	④	縄文
		B.C.2000	
縄文	後期	⑤	縄文
		B.C.1000	
縄文	晩期	⑥A B	縄文／弥生
		B.C.300	
続縄文	前期	⑦A B	弥生
		A.D.300	
続縄文	後期	⑧A ⑧B	古墳
		A.D.600	
続縄文	オホーツク		飛鳥
		A.D.700	
擦文	オホーツク	⑨	奈良
擦文	トビニタイ	⑩	平安
		A.D.1200	
中世（館）	アイヌ		鎌倉
		A.D.1300	
中世（館）	アイヌ		室町
		A.D.1600	
近世（松前藩）	アイヌ		江戸

1万3000年の変遷

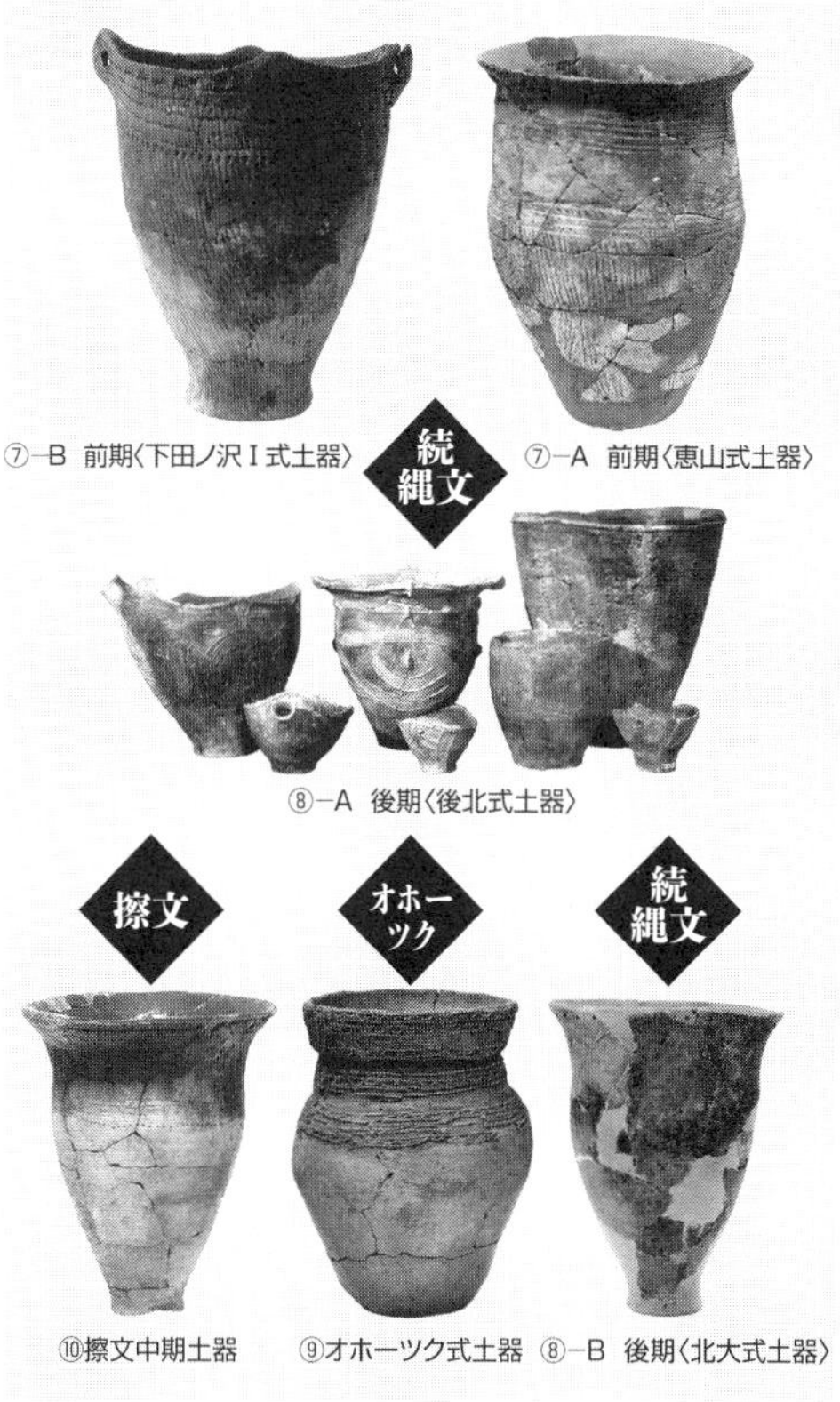

⑦−B 前期〈下田ノ沢Ⅰ式土器〉　⑦−A 前期〈恵山式土器〉

⑧−A 後期〈後北式土器〉

⑩擦文中期土器　⑨オホーツク式土器　⑧−B 後期〈北大式土器〉

⑧−B **後期〈北大式土器〉**
石狩市若生C遺跡（石狩市教育委員会蔵）
＊64ページ参照

❖**オホーツク文化**
⑨**オホーツク式土器**
網走市最寄貝塚（網走市立郷土博物館蔵）
＊70ページ参照

❖**擦文文化**
⑩**擦文中期土器**
深川市東広里遺跡☆
＊89ページ参照

（☆は北海道立埋蔵文化財センター提供）

土器の特徴で時代を区分する——土器の型式と層位

◇時代区分の名称とその由来

歴史を学ぼうとすると、奈良、平安、鎌倉など時代の名称が次々と出てきて、うんざりする人も少なくないだろう。これらは、文字による記録（文献）をもとにした時代区分で、当時の政権の中心地名をその時代名称にしている。

一方、文字のない時代は考古学の独壇場となる。本州の時代名称は各文化の特徴をもとに、旧石器（使用した道具）、縄文（土器の特徴）、弥生（弥生土器が最初に出土した地名）、古墳（墓の特徴）と命名されている。

◇土器による編年（時期区分）

土器が出現した縄文時代以降は、土器を時計代わりに用いて、さらに細かく時期区分をおこなう。ここでは、土器の年代の決め方について説明しておきたい。

①形態や文様の個性で「型式」を分類

まず、土器の特徴を知るために、石器の特徴と比較してみよう。そもそも石器は、ヤリやナイフのように機能性が強く求められることから、形態が制約される。そのうえ、原石を打ち欠いて作るため、大きさも制限されてしまう。

それに対して土器は、粘土をこねて形を作り、表面に文様をつけてから火で焼きあげて完成させる。そのため、用途に差し障りがない限り、自由な形や大きさにすることができる点が石器とは異なる。特に文様は、機能と直接的に関係しないことから自由な表現が可能である。

さらに、土器は壊れやすく、常に新しいものを作り続けるため、形態や文様は時期によって変化していくという特徴を持つ。このような土器ならではの自由な形態や文様は、作った人や集団の芸術性を表すものといえよう。

これらの特徴をもとに、発掘調査によって出土した土器は、いくつものグループに分類される。そのまとまりを土器の「型式」と呼び、時期区分をおこなう際の基準になっている。

②出土した層位で新旧を判断し、「年代」を決定

複数の「型式」については、土器の出土した地層が形成された順序を明らかにし、どちらが古いものかを決めていく。さらに、地域ごとに土器型式の新旧関係を決定して年代順に並べ、他地域の型式との関係をおさえていく。これが、「土器の編年作業」と呼ばれるものである。

明治時代のモースによる大森貝塚発掘からはじまった日本の考古学にとって、これまで最大の成果は、日本国全土にわたる細かな編年表を作り上げたことだろう。その精密さは、いまや世界のどこの国にも引けを取らない。

そのおかげで、特徴ある一片の土器をみれば、日本のどの地域のいつ頃の土器かを知ることができるのである。

PART 2

続縄文文化

弥生・古墳時代の北海道

続縄文文化後期の竪穴式住居集落跡（江別市教育委員会提供、66ページ参照）

topic.....05 本州とは異なる、独自の時期区分を持つ北海道

道北・道東部と南西部でさらに異なる地域性

北海道の時期区分		本州
旧石器		旧石器
縄文		縄文
続縄文		弥生
続縄文	オホーツク	古墳
続縄文	オホーツク	飛鳥
擦文	オホーツク	奈良
擦文	トビニタイ	平安
中世（館）	アイヌ	鎌倉
中世（館）	アイヌ	室町
近世（松前藩）	アイヌ	江戸

本州とは異なる本道の時期区分

本州から来た方によく、「北海道は歴史が浅いですね」といわれる。「古い時期の遺跡もありますよ」と答えると、「それはアイヌの人々の遺跡ですね」と返されることも少なくない。それは、北海道生まれの人でもあまり変わりないようで、学校でほとんど北海道の歴史を教わらなかったという人が多い。

これはおそらく、明治以降に本州から北海道へ移住した人が多かったため、それ以前はアイヌの人々の歴史しかなかったと思われているためだろう。また、奈良・平安時代、鎌倉時代、戦国時代など、よく知られている時代名称が北海道の歴史に出てこないことも、その一因かもしれない。

弥生時代から近代にいたるまで、稲作文化が展開しなかったことから、道南の一部を除き北海道は本州の政治勢力外に長らくおかれていた。そのため、北

海道では本州と異なる時期区分が使われている。

主に考古学的な面から、北海道では弥生時代と古墳時代は「続縄文文化期」、古代(飛鳥・奈良・平安時代)は「擦文文化期」、中世(鎌倉・南北朝・室町・安土桃山時代)と近世(江戸時代)は「アイヌ文化期」としている。これに、続縄文文化期後半から擦文文化期に相当する道東・道北部の「オホーツク文化期」を加えて、北海道独自の時期区分をおこなっている。

こうした時期変遷を経て、近世になって松前藩や本州の役人・旅行家が残した記録、近代から現代にかけておこなわれた民族学的調査によって明らかになっている「アイヌ文化」が、形成されていったのである。

津軽海峡の北と南　北海道の東と西

北海道と本州は津軽海峡で隔てられている。この海峡をはさんだ二つの地域は、ヒグマとツキノワグマ、エゾシカとニホンジカ、キタキツネとホンドギツネなど棲む種が異なり、本州にいるイノシシ、ニホンザル、カモシカなどが北海道にいないなど、**動物相**の違いから**ブラキストンライン**の存在が指摘されている。

また、北海道は道北・道東部と南西部でも大きな違いがみられる。**黒松内低**《くろまつないてい》**地帯**《ちたい》や**石狩低地帯**を挟んで、**植物相**が変化することである。東日本から北海道南西部にかけては、ブナやミズナラなどの落葉広葉樹林帯が広がる。世界自然

動物相　特定の地域に生息する動物の全種類のこと。

ブラキストンライン　津軽海峡で区分される、動植物の分布境界線。ブラキストン線とも。

黒松内低地帯　北海道西部の寿都湾から黒松内を経て内浦湾の長万部にいたる、海抜200メートル以下の盆地状低地。

石狩低地帯　北海道中央部の石狩平野から苫小牧原野にいたる盆地状低地。

植物相　特定の地域に分布し、生育する植物の全種類のこと。

遺産に登録されている東北地方北部の白神山地に代表される**ブナ林**は、春になると林床に**カタクリ**や**マイヅルソウ**の花園が広がり、山菜も豊富に採れる。秋には全山紅葉の美しい姿をみせ、クリやドングリなどの**堅果類**《けんかるい》が動物たちの食欲を満たす。北海道では黒松内町の**歌才**《うたさい》**ブナ林**が、ブナの北限地帯として国の天然記念物に指定されている。

その一方、道北・道東部は針葉樹と落葉広葉樹が入り混じる混交樹林帯となっている。サハリンからアムール川下流域にかけても同様の樹林帯が広がっており、筆者がかつて現地を訪れた際、アムール川のほとりに立つと、河畔の柳の木が美しく針葉樹もところどころにみえ、道東の川を眺めている感覚に陥ったものである。

縄文文化の時期、津軽海峡を挟んだ東北北部と道南部には、円筒土器文化や環状列石などが共通して広がり、ほぼ一連の文化圏をなすことが多かった。つまり、この地域にみられる落葉広葉樹林帯に育まれて花開いたのが、世界遺産登録を目指す北海

ロシア極東部に位置するアムール川下流域の風景
（越田撮影）

ブナ林　日本を代表する落葉広葉樹林。九州の山地から北海道南部の平地にかけて分布し、ブナを中心とした森林を形成する。

カタクリ　ユリ科カタクリ属に属する多年草。早春に薄紫～桃色の花を下向きに咲かせる。

マイヅルソウ　スズラン亜科マイヅルソウ属に属する多年草。初夏に白色の花を咲かせる。

堅果類　31ページ参照。

歌才ブナ林　黒松内低地帯に分布する、ブナ自生北限地帯を代表する森林。

道・北東北の縄文文化といっても過言ではなかろう。

一方、道北・道東部は、道南部と共通する文化がみられる時期はあるものの、大陸の影響を受けた**石刃鏃**《せきじんぞく》文化、**押型文土器**《おしがたもん》文化、周堤墓、独特の器形をした晩期の土器群など、独自の文化圏を形成することが多かった。そして、石狩低地帯を中心とする道央部が、両者の文化の混合地域となる。

このような北海道特有の地域性は、続縄文文化期以降も受け継がれていく。道南部はいち早く本州文化の影響を受け、本州の政治勢力と関係を持つことで、鉄器類をはじめとするさまざまな生活用品を入手することとなる。対する道北・道東部では、サハリンや千島列島との関連の強い文化が展開した。

それは、アムール川下流域と強い関連を持つオホーツク文化の流入やアイヌ文化期における**山丹交易**《さんたんこうえき》の展開、アイヌの人々のサハリン南部、さらには千島(クリル)諸島やカムチャツカ半島南部への進出とロシアとの関係形成などにみることができる。

石刃鏃　石刃を加工して鏃（やじり）にした、中石器〜新石器時代の石器。

押型文土器　縄文文化前・中期の土器型式の一つ。文様を刻んだ棒を表面に押しつけ、文様をつけたもの。

山丹交易　128ページ参照。

北海道周辺の植物相とブラキストンライン

北海道・北東北〈続縄文〜アイヌ文化期〉年表

北海道全体		年代(西暦)	北海道南西部	北海道道北・道東部	本州北東北	本州
縄文文化	晩期	B.C.1000	亀ヶ岡文化の広がり	幣舞文化		縄文時代
		B.C.500				
続縄文文化	前期	0	有珠モシリ遺跡 恵山文化　恵山貝塚 江別太遺跡	下田ノ沢文化 宇津内文化	垂柳遺跡水田遺構	弥生時代
	後期	A.D.300	後北文化	鈴谷文化	後北土器広がる	古墳時代
		A.D.400				
	オホーツク文化	A.D.500			田向冷水遺跡	
			北大文化 青苗砂丘遺跡 西島松5遺跡	オホーツク文化広がる	末期古墳	飛鳥時代
擦文文化		A.D.700	北海道式古墳　後藤遺跡　茂漁古墳 丸子山遺跡	最寄貝塚 目梨泊遺跡	胆沢城	奈良時代
	トビニタイ文化		千歳市末広遺跡 札幌市K528遺跡 札前遺跡 青苗遺跡	擦文文化の竪穴群 常呂遺跡　標津遺跡 トビニタイ文化	津軽での鉄生産 津軽での須恵器生産 野木遺跡 平泉文化 内耳鉄鍋の出現	平安時代
		A.D.1200	内耳土器　内耳鉄鍋 擦文土器の終焉	内耳土器　内耳鉄鍋	青森県新田遺跡群	鎌倉時代
中世(館)	アイヌ文化	A.D.1300	道南部に和人地形成 余市大川遺跡　厚真町の遺跡群 志苔館　志海苔古銭		安藤氏台頭 十三湊(遺跡)の繁栄	
			道南12館　陶磁器の流入 発寒遺跡　カリンバ2遺跡	ライトコロ川口遺跡 幣舞遺跡 コタンケシ遺跡		室町時代
		A.D.1500	コシャマインの戦い 上之国勝山館跡		浪岡城跡	
		A.D.1600	徳川家康黒印状 シャクシャインの戦い		根城跡	

弥生時代の成立に関わった渡来人

本州の時代区分では、縄文時代のあとは弥生時代となる。「弥生」の名称は、東京府本郷区弥生町(旧称)の**向《むこう》ヶ《が》岡《おか》貝塚**から出土した土器をもとに、「弥生式土器」が設定されたことによる。

弥生時代の文化は、水田による稲作農耕と、青銅器や鉄器などの金属器使用の開始によって特色づけられる。そのはじまりは、紀元前5世紀ごろとされていたが、最近では土器に付着した煤の放射性炭素年代測定により、紀元前10世紀ごろまで遡るともいわれている。

青森県田舎館村垂柳遺跡で発見された水田跡
(青森県教育委員会提供)

弥生文化の成立には、朝鮮半島や中国長江流域から渡来した人々が大きく関わっていた。縄文文化の伝統を持った人々が、水田造成、灌漑工事などの技術、金属器や装身具の加工技術を持った**渡来人《とらいじん》**集団と接触したことで、弥生文化は九州北部から東へ向かって、次第に広がっていったと考えられる。

水田造成や灌漑、金属器生産などをおこなうには特殊な技術が必要で、その技術と生産物の独占的管理などによ

向ヶ岡貝塚 弥生町遺跡の別名。東京・旧向ヶ岡弥生町の東京大学敷地内でみつかった弥生時代の遺跡。

渡来人 弥生時代から古代にかけて、朝鮮および中国から日本に移住した人々。大陸の先進技術を伝えた。

り階級差が生じ、小国が形成されていったのである。

倭人の登場と「国」の出現

弥生時代の日本は、「倭(人)」として中国の文献に記録されている。よく知られる『三国志』**魏志倭人伝**《ぎしわじんでん》には、「倭国が乱れたので、邪馬壹(台)国の卑弥呼を共立して女王とし、混乱を収めた。卑弥呼は、中国三国時代の魏国へ景初3(239)年に使いを送り、**金印紫綬**《きんいんしじゅ》を賜った。卑弥呼の死後、再び国が乱れたので、**壹与**《いよ》をたてて王にした」とある。

ここからは、当時の倭には地域ごとに「国」としてのまとまりができ、ときには互いに争っていた様子がうかがえる。

同時に考古学的な成果からも、弥生時代後半には、各地に佐賀県**吉野ヶ里遺跡**《よしのがり》、奈良県**纒向遺跡**《まきむく》など「国」と呼べるような地域のまとまりができ、中心となる大集落や大型の墓が築かれていたことが明らかになってきた。

弥生時代並行期の東北と北海道

水田跡の発見や農工具の出土から、本州では弥生文化の影響が関東から東北南部にまで及んでいたと考えられる。しかし、東北北部や北海道ではかなり事情が異なっていた。

東北北部では、弥生時代前期の**遠賀川式土器**《おんががわ》に類似した土器が出土しており、青森県の**垂柳**《たれやなぎ》**遺跡**と**砂沢遺跡**からは、弥生時代前期の水田跡が検出され

魏志倭人伝　中国の歴史書『三国志』に収められた「魏書東夷伝倭人条」の通称。

金印紫綬　中国が諸国の王に、臣下として授けた印。

壹与　生没年不詳。3世紀ごろの邪馬台国の女王。

吉野ヶ里遺跡　佐賀県神埼市と吉野ヶ里町にまたがる、弥生時代の大集落遺跡。

纒向遺跡　奈良県桜井市にある、弥生末期～古墳前期の大集落遺跡。

遠賀川式土器　西日本（九州北部～近畿地方）に分布する弥生前期の土器。

垂柳遺跡　青森県田舎館村にある、弥生中期の遺跡。

砂沢遺跡　青森県弘前市にある、弥生前期の本州最北端となる水田跡遺跡。

ている。だが、このような弥生文化の影響は一時的なものであり、それ以降の水田跡は検出されていない。また使用された土器も、**天王山式**《てんのうやま》、**赤穴式**《あかあな》と呼ばれる「縄文」が残るもので、そのあとには北海道と文様が共通する**後北式**《こうほくしき》**土器**が広がり、古墳時代になっても古墳の造営はなされなかった。加えて金属器は、鉄器類がわずかにみつかるだけであった。こうしたことから、水田耕作が本格的に定着し、鉄器が日常生活で普遍的に使われるようになったのは、8〜9世紀になってからと考えられている。

北海道では弥生時代の並行期になっても、まだ稲作はおこなわれていない。また、金属器の使用も刀子《とうす》(ナイフ)などわずかな鉄製品に限られていたことから、縄文時代と類似する狩猟・漁労・採集を中心とした生活が続くこの時代は、「続縄文文化期」と呼ばれている。

そしてこの時期から、北海道では本州と異なる、独自の北方文化が展開していくことになる。

天王山式　福島県白河市の天王山で出土した、弥生後期の土器。

赤穴式　岩手県岩泉町の赤穴洞穴で出土した、弥生終末期の土器。

後北式土器　56ページ参照。

〔参考文献〕
藤本強『日本列島の三つの文化〈市民の考古学7〉』(同成社、2009年)
佐原真『魏志倭人伝の考古学』(岩波現代文庫、2003年)

topic..... 06

琥珀と管玉に彩られた続縄文の華麗な装飾品

多彩な装身具にみる、本州と大陸とのつながり

北海道の時期区分		本州
旧石器		旧石器
縄文		縄文
続縄文		弥生
続縄文		古墳
続縄文	オホーツク	飛鳥
	オホーツク	奈良
擦文	トビニタイ	平安
中世（館）	アイヌ	鎌倉
中世（館）	アイヌ	室町
近世（松前藩）	アイヌ	江戸

東西で異なった続縄文文化前期

紀元前3世紀ごろから7世紀前半にあたる続縄文文化期は、本州の弥生時代と古墳時代に相当し、前後期にわけられる。

続縄文文化前期は、道南・道央の恵山《えさん》文化・江別太《えべつぶと》文化と、道東の下田《しもだ》ノ沢《さわ》文化・宇津内《うつない》文化という異なる二つの文化に分かれている。古墳時代に並行する続縄文文化後期は、**後北式《こうほくしき》土器**を持つ文化が全道に広がる後期前半（3～4世紀）と、**北大式《ほくだいしき》土器**が使用された後期後半（5～7世紀前半）に区分される。

続縄文文化前期は、縄文文化からの生活形態が受け継がれたと考えられるが、住居や道具類に、地域による違いが顕著に認められる。例えば恵山文化・江別太文化では、住居跡の平面形が円形で、張り出しを持つものもある。土器は甕形のほかに、弥生文化の影響を受けた壺形や**高坏《たかつき》**がみられるほか、石器では幅広のナイフ形石器がこの時期からみられるようになる。特殊なものでは、

後北式土器　後期北海道式薄手縄文土器の略称。口縁部の突起や器の外側を飾る縞縄文が特徴。

北大式土器　北大構内で発見されたことから命名。深鉢形で、器の外側を飾る縄文と沈線文が特徴。

高坏　食物などを盛る、高い脚をつけた皿。

魚形石器《ぎょけいせっき》と呼ばれる**漁労具**《ぎょろうぐ》が出土する。

一方、道東の下田ノ沢文化・宇津内文化では、住居跡の形態が不整形で、入口と思われる張り出しのつく例が多い。土器は甕形がほとんどで、壺は少なく高坏はみられない。また、石器の組み合わせはほぼ同じだが、ナイフ形石器や石鏃《せきぞく》には形態差があり、魚形石器は出土しないなどの違いがある。

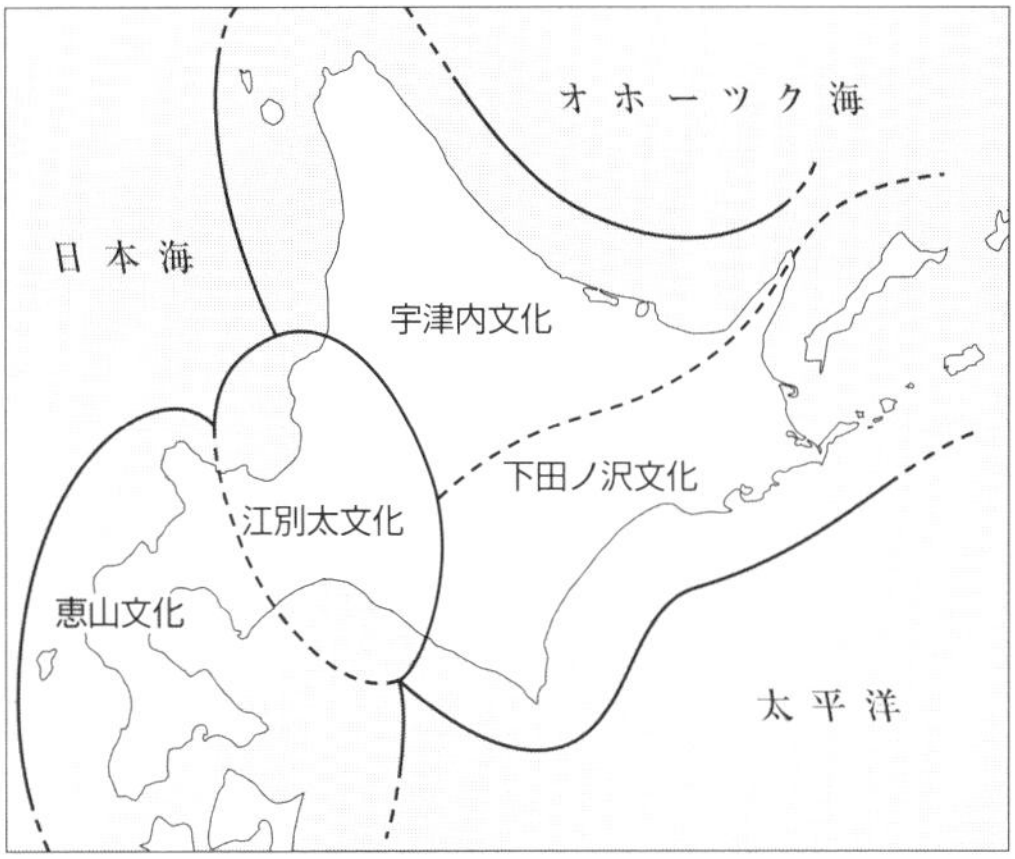

続縄文文化前期の北海道における地域文化分布図
（川上淳 2008〈『北海道の歴史がわかる本』より〉を一部改変）

恵山貝塚と漁労文化

恵山文化の代表的な遺跡・函館市**恵山**《えさん》**貝塚**では、さまざまな魚や海獣類の骨、貝殻などが堆積した貝塚がみつかった。また、大量の土器や石器類とともに、装飾性のある特殊な形態の銛先《もりさき》や大小さまざまな釣針、**スプーン**も出土している。

大型魚類や海獣類の狩猟に用いられたと考えられる銛先のなかには、かえしの数が多く装飾を加え

魚形石器　恵山文化に特徴的な石器で、ルアー（疑似餌）として使われたと考えられる。

漁労具　魚類や貝類、海藻をとるために使う道具。

恵山貝塚　函館市柏野町にある、続縄文前期の遺跡。恵山式土器など多数の土器や石器が出土した。

スプーン　恵山文化を代表する祭祀道具の一つ。名称はその形状からつけられたもので、現在の用途とは異なる。

たものもある。同様の銛先は、伊達市**有珠《うす》モシリ遺跡**でも出土しており、実用的な目的だけでなく、漁労に関係する祭祀に利用された可能性もある。また魚形石器は、現在、津軽海峡域の漁師がマスやホッケ漁に使う金属製ルアーに近いもので、大型魚類を対象とした釣道具と考えられる。恵山貝塚には、厚さが1メートルを超える大規模な盛土《もりど》遺構（祭祀儀礼をおこなう場）が貝塚とともに築かれており、その周囲には多くの墓が残る。この大きな集落の営みを、前述の大規模な漁労活動が支えたのだろう。

筆者がかつて調査に携わった北斗市の**茂別《もべつ》遺跡**は、津軽海峡に面した海岸段丘上にあり、対岸の津軽半島、下北半島を手にとるように眺められた。この遺跡からは、恵山文化の円形の住居跡群や墓などがみつかっており、魚形石器が出土していることからみても、漁労が生業のなかで大きな位置を占めていたと思われる。

ところでこの遺跡からは、クマの意匠がついた土器も数多くみつかっている。土器の取っ手や口縁部につけられており、可愛い表情のもの、キツネのようなやせた顔のものまでさまざまである。このようなクマ意匠の遺物は、縄文後期末ごろから北海道南部や東北北部で流行し

有珠モシリ遺跡　伊達市有珠湾のモシリ島にある、続縄文文化の貝塚兼墓。

茂別遺跡　北斗市の海岸部に位置する、続縄文文化の集落遺跡。

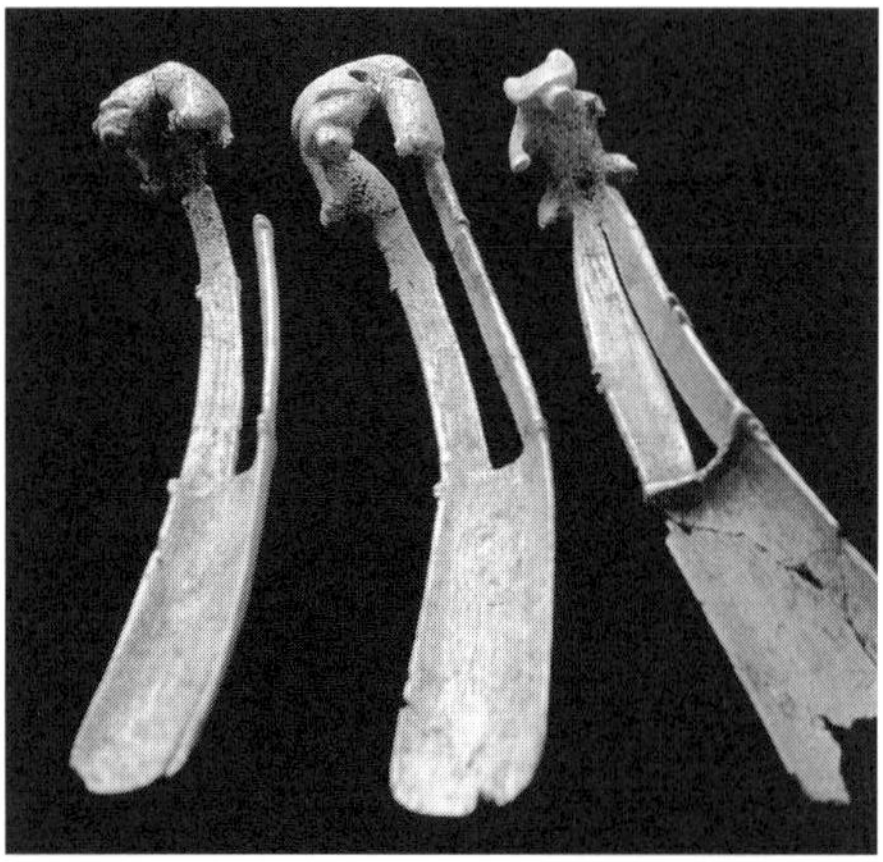

伊達市有珠モシリ遺跡出土の動物意匠付骨角器
（伊達市教育委員会蔵）

ていた。そのなかでも、恵山貝塚や有珠モシリ遺跡で出土した、クマをかたどった精巧なつくりのスプーンがよく知られる。スプーンには透かし模様も入れられており、儀式用の遺物であった可能性が高い。

時期と場所で変わる装身具

装身具の歴史は古く、縄文時代から各地域、各時期によって、使われる材質の色や形状などにそれぞれ特色がある。現代のような流行もあったようで、一時期に流行った装身具類が、次の時代になると新しい材質にとって代わられ、消えていく現象がみられる。

世界各地の少数民族をみると、同一民族内で装身具の色や形が類似することで、同じ仲間であることを象徴する例も認められる。またその材料は、地元のものよりも、遠くから運ばれた珍しく貴重なものを使うことが多い。

縄文文化の装身具は、恵庭市の**カリンバ遺跡**の合葬墓から出土した漆製品の櫛、ヘアーバンド、腕飾り、腰飾り、足飾りなどが特徴的である。それに石製玉類や土製の耳飾りなどが加わり、素材としては特に新潟県姫川産の緑色の**翡《ひ》翠《すい》**が好んで用いられていた。

ところが、続縄文文化期になると土製の耳飾りや漆製装身具はなくなり、首飾りの玉類に**琥珀《こはく》**が多く使われるようになる。また、新たに弥生文化独自の装身具として、山陰地方や佐渡島で製作された**碧玉《へきぎょく》**製**管玉《くだたま》**が、北海道にも流入

カリンバ遺跡 恵庭市中心部にある、縄文～アイヌ文化期の遺跡。縄文文化後期末の漆製品と玉類は、国の重要文化財に指定されている。

翡翠 深緑の半透明な宝石。日本最大の産地は、新潟県糸魚川地域。

琥珀 植物の樹脂が石化したもの。黄褐色で光沢があり、透明ないし半透明。

碧玉 微細な石英の結晶が集まってできた鉱物で、色は紅・緑・黄など多彩。

管玉 装身具の一種で、管状の玉を紐に通して、腕飾りや首飾りにした。

してくる。これに、希少な例として南海産の貝類やガラス玉が加わる。

伊達市の有珠モシリ遺跡からは、昭和60(1985)年〜平成元(1989)年の調査でイモガイ、オオツタノハガイ、ベンケイガイ製の貝輪、タマキガイ製玉類、マクラガイ、ホタルガイ製**垂飾**《すいしょく》などの貝製品が大量に出土した。このうち、イモガイ、マクラガイ、ホタルガイなどの南海産貝類でつくられた貝製品は、これまでに北海道でまったく出土したことのないものである。

特にイモガイ製貝輪は、弥生時代に九州で広く流通しており、製品として北海道へ運ばれたと考えられている。恒常的にではないにせよ、南海産の貝が日本列島を縦断して北海道にもたらされていたことになる。

緑の碧玉、赤の琥珀色で異なる集団意識

続縄文文化の前期では、道南部と道央・道東部とで墓に副葬される装身具に大きな違いが認められる。先に述べた道南部の茂別遺跡からは、恵山文化の墓がまとまってみつかっており、そのいくつかに、緑色や赤色の管玉が副葬されていた。管玉は弥生時代の代表的な装身具で、新潟県佐渡島や島根県で採れる赤色の鉄石英《てっせきえい》

垂飾　装身具の一種で、紐に通して、首飾りなどに下げる飾りのこと。

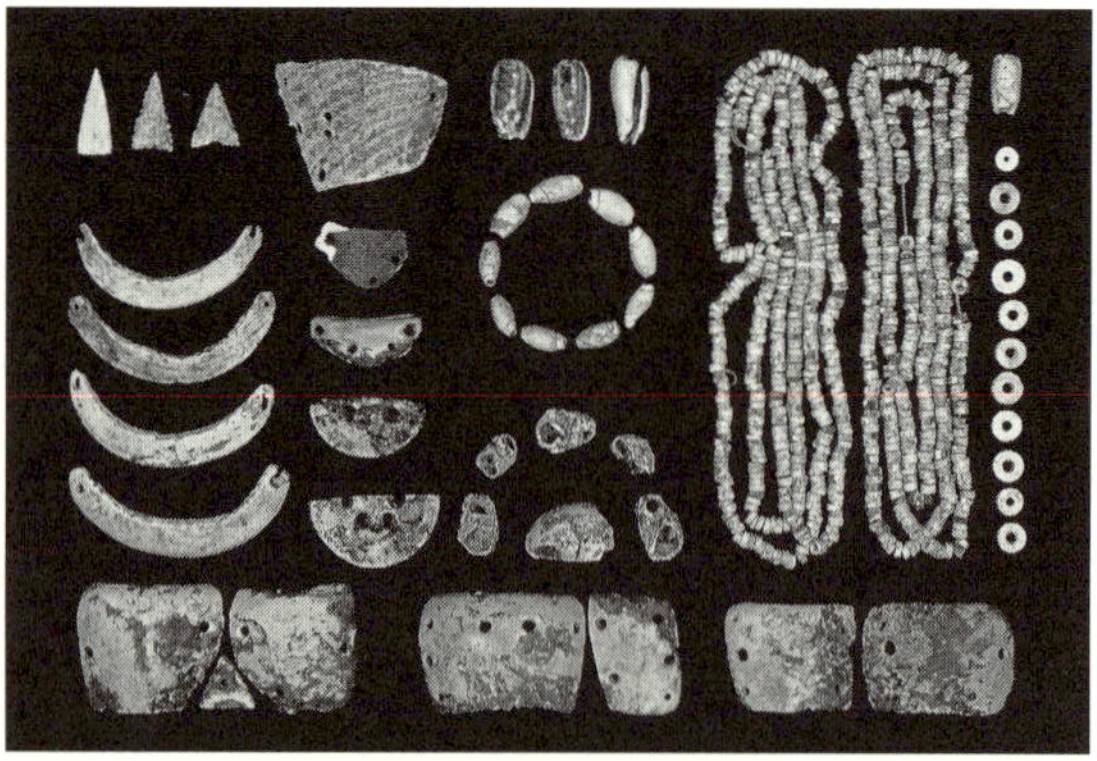

伊達市有珠モシリ遺跡出土の貝製装飾品
（伊達市教育委員会蔵）

（酸化鉄を含む石英）や、緑色の碧玉が用いられていた。北海道で発見される管玉も、弥生文化圏から運び込まれたものと推定される。

対岸の津軽半島**宇鉄《うてつ》遺跡**で出土した管玉は、国の重要文化財に指定されており、一衣帯水《いちいたいすい》のこの遺跡でみつかるのは当然のことだろう。このような碧玉製管玉は、札幌周辺の石狩低地帯付近にまで出土遺跡が広がっている。

一方、道央部から道東部にかけての墓には琥珀玉が副葬されることが多く、ときには芦別市**滝里安井《たきさとやすい》遺跡**のように、一つの墓で4000個を超す出土例もある。赤みを帯びた黄色の琥珀は、道央部の山地のほか、道東部や道央部の海岸に打ち上げられたものがみつかるが、出土品は規格性のある玉に加工されている。このことからみて、サハリンから持ち込まれた可能性が高いと推定されている。

また道央部では、碧玉製管玉が副葬された墓の分布と琥珀玉の分布は重なり合うが、多くの場合、一遺跡からはどちらか一方の玉だけが出土する。まれに、江別市の**元江別《もとえべつ》1遺跡**や石狩市の**紅葉山33号遺跡**のように、両種の玉が出土する場合もあるが、一つの墓壙内で同時に出土することは少ない。、白老町の**アヨロ遺跡**では両種の玉が同一の墓か

宇鉄遺跡　青森県外ヶ浜町にある、弥生時代の遺跡。土壙墓から大量の副葬品が出土した。

滝里安井遺跡　芦別市南東部に位置する、続縄文前期の遺跡。土壙墓から大量の副葬品が出土した。

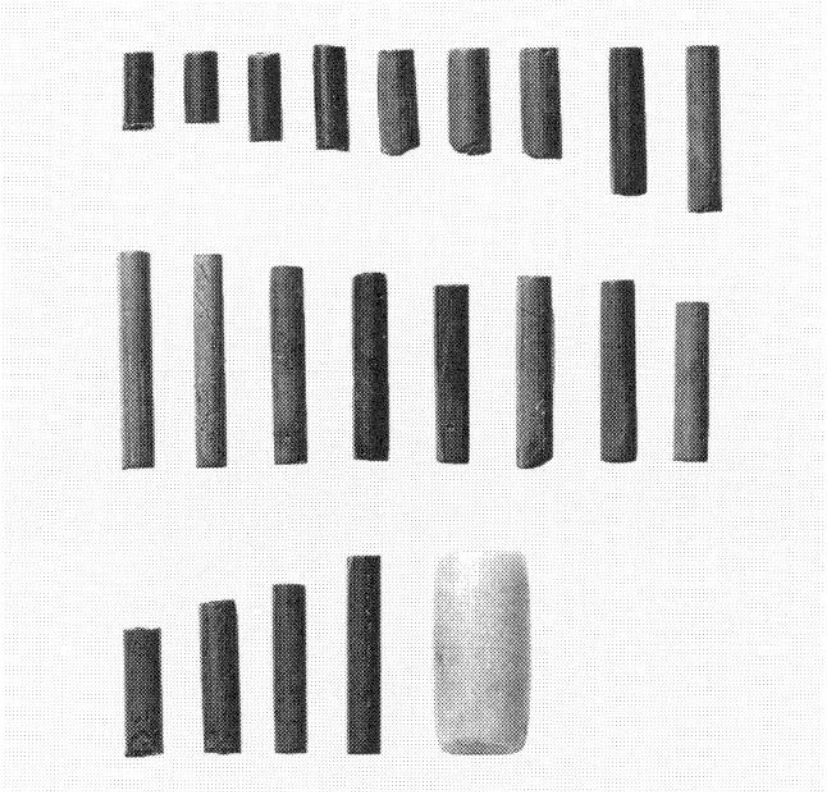

北斗市茂別遺跡出土の管玉
（北海道立埋蔵文化財センター提供）

芦別市滝里33遺跡出土の琥珀製玉類
（北海道立埋蔵文化財センター提供）

ら出土したが、それも琥珀の色に似た赤色管玉であった。

このように、続縄文文化前半の道南部と道央・道東部とでは、墓に副葬される装身具に大きな違いがある。碧玉製管玉（緑色+赤色）と琥珀玉（赤色）に分かれる好みには、集団意識の違いが表現されていると考えられる。

新たに登場したガラス玉の装飾具

琥珀や管玉が盛んに墓に副葬される時期からやや遅れて、今度は青色のガラス玉が墓から出土するようになる。縄文文化から続縄文文化の装身具に使われていた色は、赤、緑、黒、白、黄などであり、青色は弥生時代になってはじめて登場した色である。ガラス玉は、弥生時代に水田耕作技術や鉄、青銅器製作技術とともに大陸からもたらされた。佐賀県吉野ヶ里遺跡の王墓から出土した、淡い青色の管玉の鮮やかさを記憶されている方もいるだろう。

管玉のほかにも、丸玉、耳栓、腕輪などのガラス製品がある。さらに中国製

元江別1遺跡　江別市元町地区にある続縄文文化前期の遺跡。数多くの墓から、琥珀玉や碧玉製管玉が出土した。国指定有形文化財。

紅葉山33号遺跡　石狩市南西部に位置する、続縄文前期の遺跡。40基以上の墓がみつかった。

アヨロ遺跡　白老町虎杖浜地区にある、続縄文前期の遺跡。恵山式土器や墓、住居跡がみつかった。

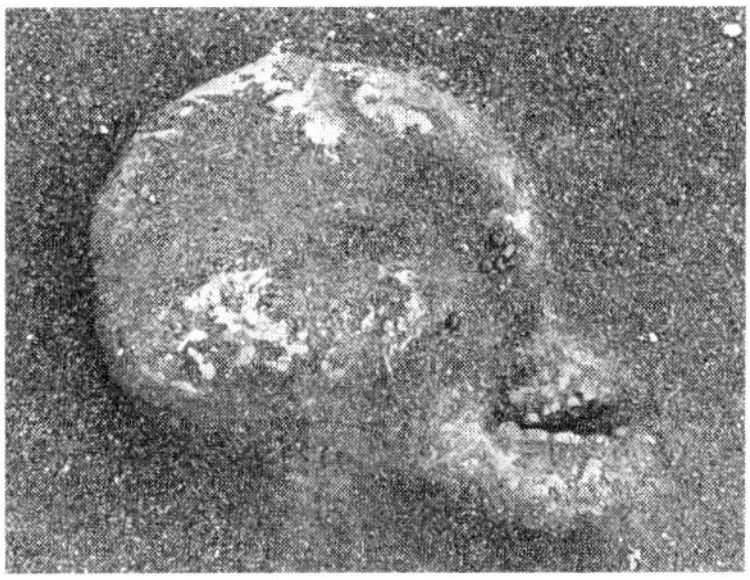
常呂川河口遺跡の土壙墓でみつかった頭蓋骨。眼の部分に青いガラス玉が置かれていた（北見市教育委員会蔵）

の玉だけでなく、**インド・パシフィックビーズ**と呼ばれるインド洋沿岸に広がる玉も流入していること、またそのうちの一部は国内で製作されていることが明らかになっている。

北海道で出土する玉は、紺と淡青色の丸玉だけであるが、その成分を分析をしてみると、本州から出土する**カリガラス**と同様であることがわかってきた。時期的には続縄文後半期にあたり、本州の弥生時代から古墳時代にかけてのガラス玉が流入してきた可能性が高い。

そして、こうしたガラス玉はアイヌ文化期に入ると、北海道独自の装身具文化を構成する素材となっていくのである。

インド・パシフィックビーズ　紀元前2世紀ごろ、南インドで創製され、2〜17世紀にかけて東西貿易で各国に運ばれた、ガラス製のビーズ。

カリガラス　カリウムを多く含有し、透明度が高く硬いガラス。

〔参考文献〕
青野友哉『墓の社会的機能の考古学』（同成社、２０１３年）
野村崇・宇田川洋編『新北海道の古代２　続縄文・オホーツク文化』（北海道新聞社、２００３年）

topic……07

続縄文文化後期の後北式土器とその広がり

遺物が示す北東北との共通点と文化的つながり

北海道の時期区分		本州
旧石器		旧石器
縄文		縄文
続縄文		弥生
続縄文		古墳
続縄文	オホーツク	飛鳥
擦文	オホーツク	奈良
擦文	トビニタイ	平安
中世（館）	アイヌ	鎌倉
中世（館）	アイヌ	室町
近世（松前藩）	アイヌ	江戸

本州の古墳文化と北海道の続縄文文化

魏志倭人伝に登場する邪馬台国は、弥生時代終末期または古墳時代初頭に存在した。そのため卑弥呼が葬られた「径百余歩《けいひゃくよほ》」の塚が、**四隅突出墳**《よすみとっしゅつふん》などの弥生時代の塚なのか、古墳時代の**前方後円墳**《ぜんぽうこうえんふん》なのかについて、今も議論が続いてる。

古墳時代前期の3〜4世紀、**畿内**《きない》をはじめ本州各地に前方後円墳が築かれるようになっていく。当時、それまで小国に分かれていた国内は、いくつかの勢力下で統合され、その連合国としての「倭国」が形成されていく時期にあたっていた。各地における前方後円墳の出現は、そうした倭国連合の拡大を示すものと考えられ、その分布圏は東北地方南部にまでおよんでいた。

ところが、同じ時期の東北地方北部で古墳は築かれていない。これは、弥生時代前期に青森までおよんでいた水田耕作が、気候の寒冷化によって、北上川

径百余歩　魏志倭人伝に書かれたもので、卑弥呼の墓の大きさが百歩ほどの直径を有する大きなものであったことを示す。

四隅突出墳　方形もしくは長方形の墳丘の四隅が突き出た形の古墳。

前方後円墳　円形の墳丘（後円部）に方形の墳丘（前方部）がついた形の古墳。

畿内　京に近い国々。山城・大和・河内・和泉・摂津の5カ国を指す呼称。

下流域周辺にまで大きく後退したためと考えられ、同様に北海道でも古墳はみられない。あとで述べる「北海道式古墳」が登場するのは古墳時代ではなく、それ以降の飛鳥時代または奈良・平安時代になってからのことである。

後北式土器とその広がり

北海道の続縄文文化は、弥生文化や古墳文化の影響を次第に強く受けるようになっていく。そのきっかけとなったのが**後北式土器段階**である。

まず、続縄文文化前期に東西で異なっていた土器型式が、後北式段階には全道で共通するようになる。土器は深鉢形と注口《そそぎぐち》のついた深鉢・浅鉢形がほとんどを占め、ほかは取っ手つきの壺形が少量みられるだけである。深鉢の器形は胴部が膨らみ、口縁部はほとんど開かずに立ち上がる。表面は**微《び》隆《りゅう》起《き》線《せん》文《もん》**で縁取られた帯状縄文と**刺《し》突《とつ》文《もん》**による幾何学的文様を構成しており、同時期、本州の土器から文様がなくなるのとは大きく異なる。

この型式の土器は、北海道から津軽海峡を越え、宮城県北部にまで広がり、日本海側では遠く新潟県でも出土している。新潟県では古墳時代前

江別市坊主山遺跡出土の後北式土器
（江別市教育委員会蔵）

後北式土器段階　後北式土器という独自の土器型式を持ちながら、生活用具は本州との交易で流入したものに代わっていった段階のこと。北海道と東北のつながりがより強まっていた。

微隆起線文　土器の文様で、細い粘土紐を線状に貼りつけたもの。時期によって線の形が異なる。

刺突文　土器の文様で、土器の表面に棒などを突き刺してつけた点（線）状のもの。

期の古墳がみつかっており、後北式土器を持った人々が古墳文化と接触することで、鉄器や装身具を手に入れたと想定される。同時に後北式土器は、択捉島など千島列島(クリル諸島)中部にも広がっていたことが確認されている。

続縄文後期の集落跡と住居

続縄文文化後期は、墓の検出例が多いものの、集落については調査のおこなわれた例が少なく、その構成や住居と墓の関連など、まだ明らかになっていない点が多い。

後北式期のものでは、旧豊平川の河岸段丘上に位置する江別市の**旧豊平《とよひら》河畔《かはん》遺跡**で集落(竪穴式住居跡)が検出され、住居跡には張り出し部のあるものと、張り出し部を持たない円形や不整形のものがみつかった。しかしこれを除くと、江別市の**坊主山《ぼうずやま》遺跡**や**元江別《もとえべつ》10遺跡**のように、土壙墓《どこうぼ》群は数多くみつかるが竪穴式住居跡は検出されない遺跡が大半で、遺物しか検出されない小遺跡も多い。**北大《ほくだい》式期**になると、**焼土《しょうど》遺構**や土壙墓の周囲から遺物が出土するだけになり、竪穴式住居跡は検出されない。

現在のＪＲ札幌駅建築の際に調査がおこなわれた後北式期の**Ｋ１３５遺跡**のように、低地部に面した微高地上に焼土が点々とみられ、サケの骨が検出された例もある。ここからは、住居や恒常的な生活地点が低地部に移り、住居が平地式住居に変化していた可能性をも読みとれる。

旧豊平河畔遺跡　江別市北西部に位置する、続縄文後期の遺跡。集落跡がみつかった。

坊主山遺跡　江別市北西部に位置する、続縄文後期の遺跡。多くの墓がみつかった。

元江別10遺跡　江別市北西部に位置する、続縄文後期の遺跡。墓跡がみつかった。

北大式期　北海道大学構内から出土した土器を示準として名づけられた。本州の古墳文化に併行する紀元5～7世紀に使用された。

焼土遺構　地面の上で火を使ったとされる跡。土が赤くなり、炭が残ることも。

Ｋ１３５遺跡　札幌市中心部に位置する、続縄文～擦文の遺跡。サケ漁の跡がみつかった。

また、河岸段丘上からも遺物は出土するが、狭い範囲にまとまることが多いことから、移動性の高い生活様式だったのではないか、との指摘もある。

石器の減少と鉄製品の流入

前出のK135遺跡からは後北式土器だけでなく、東北地方における弥生文化後期の天王山系土器とそれに伴う管玉、**土製《どせい》紡錘車《ぼうすいしゃ》**、ガラス玉などの本州製品とともに、サハリンから道北方面に広がる**鈴《すず》谷《や》式土器**とそれに伴う五角形の石鏃《せきぞく》、角柱状の石斧《せきふ》が出土している。後北式土器の時期に、北海道の土器分布圏が同一になったことで、南北の文化の交流が盛んにおこなわれるようになったと考えられる。

北海道に後北式土器の分布圏が広がり、本州の前期古墳文化の分布域に隣接するようになって、流入する鉄製品の種類や量が次第に増えていったのだろう。鉄製品の出土例は少ないが、旧石器時代から使用され続けてきた石器が、徐々に減少していく傾向がみられ、間接的に鉄製品の増加を示している。

後北式期には、恵山式期に特徴的であった幅広のナイフ形石器がなくなり、石鏃は残るものの数量が減少する。また、後北式期後半になると石斧が小型化し、出土数が減少する傾向がみられ、北大式期にはいずれの石器もなくなる。

土製紡錘車　穴をあけた土製の円盤に心棒を通し、回しながら糸を紡ぐ道具。

鈴谷式土器　オホーツク文化前段階の土器。サハリンに起原を持つ。

K135遺跡出土の土製紡錘車。穴に棒を通し、回しながら糸を紡いだ（札幌市埋蔵文化財センター蔵）

後北式土器期は、北海道の独自性のある土器型式を持つ時期ではあるが、生活用具は次第に本州との交易品に依存していくことになる。

東北とのつながり示す墓制と地名の共通点

こうした土器のほかに、北海道と東北北部のつながりを示すのが**墓制**《ぼせい》と**副葬品**である。後北式土器期には、両地域で共通した特徴がみられる。まず道内では、前期と同形態の**屈葬**《くっそう》による**土壙**《どこう》が営まれ、琥珀や碧玉製管玉は副葬されなくなり、かわって古墳文化の系統を引く青色のガラス玉が出土する。これらは、松前町トノマ遺跡、恵庭市柏木B遺跡、北見市常呂川河口遺跡など全道に広がっている。また、網走市南六条の墓からは、ガラス玉とともに本州の後期古墳に副葬されたものと同形態の**竪櫛**《たてぐし》が出土している。

東北北部の墓制も屈葬形態をとる土葬墓で、秋田県大仙市田久保下《だいせんしたくぼした》遺跡の6世紀の**土師器**《はじき》が副葬された墓、秋田県能代《のしろ》市寒川Ⅱ遺跡、岩手県盛岡市永福寺山遺跡の後北式の墓、青森県七戸《しちのへ》町森ヶ沢遺跡の北大Ⅰ式期の墓などがあげられる。これらは北海道と同じく、墓内に土器と黒曜石製の石鏃、剥片などが副葬されていることも注目される。

東北北部とのつながりはまだある。北海道内の川には、「ナイ」「ペッ」などのアイヌ語地名がつけられた例が多い。このほかにも、「ポロ(大きい)」、「ル

墓制　墓の様式やつくり方のこと。
副葬品　死者と一緒に埋葬される品物。
屈葬　死者の手足を折り曲げた姿勢で埋葬する方法。
土壙　土中に竪穴を掘り、死者を直接埋葬する方法。
竪櫛　古代に使われた、縦長で歯の部分が長い櫛。
土師器　古墳～平安時代に本州でつくられた赤褐色の素焼きの土器。装飾的文様はほとんどつけられない。

（道）」などのつく地名が多く残されている。こうしたアイヌ語地名は、北海道だけでなく東北北部にもあることが、**金田一京助**、**山田秀三**《ひでぞう》らの研究によって明らかにされている。

青森、秋田、岩手の各県には、三内《さんない》丸山遺跡の三内など「ナイ」のつく地名が多く、別、辺、部など「ペッ」系統と考えられる地名も残る。こうした東北北部に残るアイヌ語系統の地名は、かつてこの地域でもアイヌ語と同系統の言葉が使われ、それが残存したものと考えられている。

さらにアイヌ語地名が残された範囲は、ほぼ後北式土器が東北北部に広がった範囲と重なっていることも指摘されている。これは、後北式土器の時代まで使用されていた地名が、古墳文化に組み込まれた人々によって引き継がれ、定着していったためであろう。

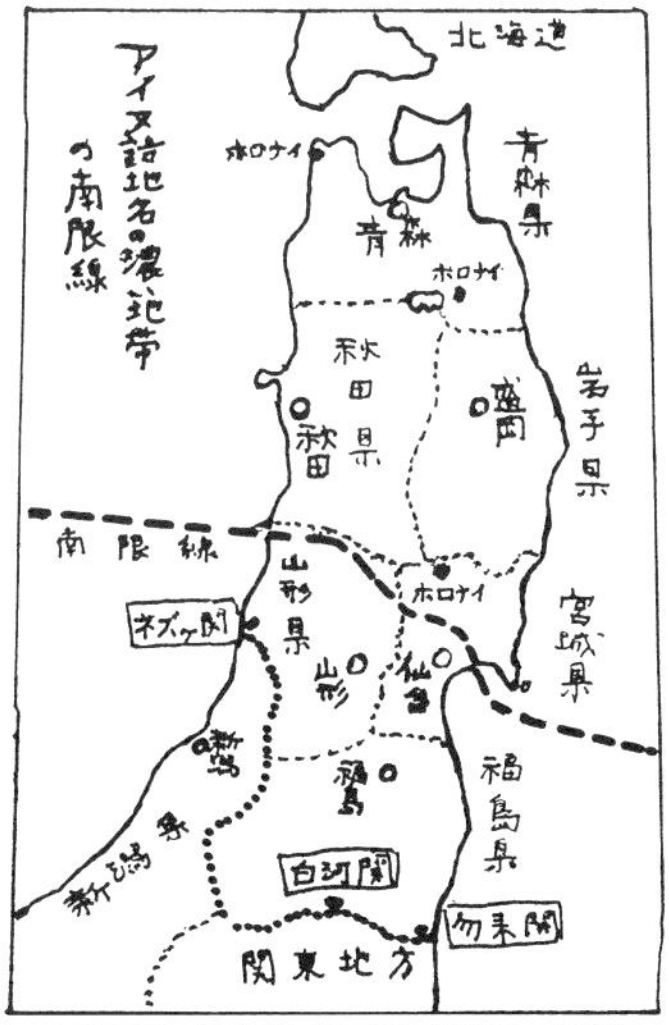

東北のアイヌ語地名の濃い地域の南限線
（山田秀三『東北・アイヌ語地名の研究』〈草風館、1993年〉より）

金田一京助　1882〜1971年。言語学者。

山田秀三　1899〜1992年。アイヌ語地名研究家。

［参考文献］
松本建速『蝦夷の考古学』（同成社、２００６年）
山田秀三『東北・アイヌ語地名の研究』（草風館、１９９３年）

topic.....08

大陸と密接につながるオホーツク文化の独自性

海獣狩猟と漁労活動を主とした謎の海洋民

北海道の時期区分		本州
旧石器		旧石器
縄文		縄文
続縄文		弥生
続縄文		古墳
続縄文	オホーツク	飛鳥
擦文	オホーツク	奈良
擦文	トビニタイ	平安
中世（館）	アイヌ	鎌倉
中世（館）	アイヌ	室町
近世（松前藩）	アイヌ	江戸

オホーツク文化の謎と最寄貝塚の調査

オホーツク文化は、本州の古墳時代後期から飛鳥時代のころ、サハリンから道北・道東部のオホーツク海沿岸にかけて広がった。流氷の海として知られるオホーツク海の流氷にのって南下する、アザラシなどの海獣類を追って北海道に到来した人々が残した文化である。やがて、流氷が消えるかのように北へ帰っていった謎の民——と、ロマンを持って語られることも多い。

オホーツク文化の名を広めたのが、網走市の最寄(モヨロ)貝塚であろう。**米村**《よねむら》**喜**《き》**男**《お》**衛**《え》が発見・調査をおこない、その重要性を広く知らしめたことで、昭和11(1936)年に国の史跡となった。

この遺跡の発掘調査で注目されたのは、**ソーメン文**《もん》と呼ばれるオホーツク海沿岸だけでみつかる独特の文様を持つ土器のほか、大量の石器、さまざまな**骨**《こっ》

米村喜男衛　1892～1981年。網走市で理髪店を営みながら、在野の考古学者として活動した。

ソーメン文　土器の表面に、ソーメン状の粘土の紐を貼りつけた文様。貼付文土器とも。

骨角器　獣類・鳥・魚貝類の骨や角、牙、殻を加工してつくった道具や装身具。

角器《かくき》が出土したことである。遺跡は海岸沿いにあり、貝塚から海獣・魚類の骨が多量に検出され、骨製銛をはじめとする発達した骨角器や**銛先鏃**《もりさきぞく》がみつかったことから、海獣狩猟と漁労活動を主とする海洋性文化であったと考えられている。

同時期の続縄文文化や擦文文化とは異なる生活様式が営まれていたことがわかるとともに、屈葬で葬られた人骨の頭部に、底に孔《あな》をあけた甕型土器を倒立させて被せる、特異な**葬制**《そうせい》（被甕葬《かめかぶりそう》）の存在も明らかになった。

網走市最寄貝塚の被甕葬
（東京大学常呂実習施設提供）

また、出土した矛、青銅製の**帯金具**《おびかなぐ》、鈴などの金属製品、**環玉**《かんぎょく》、土器などには、大陸と関連があるのではとの指摘が相次いだ。それ以来、「謎の海洋民族」としてこれらの人々がどこから来たのか、オホーツク文化の起源がどこなのかについて、多くの議論が戦わされることになった。

北海道大学の**児玉作左衛門**《こだまさくざえもん》が被葬者の骨を鑑定したところ、頭蓋骨はアイヌ人骨に比べて顔が大きく、短頭であり、下顎が発

銛先鏃　黒曜石など石を加工してつくった銛先。

葬制　葬送に関する制度のこと。ここでは遺体処理の習慣を指す。

帯金具　皮や布製の帯を飾る、金・銀・青銅などでできた金具。

環玉　続縄文文化の主に道東部の遺跡から出土する、軟玉石製の環状の飾り板。主に耳飾りの装飾として使われた。

児玉作左衛門　1895～1970年。解剖学者。北海道大学名誉教授。

達し、眼窩が縦長であるなどの特徴が明らかになった。アイヌや現代の日本人の骨格と異なるだけでなく、縄文人とも異なることから、児玉はこの特徴を、アリューシャン列島に居住する**アレウト**と関連づけた。

それ以降、これまで出土した３００体を超えるオホーツク人骨をもとに、さまざまな議論が展開されている。エスキモー説、アムール川下流域の**ニブフ**や**ウルチ**説などが唱えられてきたが、近年はＤＮＡ分析からニブフやウルチ説が有力になっている。

オホーツク文化における土器の変遷

北海道とサハリンの関係は、続縄文文化のころに活発化し、鈴谷《すずや》式と呼ばれるオホーツク文化前段階の土器が、サハリンから北海道へ南下している。

5～7世紀には、刺突《しとつ》(突瘤《とつりゅう》)文《もん》土器や**刻文**《こくもん》**土器**がサハリンから、北海道の北部～オホーツク海沿岸部にかけて広がったことから、この時期以降をオホーツク文化として区分している。

特に刻文土器には、壺形や甕形の器形《きけい》もみられ、アムール川中流域の**靺鞨**《まっかつ》文化の影響が認められる。また刻文土器はこの時期、分布範囲が急速に拡大し、小樽市忍路《おしょろ》や奥尻島青苗貝塚など日本海側にまで広がっている。

8～9世紀になると、今度は北海道独自の土器へと変化をはじめる。道北で

アレウト　アリューシャン列島やアラスカ西部に居住する先住海洋民族。アリュートとも。

ニブフ　サハリン（樺太）中部以北および大陸のアムール川下流域に居住する少数民族。かつてギリヤークと呼ばれた。

ウルチ　アムール川中・下流域に居住する少数民族。

刻文土器　オホーツク土器のなかで、直線や曲線、貼付文を組み合わせ、幾何学的文様を施したもの。

靺鞨　隋唐時代、中国東北部に居住したツングース系の農耕漁労民族。

摩擦式浮文土器　オホーツク式土器の一種。指で粘土をこすり、指間の部分がわずかに隆起しているような文様を持つ。

は沈線文《ちんせんもん》（線状の文様）土器や**摩擦式浮文《ふもん》土器**、道東では貼付文《はりつけもん》（細い粘土紐などを表面に貼った文様、ソーメン文とも）土器がみられるようになっていく。

さらに、9世紀後半から10世紀にかけては擦文土器（89ページ「擦文文化」参照）と融合し、道北では**元地《もとち》式土器**、道東部では**トビニタイ式土器**へと変化する。器形は擦文土器と同型の深鉢に統一され、貼付文がつけられている。この土器を持つ文化は、トビニタイ文化（110ページ参照）として区分されることもあり、道東部では12～13世紀ごろまで継続したと考えられている。

海獣狩猟と漁労に関連した生活用具

オホーツク文化の生活用具は、海獣狩猟と漁労に関連したものが多い。なかでも骨角製品（骨角器）はオホーツク文化を特色づけるもので、銛先、**中柄《なかえ》**、ヤス、釣針、鏃《やじり》など多様な器種がある。動物や魚介類の解体具として、黒曜石や頁岩《けつがん》製のナイフ、スクレーパー（削《さく》器）、錐などの**剥片《はくへん》石器**が、鉄製の**刀子《とうす》**類と併用された。生産用具としての石器の種類と数量が多いことは、同時期の続縄文文化後半から擦文文化の遺跡で石器がほとんど出土しないことと対照的である。

金属器には、大陸と関連する**曲手《まがりて》**刀《とう》、鉄矛などと、本州と関連する**蕨手《わらびて》刀《とう》**、直刀《ちょくとう》などの武具がある。木、骨、角などを加工する工具類としては、剥片石器類と石斧《せきふ》のほか、鉄製の斧、刀子、曲手刀子などがある。こうした鉄製

元地式土器　礼文島の元地遺跡で出土した、擦文土器の影響を受けたオホーツク式土器の一種。

トビニタイ式土器　オホーツク式土器に擦文土器の特徴が取り入れられたもの。

中柄　矢や銛などの持ち手になる細長い軸と先端の銛先との接合部。

剥片石器　原石を叩き割ってつくった薄いかけらを加工した打製石器。

刀子　ものを削るなど細工に用いる小さな刃物。

曲手　柄（持ち手）の部分が湾曲して、下方に下がったもの。

蕨手刀　柄の先端につく装飾が、ワラビの巻いた形に似る鉄刀。

品の再加工のために、土器片をフイゴの送風側の吹き込み口に使った鍛冶の存在も指摘されている。

さらに羅臼町の**松法川《まつのりがわ》北岸遺跡**からは、椀、皿、盆、スプーン、すりつぶし具、槽《そう》(桶)、樹皮容器などの炭化した木製品が出土している。出土例は少ないが、さまざまな形態の木製品が鉄器を利用して製作されたと推定される。

また装飾品としては、大陸系の装身具とされる骨や牙製の円板状骨製品(アイヌ語でクックルケシ=帯留め具)、バックル、軟石製の環石、ガラス玉、青銅製帯金具・鈴・耳飾、錫《すず》製の環《かん》(環状の耳飾り)などと一緒に、本州の古墳文化の系統と考えられる碧玉《へきぎょく》製管玉《くだたま》(59ページ参照)なども出土している。

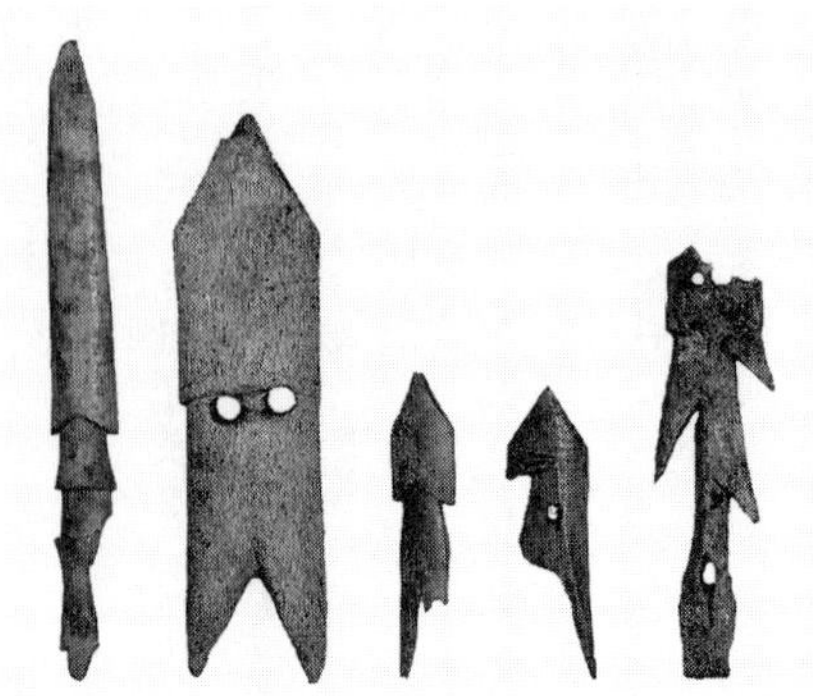

網走市最寄貝塚出土の銛先に使われた骨角器
（網走市立郷土博物館蔵）

生活のなかにみられる動物との密接な関係

オホーツク文化には、クジラやラッコ、クマ、水鳥などをモチーフにした、さまざまな動物の像や線刻画が残され、高度な芸術性を示す。

利尻島の**亦稚《またわっか》貝塚**から出土した角

松法川北岸遺跡　羅臼町南西部に位置する、オホーツク文化期の代表的な遺跡。木製品や土器が出土した。出土品260点は2015年、国の重要文化財に指定された。

亦稚貝塚　利尻町中心部に位置する、オホーツク文化期の遺跡。土器や角製品が出土した。

製品には、クジラや海獣類が全体に浮き彫りされており、生き生きとした躍動感が表現されている。また、北見市の常呂川河口遺跡から出土したラッコ彫刻は、手を合わせて海に浮かぶ姿が捉えられ、腹のたるんだ毛並みまでが表現されている。このほか、**トコロチャシ跡**出土のクマなどもあり、それぞれの特徴が見事にかたどられている。

さらに、土器に水鳥やクマの文様が貼りつけられたもの、クマの足跡と思われるスタンプが押されたものなど、動物の意匠がさまざまなものに取り入れられている。いずれも、縄文や続縄文、アイヌ文化期の彫刻とはまた違った、写実性に優れたものとなっている。

オホーツク文化では、住居にも動物との親密な関係が示されている。その住居跡は、五角形ないし六角形を呈する大形のものと、方形ないし長方

トコロチャシ跡　北見市常呂遺跡の、アイヌ文化のチャシ（砦）の跡。その周辺にはオホーツク文化の遺構が広がる。

北見市常呂川河口遺跡出土のラッコ牙偶（がぐう）
（北見市教育委員会蔵）

形の小形のものがある。大形住居では中央に石組炉があり、その周囲にコの字型に粘土を貼る特徴がみられる。

また、住居の奥には**骨塚**《こつづか》が設けられ、ヒグマの頭骨をはじめ、シカや小哺乳類の頭骨、四肢骨がまとめて安置された。骨塚はオホーツク文化の各時期にわたって継続していたとみられ、動物に対する信仰形態を示すものとしてオホーツク文化を特色づけている。

墓制《ぼせい》については、網走市最寄貝塚の頭部に土器を被せた被甕葬《かめかぶりそう》と、大型の石や砂利で墓を覆った**葺石葬**《ふきいしそう》がよく知られる。埋葬形態は屈葬が多いものの、枝幸町**目梨泊**《めなしどまり》**遺跡**のような伸展葬もみられるほか、トビニタイ文化でも伸展葬が確認されている。被葬者の頭位は北西が一般的で、目梨泊遺跡では南西頭位の例もある。副葬品には土器のほか、刀剣類や青銅製品もみられる。

大陸と直接つながるオホーツク人の系譜

最寄貝塚では、人骨の特徴に大陸との関係が指摘されたほか、鉾や帯金具などの金属製品、環玉など大陸との関わりが考えられる遺物が出土している。さらに大陸での考古学研究が進んだ結果、中国東北部の同仁《どうじん》文化(ロシアの靺鞨文化)の土器や金属器との、具体的な類似点が指摘されているほか、栽培植物種子や豚の骨がみられることから、農耕や牧畜が伝わっていたことも明らかになってきた。

骨塚　竪穴式住居内にみられる、クマの頭骨などを祀った祭壇。

葺石葬　墓の表面に石を貼りつけるように葺(ふ)いた墓制。

目梨泊遺跡　枝幸町北西部に位置する、オホーツク文化期の集落遺跡。住居跡や墓などがみつかった。

大陸との交流は旧石器文化以来、各時期にみられるが、人骨の面で大陸との類似が指摘されているのはこの時期に限られている。アイヌの人々のなかに大陸の人々が持つ系統の遺伝子が残されていることも指摘されており、それとの関連も興味深い。

その一方で、本州との関連がみられることも重要であり、北海道が南北交流の接点になっていたことを示している。

〔参考文献〕
菊池俊彦『オホーツクの古代史』(平凡社新書、2009年)
野村崇・宇田川洋編『新北海道の古代2 続縄文・オホーツク文化』(北海道新聞社、2003年)

コラム

北の縄文遺跡群
――世界遺産登録目指す

現在、世界遺産登録を目指す「北海道・北東北の縄文遺跡群」は、北海道6カ所、北東北12カ所の計18遺跡からなる遺跡群が対象である。

その価値は、狩猟・採集・漁労を生業の基盤に、約1万年間もの長期にわたり気候変動や環境変化に適応しながら定住生活を実現し、先史文化を伝承することで、成熟した縄文文化へと発展させたことにある。

平成21（2009）年に文化庁の世界遺産暫定一覧表に記載されており、現在は世界遺産本登録へ向け、北海道と北東北3県が連携して登録推進に取り組んでいる。

各遺跡群は現地を見学できるほか、発掘調査で出土した土器や土偶などの遺物を、各地域にあるガイダンス施設や資料館で展示。縄文人の暮らした世界を知ることができる。

問い合わせ先は、縄文遺跡群世界遺産登録推進事務局TEL017-734-9922。詳細は公式ホームページhttp://jomon-japan.jp/でみられる。

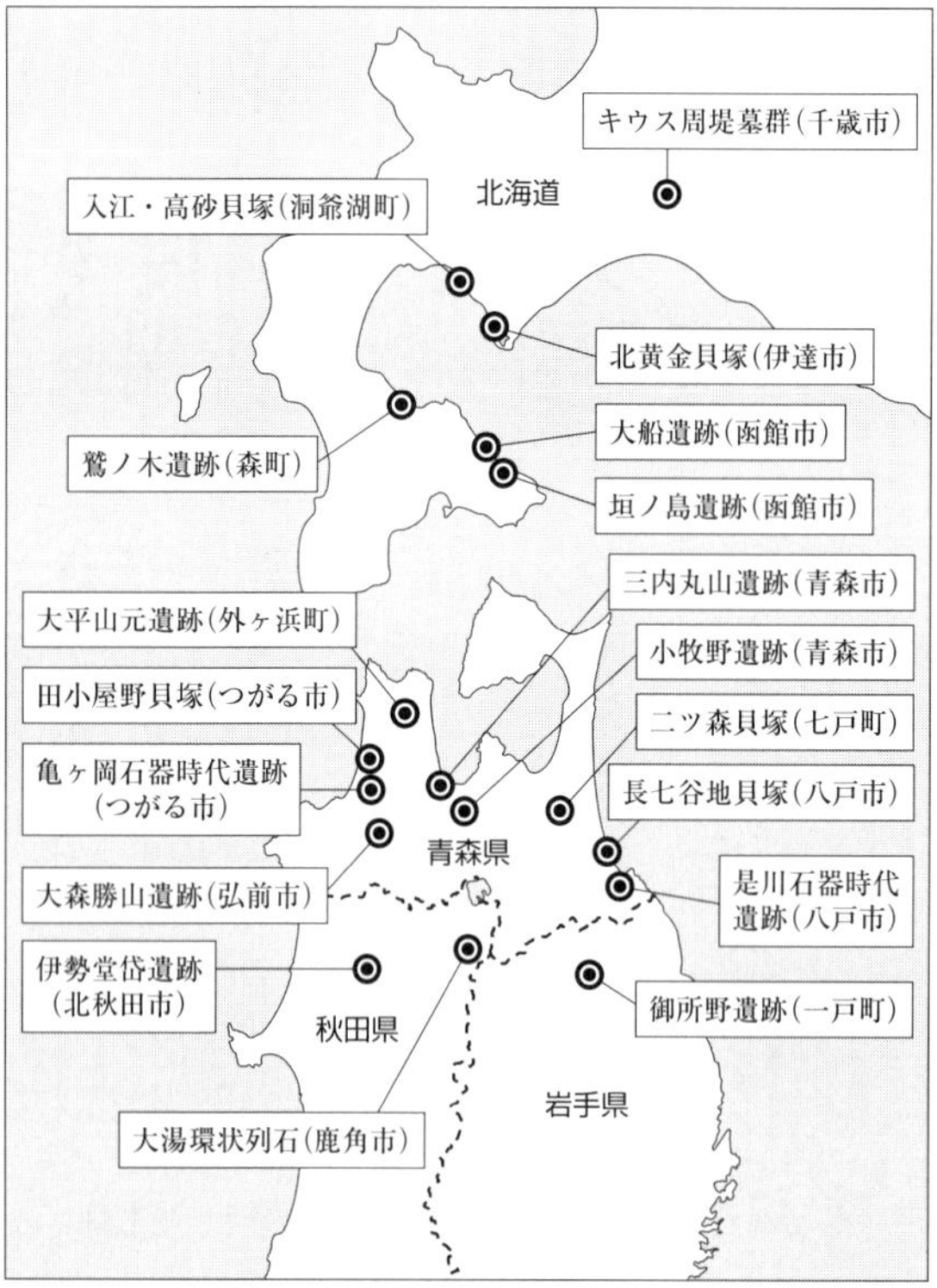

第2章 北方への広がりとアイヌ文化

墓壙から出土した擦文文化の蕨手刀(93ページ参照)

本州には弥生文化が広がり、稲作が普及し金属器が使用されるようになるが、北海道では縄文文化とほぼ同様の生業形態が維持されていた。古墳時代を経て本州に律令国家が誕生すると、東北北部は「蝦夷《えみし》」と呼ばれ、次第に国家領域へと組み込まれていく。ところが北海道では、国家勢力の影響を受けて鉄器化が進み、住居や墓制《ぼせい》なども変質して擦文文化が成立するものの、国家領域に組み入れられることはなかった。

　一方、道東～道北部に広がる常緑針葉樹林帯には、サハリンから大陸的な要素を持ったオホーツク文化が南下し、やがて擦文文化と融合することでトビニタイ文化となる。

　そしてアイヌ文化は、この二つの要素を取り込むかたちで成立していく。

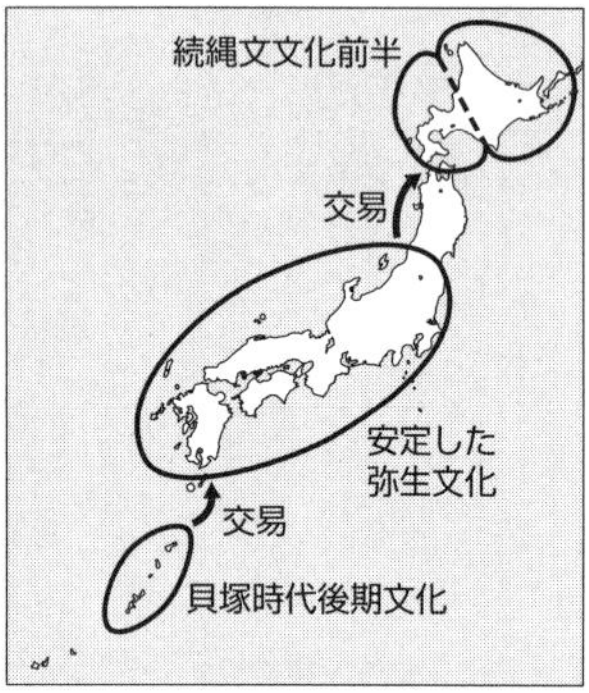

続縄文文化前期の日本列島

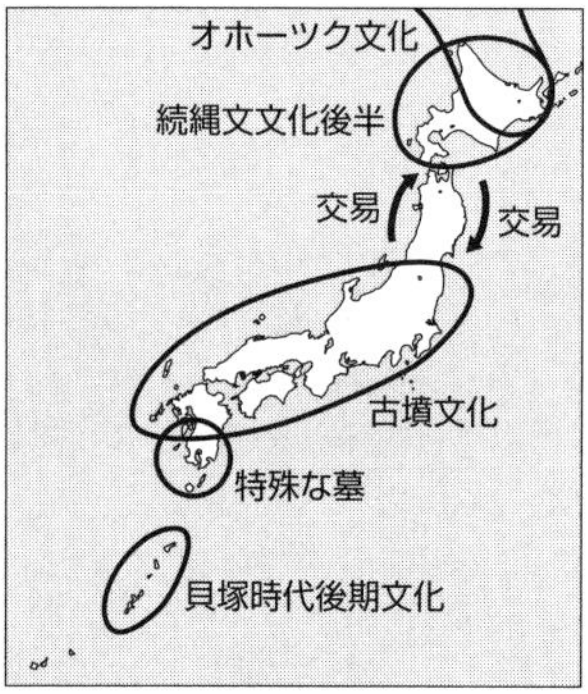

続縄文文化後期の日本列島

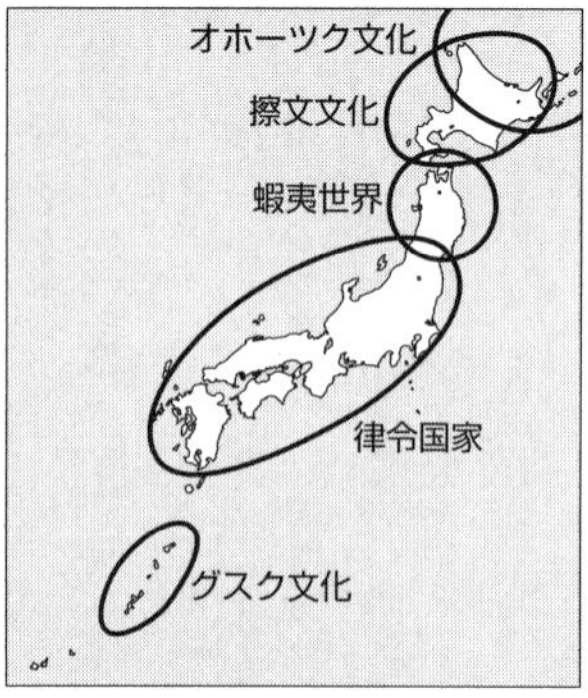

擦文文化期の日本列島

＊図は藤本強『日本列島の三つの文化』（同成社、２００９年）より引用、一部改変

PART 1

古代国家との接触

オホーツク文化と擦文文化

復元された北海道式古墳（96ページ参照）

topic..... 09

国家勢力の北進で、初めて文字に記された北の人々

阿倍比羅夫の北征と「渡嶋蝦夷」「粛慎」

北海道の時期区分		本州
旧石器		旧石器
縄文		縄文
続縄文		弥生
続縄文		古墳
続縄文	オホーツク	飛鳥
擦文	オホーツク	奈良
擦文	トビニタイ	平安
中世（館）	アイヌ	鎌倉
中世（館）	アイヌ	室町
近世（松前藩）	アイヌ	江戸

日本書紀に記された「渡嶋蝦夷」と「粛慎」

7世紀中ごろ、**大化改新**《たいかのかいしん》以降に「倭国」が越《こし》の国《くに》(新潟周辺)へ**柵**《さく》(城柵《じょうさく》)を設置するなど、北方への進出を図ったことが文献にみられるようになる。そのなかで、『**日本書紀**』(斉明天皇4〈658〉年~6年の項)の**阿倍比羅夫**《あべのひらふ》**の北征**記事にみられる「**渡嶋蝦夷**《わたりしまえみし》」と「**粛慎**《あしはせ》」(後述)の記述が、北海道の住民について書かれたものと考えられている。

それによると、比羅夫は船団を率い、3回にわたって北方へ遠征した。斉明天皇4年には、「鰐田《あきた》」「渟代《ぬしろ》」の2郡を経て、有間濱《ありまのはま》(青森県か)で「渡嶋蝦夷」を饗し、羆《しぐま》2匹と毛皮70枚を持ち帰った。同5年には「飽田《あきた》郡」「渟代郡」「津軽郡」と「膽振鉏《いふりさえ》」の蝦夷を集めて饗応し、禄を与え地神《ちじん》(その土地の神)を祭り、さらに「後方羊蹄《しりべし》」に「郡領《ぐんりょう》」を置く。

続いて同6年には、「渡嶋蝦夷」の1000人余りの集団に会い、「粛慎《あしはせ》」の

大化改新　645年、中大兄皇子らが進めた中央集権的支配を目指す国政改革。

柵　古代東北に置かれた行政と軍事を兼務する施設。

日本書紀　天皇の命で編まれた、日本最初の歴史書。720年、舎人（とねり）親王ら撰。30巻。

阿倍比羅夫の北征　7世紀中期の武将・阿倍比羅夫（生没年不詳）は、軍船を率いて北方の情勢を調査した。

舟20余艘と遭遇する。そこで交易を試みるが成就せず、粛慎の根拠地であった「弊賂弁島《へろべのしま》」で戦闘となり、粛慎は逃亡したとある。この記事中の「鰐田」は秋田周辺、「渟代」は能代川流域、「津軽」は青森県西部と考えられ、「渡嶋蝦夷」は北海道の住人を指すと推定される。なお、同5年の記事として、遣唐使が陸奥の蝦夷男女2人を伴い、唐の都に赴いたことも記されている。このことは中国の記録に登場する「蝦夷」の初見と合致するが、これは東北北部の蝦夷のことであろう。

次に「渡嶋蝦夷」と「粛慎《あしはせ》」について、もう少し詳しくみていきたい。

〔渡嶋蝦夷〕

私たちは現代の地図をみながら、そこに過去の文献の記述をあてはめて考えている。しかし、いま残っている文字による記録の大半は、伝聞や伝承によるもので、実際に現地に赴いた人々が書いたものではない。従って、邪馬台国の位置をめぐって北九州説、畿内説が議論され続けているように、「渡嶋」「弊賂弁島」の位置を現代の地図にあてはめること

渡嶋蝦夷　北海道に住む人々で、本州との間で恒常的な交易関係を持っていたと思われる。

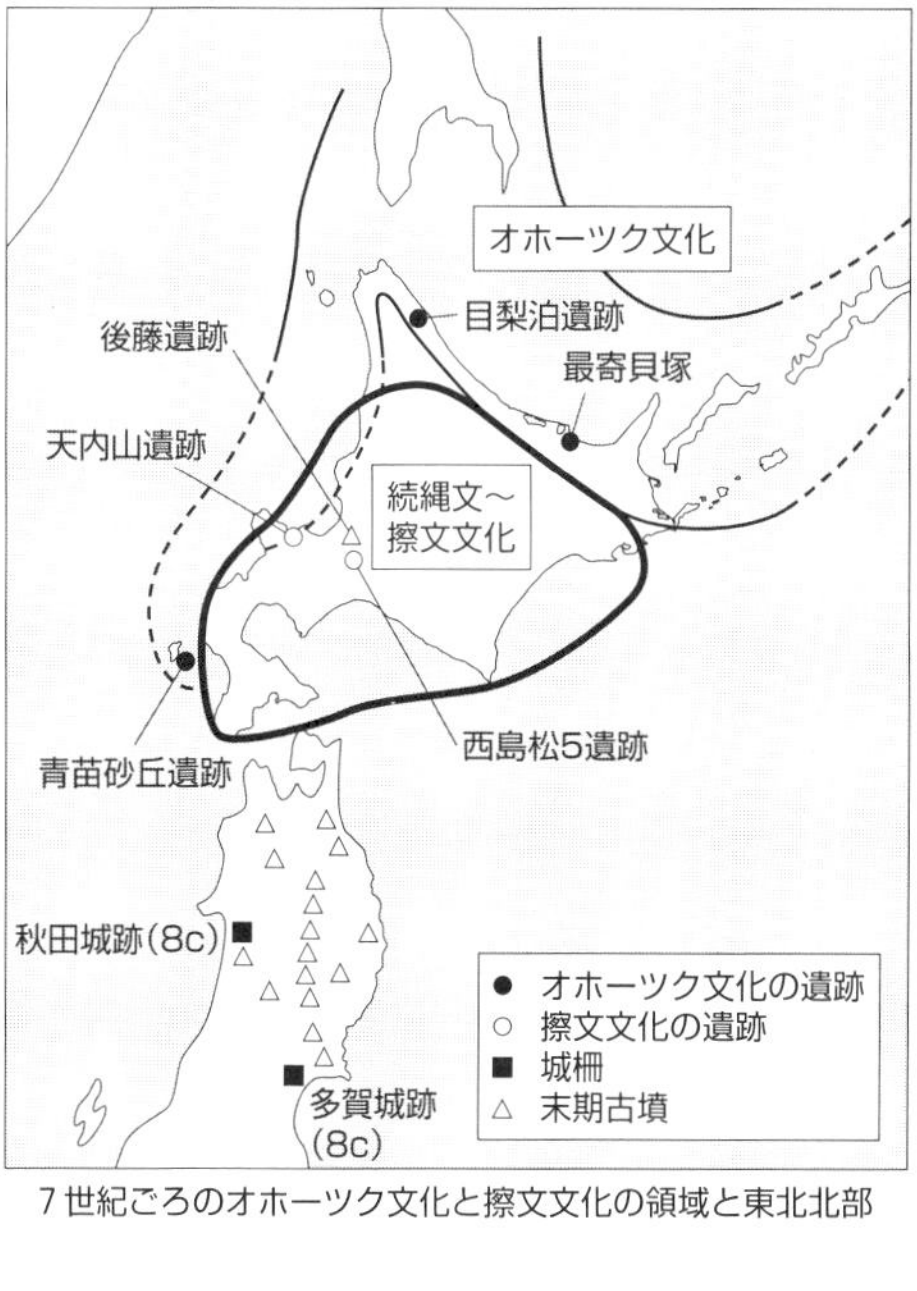

7世紀ごろのオホーツク文化と擦文文化の領域と東北北部

は難しい。

また、推量で位置を決めてしまうと、その説が独り歩きするようになり、各地に新たな伝説が生まれかねない。だからこそ、考古学的手法によって当時の状況を明らかにしながら、状況証拠を一つ一つ積み重ねていくことで、位置を絞り込んでいくことが求められている。

考古学的な年代観からみると、「渡嶋蝦夷」は北大式土器か擦文土器を使用した人々と思われる。たとえば、北大式期（66ページ参照）の余市町**天内山《あまうちやま》遺跡**、恵庭市**西島松5遺跡**でみられる土壙墓群のように、土着の墓制《ぼせい》を持ちながら、本州から入手した鉄器を使っていた人々がそれにあたるだろう。

【粛慎（あしはせ、しゅくしん）】

「粛慎《あしはせ》」は、渡嶋蝦夷のもとへ船に乗ってやってきた少人数の集団として記されており、蝦夷とは別の集団と考えられる。

考古学的な研究では、7世紀中ごろにオホーツク文化の人々が、日本海沿いに奥尻島まで南下していることが知られており、北大式土器を使用する人々と接触していたと考えられている。「渡嶋蝦夷」と接触をした「粛慎《あしはせ》」は、南下してきたオホーツク文化の人々にあたる可能性がある。

「粛慎《しゅくしん》」の用語は、中国の文献にみられる東夷（東方の異民族）の一つで、国家の隆盛時に特産品の「楛矢《こし》石弩《せきど》（人参木《にんじんぼく》の枝でつくった矢に、石の矢尻をつけたもの）」を中

天内山遺跡　余市町市街に位置する、続縄文～アイヌ期の集落遺跡。土壙墓群から鉄器などが出土した。

西島松5遺跡　恵庭市南部に位置する、続縄文後期と擦文早期の土壙墓群。多数の鉄器が出土した。

粛慎（あしはせ、しゅくしん）「しゅくしん」は、中国の古典にあらわれる、中国東北部にいたとされる人々を指す。「あしはせ」は、日本の古典にあらわれる、北海道方面にいた人々を指す。オホーツク文化人と思われる。

奥尻島青苗砂丘遺跡出土の
オホーツク式土器の刻文タイプ
（北海道立埋蔵文化財センター提供）

国へ進貢した「粛慎《しゅくしん》」の名が引用されている。これは当時のオホーツク文化で、本州や北海道ではみられなくなった石鏃《せきぞく》（弓矢の矢尻に使う石器）を使い続けていたことを前出の「石弩」と結びつけ、「粛慎」の名を使ったのだろう。

この石鏃については、本州の人々も注視していたようで、9世紀の『**続**《しょく》**日本後紀**《こうき》』や『**三代実録**《さんだいじつろく》』には、「出羽国の秋田城で、大雨とともに石鏃が天から降ったため、（蝦夷の乱が頻繁に起きていた時期でもあり）兵乱の前兆と考えて騒動が起きないよう祈願した」との記事もみられる。

奥尻島におよんだオホーツク文化

北海道南西部の日本海に浮かぶ奥尻島、その最南端にあたる青苗地区の海岸砂丘上に青苗砂丘遺跡はある。平成5（1993）年、**北海道南西沖**《なんせいおき》**地震**によって引き起こされた大津波が、奥尻島周辺を襲い、遺跡がみつかった砂丘も飲み込まれた。しかし、引き波によって砂

続日本後紀　平安時代に成立した歴史書。文徳天皇の命により編纂され、869年に完成。

三代実録　平安時代に成立した歴史書。宇多天皇の命により編纂され、901年に完成。日本三代実録とも。

北海道南西沖地震　1993年、奥尻島北方沖の日本海海底で巨大地震が発生。奥尻島を中心に、津波による大きな被害が出た。

丘の一部は削られたものの遺跡は残り、復興工事中に発見されたのである。その後、青苗地区が復興した平成13～14年に北海道立埋蔵文化財センターによる調査がおこなわれ、北海道指定遺跡として保存されている。

筆者も関わったこの調査では、**苫小牧―白頭山火山灰**（B－Tm＝10世紀前半降下）の下層から、オホーツク文化の刺突文《しとつもん》期から刻文期にかけての竪穴式住居跡5軒、墓2基、骨集積、貝塚などの遺構が検出された。これまでオホーツク文化の遺跡は、道北・道東部のオホーツク海沿岸部に集中しており、道南部から住居がみつかることは予想外だったため、大きな話題となった。

道北部のオホーツク文化の遺跡と共通する点として、北大式期から擦文文化期では出土しない石鏃《せきぞく》やスクレーパーなどの石器、**離頭銛**《りとうもり》、釣針などの骨角器、大陸と関連する曲手刀子《まがりてとうす》などの遺物がみられることがあげられる。

また、住居跡の覆土や隣接地点の貝塚から、アシカ、オットセイ、クジラ類などの海獣類、魚類の骨が数多く出土し、一部に骨の意図的な集積がみられるほか、ヒグマ頭骨が出土しており、祭祀がおこなわれた可能性がある（ヒグマの骨はDNA分析によって檜山方面から持ち込まれたと推定される）。同時に、本州との関連を示す土師器《はじき》や碧玉《へきぎょく》製管玉《くだたま》も出土している。

遺跡からは、女性人骨1体、子供人骨1体、幼児人骨1体が検出された。女性人骨は伸展葬で、刻文期と考えられる住居跡の埋没過程で掘り込まれた土壙

苫小牧―白頭山火山灰　北朝鮮北部の白頭山で、10世紀に起きた巨大噴火の火山灰。偏西風により日本の東北・北海道にも降灰した。名称は、苫小牧で発見された火山灰に基づき提唱されたことによる。

離頭銛　棒状の柄に皮ひもなどで銛頭を結びつけ、獲物に突き刺してから紐を引っ張り、銛頭を回転させて抜けにくくした銛。

墓に埋葬され、曲手刀子と円板状骨製品が副葬されている。

札幌医科大学・**松村博文**《まつむらひろふみ》の鑑定によると、女性と子供の人骨にはオホーツク人的特徴はほとんど認められず、また本州の古墳人とも異なっており、続縄文人やアイヌに類似することが明らかになった。オホーツク文化人とどのような関連があったのか、今後検討していく必要がある。

松村博文　1959年～。形質人類学者。札幌医科大学教授。

通典　太古から唐代におよぶ中国歴代の法律や制度を記した制度史書。

「流鬼」と「粛慎」の関わりとは？

では、中国側に残された北海道関連の記録はないのだろうか。中国の『**通典**《つてん》』などには、「流鬼」の名がみられる。

流鬼とは、竪穴式住居に住み、狗《いぬ》の毛と麻を混ぜた布や豕《ぶた》（豚）鹿皮、魚皮を衣服とし、骨や石を鏃《やじり》とした人々である。流鬼の君長《くんちょう》（王）「孟蜯《もうほう》」は、靺鞨《まっかつ》（ロシア沿海地方にいた農耕漁労民族）から唐の隆盛を聞いて、唐貞観《じょうがん》14（640）年に息子の「可也余志《かやよし》」を朝貢させたと記録されている。

流鬼が住んだ場所については、サハリン説とカムチャツカ説があり、筆者はサハリンで暮らしたオホーツク文化の人々を指すと考える。『通典』には、「流鬼」の南に「莫設靺鞨《ばくせつまっかつ》」がいると記されており、どちらの説をとっても北海道の住民を指している可能性が高い。

7世紀の唐の成立による影響が、北回りでサハリン方

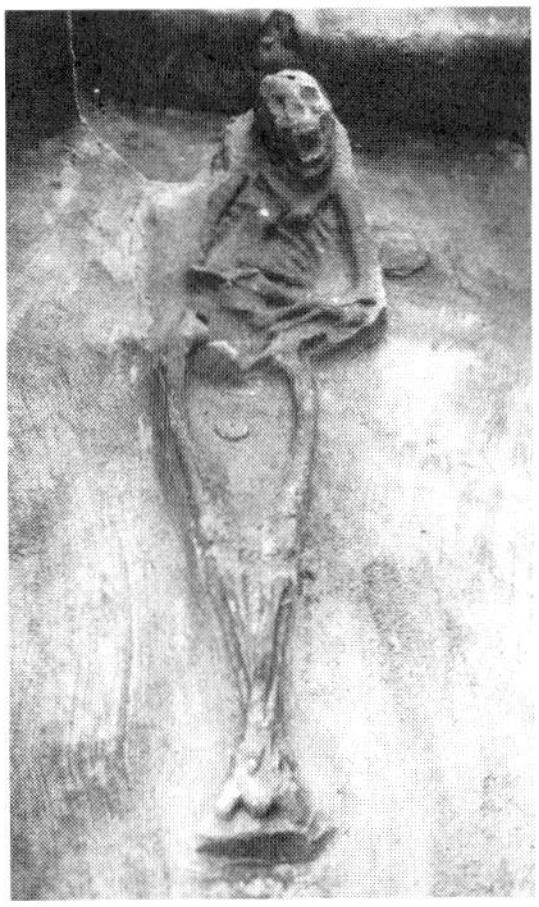

奥尻島青苗砂丘遺跡の土壙墓
（北海道立埋蔵文化財センター提供）

面へおよんでいたことがうかがえ興味深い。考古学的にも、オホーツク文化のなかに大陸系統の遺物が含まれていることが、それを裏づけている。

そこでいま一度、倭国が阿倍比羅夫の北征をおこなった理由について考えてみたい。この時期は朝鮮半島情勢が緊迫しており、北征から数年後（663年）には**白村江《はくすきのえ》の戦**いが起きている。そうした状況下、なぜ北への遠征をおこなったのか――。この疑問を解くカギは「粛慎《あしはせ》」にある。中国東北部の種族とされる「粛慎《しゅくしん》」の名を用いたのは、北方を介して高句麗や唐と繋がるルートが存在する可能性を認識したからであろう。

そのため、倭国の軍が朝鮮半島へ赴く前に、北方の情勢調査をおこなう必要があった。結果、少数の粛慎を追い払い、渡嶋蝦夷と結ぶことによって北方を安定させ、引き返したとは考えられないだろうか。そして、唐へ蝦夷を連れていったことも、倭国が北方を押さえていることを唐に示すための行動と、とらえることができるのである。

白村江の戦い　663年、白村江で起きた倭国・百済軍と唐・新羅軍との戦い。敗れた百済は滅亡し、倭国も朝鮮半島から撤退した。

［参考文献］
菊池俊彦『環オホーツク海古代文化の研究』（北海道大学出版会、2004年）
松本建速『蝦夷（えみし）とは誰か』（同成社、2011年）

topic..... 10

続縄文文化から擦文文化へ土器の変化と鉄器の流入

律令国家の続縄文・オホーツク文化への影響

続縄文文化から擦文文化へ移行

道南～道央部にかけての続縄文文化は、本州との接触によって次第に変質していく。まず、石器が鉄器へと変わっていくとともに、土器の器形《きけい》も北大式期（66ページ参照）になって本州の土師器《はじき》に似てくる。そして、7世紀ごろになるとさらに大きな変化がみられることになる。1万年余り続いた縄文の消滅である。この土器の変化をもとに、7世紀後半からを**擦文文化**《さつもんぶんか》期と呼ぶ。擦文文化は、続縄文文化が本州文化の影響を強く受けたことによって成立したものである。

擦文文化は4つの期に区分される。7世紀後半を擦文早期とし、8世紀から9世紀前半を前期、9世紀後半から10世紀を中期、11、12世紀を後期としている。そして終末を迎えるのが、道南・道央部では12世紀、道北・道東部では12～13世紀（平安時代末期～鎌倉時代）と考えられている。

擦文文化　北海道における続縄文文化に続く文化。代表的な土器は、表面全体に刷毛（はけ）目のような擦（こす）った文様を持つのが特徴で、そこから擦文の名がつけられた。

北海道の時期区分		本州
旧石器		旧石器
縄文		縄文
続縄文		弥生
続縄文		古墳
	オホーツク	飛鳥
擦文	オホーツク	奈良
擦文	トビニタイ	平安
中世（館）	アイヌ	鎌倉
中世（館）	アイヌ	室町
近世（松前藩）	アイヌ	江戸

道央部で後北式期から出現したウサクマイ葬法

　墓の話が続いて恐縮だが、続縄文文化後期の遺跡から発見される遺構のほとんどは墓である。当然、遺物の多くも副葬品として出土するため、考古学的にはそれを主体に話を進めるしかない。そこで墓の変化を手掛かりに、擦文文化がはじまったころの状況をたどってみたい。

　墓の副葬品はその時代の変化を敏感に伝えるが、埋葬方法については伝統を色濃く残している。**後北式土器**や**北大式土器**が出土する土壙墓は、壙底《こうてい》が円形、長円形、隅丸長方形などの平面形（真上からみたときの形）を呈しており、いずれも縄文以来の屈葬形態をとる。

　これらのうち、隅丸長方形の平面形を持つ墓壙は、壙底の四隅に柱穴《ちゅうけつ》を持つ、頭部に石が置かれる、壁の一部にくぼみ（袋状ピット）がつくられ土器が副葬される、などの特徴を持つ。こうした墓制は、最初に発見された千歳市の遺跡名にちなんで「ウサクマイ葬法」と呼ばれる。

　道央部で4世紀の後北式期から出現したこの墓制は、5〜7世紀の北大式期から増え、擦文

後北式土器　56ページ参照。
北大式土器　56ページ参照。

恵庭市ユカンボシ E7 遺跡土壙墓 P-1
（北海道立埋蔵文化財センター提供）

文化前期まで継続し、一部は8世紀代に「**北海道式古墳**」と併存した。

擦文早期から前期にかけての土壙墓の例として、道南部の余市町**天内山遺跡**、江別市**萩《はぎ》ヶ《が》岡《おか》遺跡**、恵庭市**ユカンボシE7遺跡**、千歳市**ウサクマイA遺跡**などがある。いずれの遺跡にも、土器、鉄製品、錫製耳輪などが副葬され、急に鉄製品が増加し、刀剣類が副葬される墓もみられることが注目される。

律令国家の権威を取り込んだ首長層

恵庭市の**西島松5遺跡**では、北大式期から擦文文化前期にかけての土壙墓が84基と、周溝《しゅうこう》（墓の周囲にめぐらされた溝）のある墓6基が検出されており、これまでの調査例では最も多い。擦文早期の土壙墓には、隅丸方形のウサクマイ葬法のものが多くみられ、袋状ピットには土器類、壙底には直刀《ちょくとう》（後述）・小刀・刀子《とうす》、鏃《やじり》、斧、鎌、鑷子《ちょうし》などの鉄製品のほか、耳環などが副葬されていた。さらに、長さ30センチメートルを超す直刀・小刀類が12基で出土し、土壙内に直立して埋納された直刀2例は儀仗刀《ぎじょうとう》（儀式に用いる刀）とみなせる。

この時期までは屈葬であったが、その後、擦文前期の墓壙は急激に数を減らし、平面形が長方形となり、蕨手刀《わらびてとう》（後述）が副葬されている2基については伸展葬とみられる。天内山遺跡やユカンボシE7遺跡などでは、長さ30センチメートル以上の直刀・小刀が出土する土壙は、数基のうち各1基に限定されて

北海道式古墳　7〜10世紀にかけて石狩低地帯につくられた、土を高く盛った墓。末期古墳とも。

天内山遺跡　84ページ参照。

萩ヶ岡遺跡　江別市JR江別駅そばにある、縄文中期〜擦文期にかけての墳墓などの複合遺跡。

ユカンボシE7遺跡　恵庭市南東部に位置する、縄文〜アイヌ期にかけての遺跡。竪穴式住居跡や北大式期の墓がみつかっている。

ウサクマイA遺跡　千歳市西部に位置する、縄文〜擦文期にかけての遺跡。擦文早期・前期の墓がみつかっている。

西島松5遺跡　84ページ参照。

恵庭市西島松5遺跡 P-11 墓出土の刀剣類など
（北海道立埋蔵文化財センター提供）

いる。しかし、西島松5遺跡には12例もあり、この土壙墓を中心とした数グループが存在した可能性がある。刀剣類が副葬された土壙墓の被葬者は、続縄文期からの土着の**首**《しゅ》**長**層で、北進してきた国家勢力と関係を持ち朝貢交易をおこなうことによって、刀剣類や多くの金属製品を手に入れたと考えられる。

当時の刀剣類は、**律令**《りつりょう》**国家**勢力内における権威の象徴で、身分をあらわすものであった。首長層は、刀剣類の持つ権威性を道央部の地域社会に取り込み、地域内における自らの地位を高めていった。刀剣類が副葬された土壙が、墓壙群のなかで1～2基程度に限られることは、被葬者が集落内で特別な存在で、朝貢交易など律令国家との接触をになった人々であったことを示すだろう。

さらに、首長層への刀剣の**下賜**《かし》という行為があったとすれば、大量の鉄器類を副葬する墓の出現は、交易関係のみならず、律令国家勢力圏に組み込まれるといった政治的関係をも想起させる。擦文早期の墓にみられる金属製品の組み

首長　部族社会において、人々を率いる指導者。

律令国家　律令制度による支配をおこなった古代の統一国家。官制の下、人民に耕地を与え租税を課した。

下賜　身分が上の者から下の者に物品を与えること。

合わせは、東北北部の末期古墳《まっきこふん》のそれに類似する。ただし、東北北部では墳《ふん》丘《きゅう》を持つ古墳が7世紀に成立し、階層社会が成立しているのに対し、北海道では7世紀代にまだ土壙墓が用いられていた点が異なっている。

千歳市ウサクマイＡ遺跡出土の蕨手刀
（千歳市教育委員会蔵）

土壙墓から出土した刀剣の種類

この時代の刀は日本刀とは異なり、反りがなく直線的に伸びることから、直刀と呼ばれる。北海道では、大きく分けて二通りの直刀が出土する。一つは**円《えん》頭《とうの》大刀《たち》**や**方頭大刀《ほうとうたち》**で、全長70センチメートルを超すような細身のものがあり、環を使って腰から下げ装着する儀仗刀とされるもの。もう一つは、幅広で長さは50センチメートルほどと短く、単脚か双脚の**足金物《あしかなもの》**で腰に下げて用いられたものである。長さに対して幅の広いことが特徴で、「北の方頭《ほうとう》」とも呼ばれる。

このほか、蕨手刀が道内から50例ほど出土している。柄の手元が蕨の芽のように巻いていることから名づけられたもので、東北北部では**銙帯《かたい》金具**、

円頭大刀や方頭大刀　儀礼用の飾（かざり）大刀を、把頭（つかがしら、柄の先端）の形で分類。円頭は柄の先が円みを帯びたもの、方頭は円筒状のものを指す。

足金物　刀の鞘につけ、腰の革ひもを通してつるすための金具。

銙帯金具　革製の帯に取りつける金具で材質により身分を示す。

和同開弥《わどうかいちん》（和銅元〈708〉年鋳造の日本最初の銅銭）などとともに、8世紀代の古墳に多く副葬されている。北海道では、「北海道式古墳」およびその関連遺跡から出土しており、恵庭市では和同開弥とともに出土した例もある。また、オホーツク文化の目梨泊遺跡、最寄貝塚などでもみつかっている。

目梨泊遺跡の直刀と蕨手刀

　枝幸町目梨泊遺跡（76ページ参照）は、オホーツク海沿岸北部を代表するオホーツク文化の遺跡である。刻文期の墓に**矛**《ほこ》、青銅製帯金具（帯飾《おびかざり》）、曲手刀子など大陸からの渡来品が副葬される。それに続く貼付文期には、土器を被った伸展葬の墓に、本州とのつながりを示す蕨手刀、直刀、**袋柄鉄斧**《ふくろえてつぷ》が副葬されており、大陸より移入した金属器から本州産の鉄製品への転換が示されている。また、網走市最寄貝塚でも矛と蕨手刀が出土しており、同様の傾向が認められる。

　目梨泊遺跡においては、蕨手刀や直刀などの刀剣類を副葬する墓は、各時期の墓群のなかで1、2基に限られる。墓壙全体の副葬品に大きな違いができるまで階層化は進んでいないが、刀剣を所有したことは、本州や道央部と交易

矛　両刃の剣に柄をつけた、刺突用の武器。鉾とも。

袋柄鉄斧　袋状にした部分に木の柄（え）を差し込んだ鉄製の工具。木材の加工などに使われたとされる。

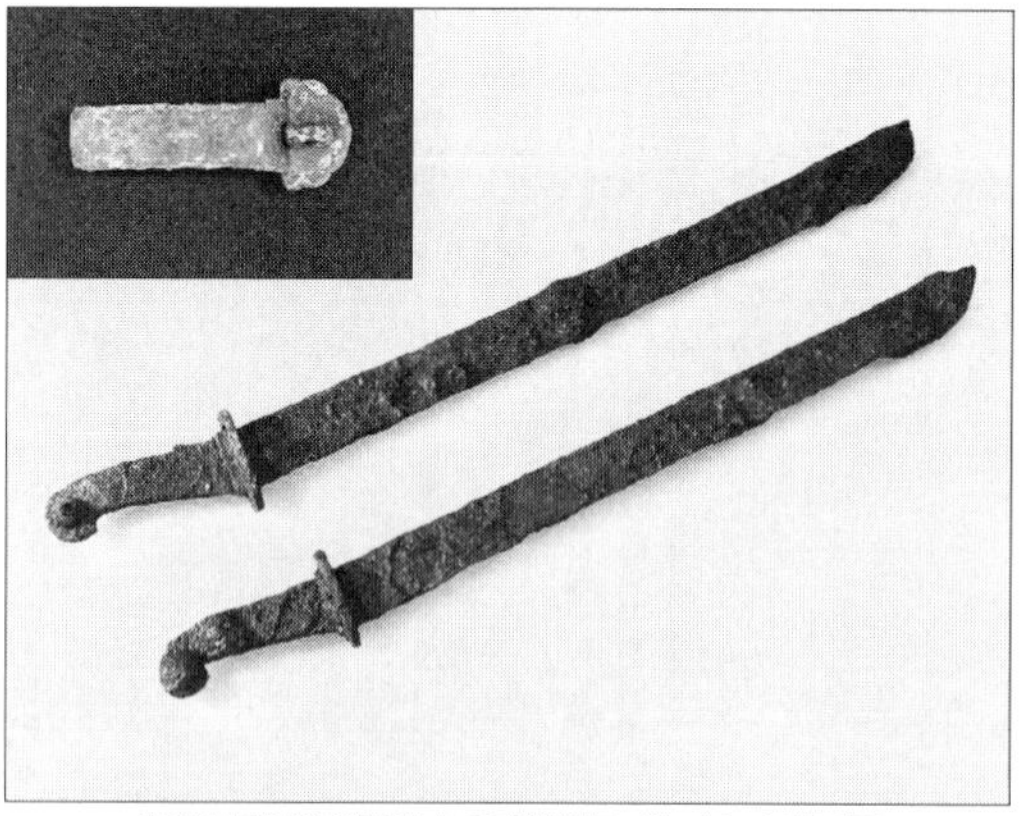

枝幸町目梨泊遺跡出土の青銅製品（左上）と蕨手刀
（枝幸町教育委員会蔵）

する際に、首長としての役割を担った人であったと考えられる。

オホーツク文化と擦文文化の関連を示すものとして、道央部の擦文文化の遺跡である恵庭市**茂漁《もいざり》8遺跡**からは刻文土器を模した土器が、千歳市ウサクマイN遺跡からは貼付文土器が出土している。また蕨手刀は、石狩低地帯にある擦文前期の遺跡からも出土しており、オホーツク海沿岸地域との関連が考えられる。さらに、礼文島**香深井《かぶかい》1遺跡**、青苗砂丘遺跡など刻文土器期の遺跡から、本州産の碧玉製管玉が出土する。また、利尻町**亦稚《またわっか》遺跡**(6世紀)、網走市**二ッ《ふた》岩《いわ》遺跡**の土師器(8世紀)など、本州とのつながりを示す遺物もみられる。

これらのことから、オホーツク文化の各遺跡と道央部の続縄文・擦文文化とのつながりは、すでに刻文土器期にみられ、擦文文化前期の貼付文期に確立していったと考えられる。さらに貼付文期には、蕨手刀や直刀が副葬されていることから、律令国家との間に直接的な朝貢とそれに対する饗給《きょうごう》(宴を催し禄物を与えること)といった政治的関連があった可能性をも示している。

[参考文献]

陳舜臣ほか編『図説検証原像日本3　古代を彩る地方文化』〈畑宏明・大沼忠春「環海の大地 北海道」〉(旺文社、1988年)

茂漁8遺跡　恵庭市北西部に位置し、オホーツク式の土器とともに皇朝十二銭の「隆平永宝」が出土している。

香深井1遺跡　礼文島南東部に位置する、オホーツク期の遺跡。獣骨や土師器などが出土した。

亦稚遺跡　利尻島北西部に位置する、オホーツク期の遺跡。獣骨や骨製品、土器などが出土した。

二ッ岩遺跡　網走市北西部に位置する、オホーツク〜擦文期の集落遺跡。土器や穀物の種子が出土した。

topic..... 11

北海道式古墳の出現と全道域に広まる擦文文化

渡来集団による土師器文化の伝播と融合

本州の影響を受けた北海道式古墳の出現

8世紀代になって、岩手、青森、秋田県などの末期古墳の影響を受けたと考えられる「北海道式古墳」が出現した。北海道式古墳は、江別市の**後藤遺跡**と**町村農場遺跡群**、恵庭市の**柏木東遺跡**の計3カ所で確認されている。このほか、北海道式古墳の可能性があるものとして、恵庭市西島松5遺跡の周溝のある墓、札幌市北海道大学構内の墳丘墓、苫小牧市と千歳市の塚(土を小高く盛った墓)、深川市納内《おさむない》の蕨手刀が出土した塚状の小丘があり、これらを加えても分布は道央部に限られる。

北海道式古墳の墳丘は、最大で径10メートル、小型のものでは3、4メートルほどで、周囲に円形、長円形、馬蹄形の周溝を持つ。周溝の土を盛り上げて、高さ1メートル程度の墳丘を形成したと想定されている。古墳の主体部は長方形の土壙で、長さ2~2・5メートル、幅0・5~0・8メートル。一部

後藤遺跡　江別市北西部に位置する、8~9世紀の群集墳。20基以上が確認され、土師器や須恵器、刀子などが出土した。国指定史跡。

町村農場遺跡群　江別市北部に位置する、擦文期の遺跡。刀剣類が出土した。

柏木東遺跡　恵庭市北西部に位置する擦文前期の群集墳。

北海道の時期区分		本州
旧石器		旧石器
縄文		縄文
続縄文		弥生
続縄文		古墳
続縄文	オホーツク	飛鳥
擦文	オホーツク	奈良
擦文	トビニタイ	平安
中世（館）	アイヌ	鎌倉
中世（館）	アイヌ	室町
近世（松前藩）	アイヌ	江戸

に**木槨**《もっかく》を持つ例があり、伸展葬と考えられる。
副葬品は土壙墓より豊富で、**土師器**《はじき》、**須恵器**《すえき》、土製紡錘車、直刀、蕨手刀、刀子、鐔子《ちょうず》、勾玉《まがたま》などの玉類、耳輪などが、主体部と周溝から出土している。7、8世紀の土壙墓に比べて、刀剣類、特に蕨手刀の所有率が高く、鉄斧《てっぷ》がみられない。8世紀代から9世紀前半のものと考えられる。

江別市後藤遺跡（江別古墳群）に復元された北海道式古墳（江別市教育委員会提供）

渡来集団が持ち込んだ土師器文化の生活様式　前項でも述べたが、続縄文期の伝統をひく土壙墓は屈葬であった。墓の上部はややこんもりとしていたと思われるが、わざわざ周辺の土を掘り上げて塚状のマウンドをつくることはしていない。
それに比べて北海道式古墳は、墳丘を形成する点と伸展葬で葬られる点が、土壙墓と大きく異なる。こうしたことから、被葬者は土着の集団に属する者ではなく、本州から移住してきた律令国家勢力と強い関係を持つ集団の成員であったと考えられる。

木槨　古墳に納めた棺、またはそれを安置する室を保護するための木製の箱枠。
土師器　68ページ参照。
須恵器　古墳時代後期から日本でつくられるようになった陶質の土器。青灰色で硬質。ろくろで成形した。

律令国家が東北北部を経営するにあたり、**城柵**に**柵戸**《さくこ》と呼ばれる農民や技術者集団を関東甲信越地域から移住させた記録が残っている。考古学的にも、東北地方で関東系の土器が出土することはよく知られる。

北海道においても、**阿倍比羅夫**《あべのひらふ》が**郡領**《ぐんりょう》を置いたとの記事があるように、国家勢力と関連した東北北部からの渡来集団がおり、その集団が残した墓が北海道式古墳であったと考えられる。そしてこの集団が、土師器文化の生活様式を北海道に持ち込み、土着集団に鉄器や土師器、須恵器などとともに、竪穴式住居建築、畑作農耕、機織《はたお》り、鉄鍛冶といった技術を伝えたのであろう。

渡来集団が定着したのは、北海道式古墳の分布する地域のなかで、恵庭から千歳周辺とみられる。この地域には、先に述べたユカンボシE7遺跡、西島松5遺跡などの北大式期から擦文早期の遺跡が集中する。さらに、それに次ぐ擦文前期の千歳市の**丸子山**《まるこやま》**遺跡**・**祝梅三角山**《しゅくばいさんかくやま》**D遺跡**・**キウス9遺跡**など、8世紀代の竪穴式住居跡を持つ集落が分布している。

擦文前期の集落の様相

続縄文文化後半から擦文文化早期にかけて、墓は確認できるが、生活の場としての集落はみつかっていない。それが擦文前期になると、竪穴式住居によって構成された集落が出現する。この集落には、本州の土師器文化から持ち込まれた多くの文化要素をみることができる。

城柵　82ページ「柵」参照。

柵戸　7〜8世紀、城柵を維持・管理するために柵内やその周辺に置かれた人々のこと。城柵の造営や修理、防衛にあたった。

阿倍比羅夫　82ページ参照。

郡領　律令制度下、地方官である国司の下で、郡を治めた郡司高官の役職名。

丸子山遺跡　千歳市北東部に位置する、旧石器〜擦文期の遺跡。

祝梅三角山D遺跡　千歳市東部に位置する、旧石器〜擦文期の遺跡。

キウス9遺跡　千歳市北東部に位置する、縄文後期〜アイヌ期の遺跡。

竪穴式住居の出現は最も大きな変革を示している。正方形に土を掘りくぼめ、北側の壁にかまどを築いて上屋をかけ居住する様式は、本州の土師器文化にみられたもので、東北北部にはすでに7世紀ごろ持ち込まれていた。それが8世紀になって、北海道へ移住した渡来集団により伝えられたと考えられる。

擦文前期の甕は、早期まで胴部にみられた幾何学的な沈線文が消えて無文化し、口頸部に沈線がめぐるだけになる。同時に、本州から持ち込まれた土師器の壺、**坏**《つき》、**甕**《かめ》、須恵器が出土するほか、地元で土師器の坏や甕の形態を真似てつくられた土器も出土する。

土師器文化の紡錘車の存在から機織り具が伝わっていたこと、祭祀具とみられる土製玉《どせいたま》から本州的な祭祀が存在したことが、それぞれ考えられる。鉄器の普及も進み、墓からだけでなく集落内からも出土するようになり、前出のキウス9遺跡では鍛冶跡も確認されている。

また、道央部における擦文前期から中期にかけての竪穴群が、河川流域の段丘部に集中し、畑作に適した立地をとることも、それまでの続縄文文化期から擦文早期にかけての遺跡立地とは大きく異なる。さらに、住居内から炭化したオオムギ、コムギ、アワなどの栽培植物の種子がみつかることから、農耕も

坏　古代に飲食物を盛った土器。碗より浅く、皿よりは深いもの。

甕　口が大きくて、胴が丸くふくらんだ土器の一形態。

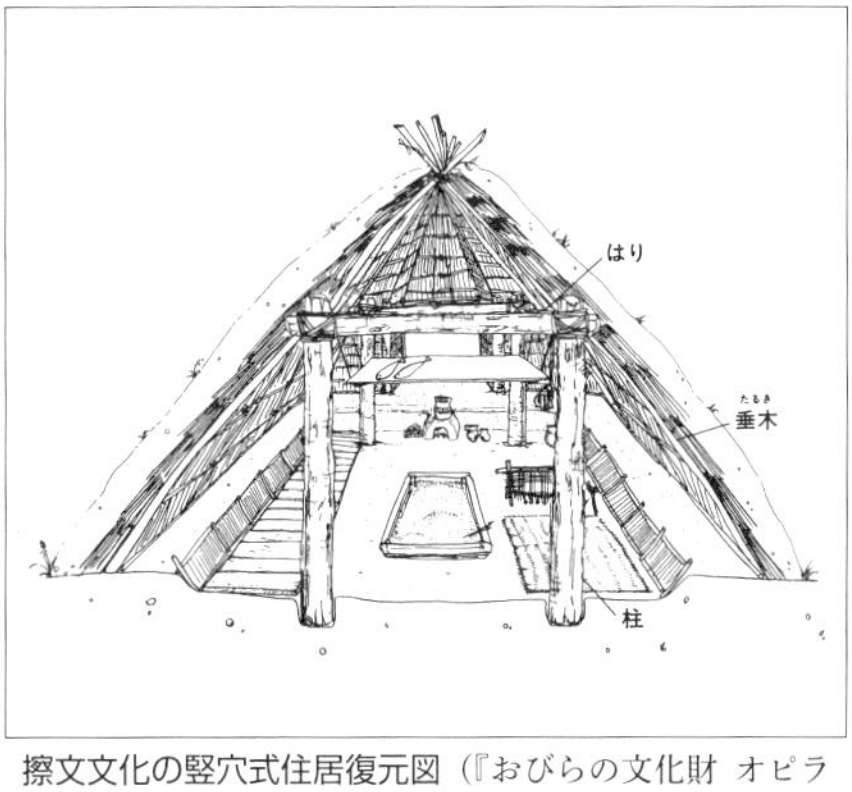

擦文文化の竪穴式住居復元図（『おびらの文化財 オピラウシュベツ遺跡』〈小平町教育委員会編、1981年〉より）

おこなわれたと考えられる。
各遺跡は数軒の竪穴式住居で構成され、遺跡ごとに住居の形や土器の様相が異なる特徴を持つ。このことは、渡来集団から伝わった技術などが、各地域に広まりながら定着していった過程を示していると考えてよいだろう。
しかし、土師器文化の影響を受けて、北海道全域がすぐに擦文文化に変わったわけではないことに注意したい。擦文早期・前期の遺跡が分布するのは道南部に限られ、道北部の多くはオホーツク文化が分布し、二つの文化が道内に併存していた。そのほかの地域には、続縄文文化以来の土着集団が定着していたはずであるが、その様相はまだわかっていない。

円形周溝遺構と少なくなる土壙墓

東北北部では、9世紀前半に末期古墳が姿を消し、**円形周溝遺構**だけが残るようになる。青森県では、青森市**野木**《のぎ》**遺跡**や**野尻**《のじり》2・3**遺跡**などで10世紀ごろの円形周溝が、秋田県では羽後町**柏**《かしわ》**原**《ばら》**古墳群**で9世紀後半の円形周溝が、それぞれ検出されている。
北海道では、北海道式古墳と周溝のある墓は9世紀前半になくなり、土壙墓（土中に穴を掘っただけの墓）だけになる。土壙墓は擦文早期まで数多くつくられているが、8世紀に北海道式古墳が造営されるようになると数が急減し、9世紀になるとさらに類例が少なくなる。こうした数の減少は、集落内において墓を

円形周溝遺構　墓の周りに円形の溝を掘ったもの。

野木遺跡　青森市南西部に位置する、縄文～平安期の遺跡。竪穴式住居跡などがみつかった。

野尻遺跡　青森市南西部に位置する、平安期の集落跡。壕と土塁に囲まれた環壕集落跡がみつかった。

柏原古墳群　秋田県羽後町北東部に位置する、平安期の古墳。土器や大刀がみつかった。

つくれる階層とつくれない階層が分化したことを示すものであろう。

擦文中期の例としては、千歳市**チプニー2遺跡**から苫小牧—白頭山火山灰(86ページ参照)降下直後(10世紀中ごろ)の土壙墓が検出され、鍬先2点、刀子3点、土器5個体などが出土している。同時期の例は、厚真町《あつまちょう》**モイ遺跡**や森町《もりまち》**御幸町**《みゆきちょう》**遺跡**などでもみられる。

擦文後期になると、松前町札前《さつまえ》遺跡(119ページ参照)で平面形が細長い長方形の土壙墓がみつかっている。道東では例が多くなり、釧路市**材木町**《ざいもくちょう》**5遺跡**、北見市の常呂川河口部**ＴＫ-73遺跡**などで長方形の土壙が発見されている。道東部はいずれも伸展葬で、オホーツク文化と擦文文化の融合形式であるトビニタイ式土器(73ページ参照)群の墓制に関連すると考えられる。

千歳市チプニー2遺跡でみつかった土壙墓
(北海道立埋蔵文化財センター提供)

チプニー2遺跡　千歳市北東部に位置する、擦文期の遺跡。墓がみつかった。

モイ遺跡　厚真町北東部に位置する、旧石器〜アイヌ期の集落跡。青銅製鋺が出土した。

御幸町遺跡　森町中心部に位置する、縄文〜アイヌ期の遺跡。住居跡や土壙墓がみつかった。

材木町5遺跡　釧路市中心部に位置する、縄文〜アイヌ期の集落跡。擦文期の青銅製湖州鏡(中国・宋代に鋳造された円形や方形などの鏡)がみつかった。

TK-73遺跡　北見市北部に位置する、縄文〜アイヌ期の集落跡。擦文期の竪穴式住居跡がみつかった。

土師器文化から擦文文化集団へ

道央・道南部の前期擦文文化は、本州の土師器文化の影響を強く受けており、政治的な関係をも想定できる。本州と同様の竪穴式住居、土師器、須恵器、鉄製品、紡錘車、栽培植物種子の存在から、従来の続縄文文化が一気に土師器文化化した様相がうかがえる。だが、9世紀後半からは、擦文中期・後期の北海道独自の文様を持つ土器が展開するようになり、土師器文化が定着した東北北部に対し、擦文文化集団としての存在が確立されていく。

そして擦文中期には、擦文土器が道央部から道北部へと分布を広げ、後期にはさらに道東部へと広がって、11世紀には北海道全域が擦文文化圏となる。

土師器文化が北海道へ移入された背景には、北海道式古墳の被葬者のような渡来集団が大きく関わっていた。また、はっきりしていないが、渡来集団は北海道式古墳が営まれなくなるころ、土着集団に融合または吸収されていったと想定される。その理由として、次のような政治情勢の変化が影響したと考えられる。

7～8世紀代には、土壙墓を営んだ土着集団が、律令国家と直接的な朝貢《ちょうこう》と饗給《きょうごう》関係を結ぶことによって、階層化が

千歳市チプニー２遺跡出土の副葬品
（北海道立埋蔵文化財センター蔵）

進められてきた。渡来者集団がその朝貢を先導する任にあたっていたのであろう。ところが、8世紀後半に**出羽国**《でわこく》府への朝貢と饗給関係へ移り変わると、律令国家の北海道への直接的な影響力は弱まる。また、**国府**《こくふ》への朝貢に変化することによって、朝貢者層が拡大する。同時に、渡来者集団の優位性も失われ、土着集団に融合し、吸収されていったのであろう。

　こうした朝貢者層の拡大により、鉄製品の北海道への流入量が増加することで、集落間の格差がなくなり、鉄製品の所有形態が首長層から家族単位へと変化していったと考えられる。それとともに、鉄製品はオホーツク文化の人々との交易品としても利用され、本州産の品物を獲得するための交易財となる毛皮類と交換されていった。

　そして、擦文文化とオホーツク文化の接触がオホーツク文化側の変質を招き、さらには擦文文化中期以降の擦文土器の道北・道東部への拡大につながっていくのである。

出羽国　8世紀初頭、律令制に基づき設けられた地方行政区分。現在の秋田県（北東部を除く）と山形県の領域で、多数あった郡や郷が国府によって管理された。

国府　奈良～平安時代、律令制に基づいて設置された令制（りょうせい）国の国司が政務を執る施設の置かれた都市。

［参考文献］
宇田川洋『アイヌ考古学』（北方新書、2000年）
横山英介『擦文文化』（ニュー・サイエンス社、1990年）

topic..... 12

今も残る住居のくぼみ 謎の多い擦文文化の大集落

2000近い竪穴のくぼみが残る遺跡群も

北海道の時期区分		本州
旧石器		旧石器
縄文		縄文
続縄文		弥生
続縄文		古墳
続縄文	オホーツク	飛鳥
擦文	オホーツク	奈良
擦文	トビニタイ	平安
中世（館）	アイヌ	鎌倉
中世（館）	アイヌ	室町
近世（松前藩）	アイヌ	江戸

北海道各地に残る竪穴式住居のくぼみ

擦文文化の竪穴式住居は、地面に1メートルほどのくぼみをつくり、壁際にかまどを築いて、その上に屋根を組んだものである。ほぼ正方形に掘り込まれ、1辺は4～5メートル程度のものが多いが、なかには10メートルを超えるものもある。そして、それが使われなくなると屋根や柱は腐り落ち、くぼみだけが残るのである。

本州では竪穴式住居のくぼみが次第に埋もれ、やがては平らになってしまう。しかし、北海道ではくぼみが埋まり切らずに残り、雪解けのシーズンには残雪がその姿を浮かび上がらせる。こうした景観が残されたのは、寒冷気候のため腐植土の形成が遅いことに加え、大規模な開発がおこなわれず、海岸や川岸の自然景観が残されたためであろう。くぼみが残る竪穴群の存在は、道央部では札幌市内と恵庭市から千歳市にかけて、また石狩川を遡った深川市などに

千歳市の麦畑に浮かび上がった竪穴式住居跡
（千歳市教育委員会提供）

記録がある。だがその多くは、河川改修や道路・建物の建設、農地化によって失われた。

　時に穀物の生育の差が、竪穴式住居跡のくぼみを浮き出してくれることもある。上の写真は、千歳市の麦畑を撮影したもので、色の薄い四角い部分が竪穴式住居跡のくぼみである。竪穴跡に水が多くたまり、植物の生育が遅れたことで発生したと思われる。この周辺はのちに発掘調査がおこなわれ、竪穴式住居跡がみつかっている。

　このほか、道北部日本海側の河川流域、オホーツク海沿岸部の海岸線、道東の太平洋岸などに残る、数十、数百の竪穴のくぼみが知られている。北見市**常《とこ》呂《ろ》遺跡群**にいたっては、その数が2000基近くにのぼる。なかでも天塩川下流域の幌延町**音類竪穴群《おとんるいたてあなぐん》**は、最近になってその実態が明らかになった遺跡である。もともと天塩川の河口域には、**天塩川口《てしおかわぐち》遺跡**などの竪穴群があり、昭和30年代から数度にわたる調査がおこなわれ、一部は公園として保存され、復元住居がつくられるなど整備が進められた。また、天塩川とその支流・幌別川が合流する付近の砂丘上には、多くの竪穴が残ることも、早稲田大学の**櫻井清《さくらいきよ》**

常呂遺跡群　北見市常呂町に位置する、縄文～オホーツク文化にかけての遺跡。常呂川河口周辺からオホーツク海沿岸、サロマ湖東岸に広がる広大な遺跡群。

音類竪穴群　幌延町の日本海海岸線に位置し、擦文文化の竪穴式住居跡約800基が確認されている。

天塩川口遺跡　天塩町中心部の天塩川河口右岸の砂丘上に位置する、続縄文～擦文文化にかけての遺跡。竪穴式住居跡230基が確認されている。

櫻井清彦　1922～2010年。考古学者、早稲田大学名誉教授。日本の北方文化研究やミイラ研究を手がけ、アジア各地での発掘調査で成果をあげた。

彦《ひこ》などの調査によって知られていた。

この地域は戦後になって農地開発が進められ、一時は開拓者の村があったものの、その後は放棄された。また、砂丘が入り組んだ湿地のため、道路の整備が進まず、立ち入るには船を使う必要があった。そうした特殊な環境もあり、この一角だけが開発から取り残されていたのである。

しかし、国土開発の進展によりセメント用砂の需要が高まったことから、海岸砂丘で大規模な砂採りがはじまり、この遺跡も危機を迎えた。幸い、昭和49（1974）年に一帯が利尻礼文サロベツ国立公園の指定を受け保存が決まるが、遺跡の内容が不明確なことから、平成17（2005）年から同21年にかけて、北海道立埋蔵文化財センターによる重要遺跡確認調査がおこなわれた。その結果、砂丘上に800ほどの住居跡がみつかっている。

まだ、ナゾの多い大集落が持つ意味

このような大規模な竪穴群のほかに、河川流域や湖沼周辺、海岸部などに点々と小規模な集落が形成されたことが明らかになっている。こうした集落の規模の違い、河口部の大集落の意味については、まだ謎の部分が多い。

例えば、『日本書紀』にある阿倍比羅夫北征の記事には、大河の

オホーツク海沿岸部の標津町伊茶仁カリカリウス遺跡は、春先の林間に住居跡の窪みだけ雪が残る
（標津町教育委員会提供）

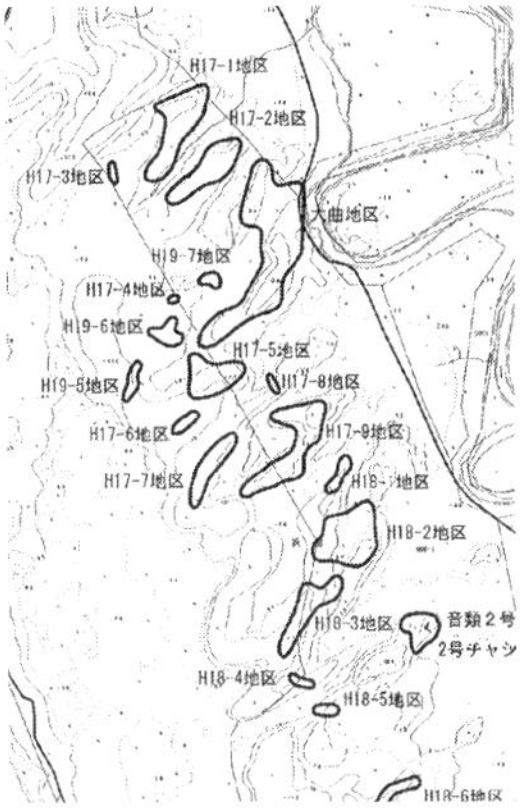

音類竪穴群の住居跡
（北海道立埋蔵文化財センター蔵）

ほとりに渡嶋《わたりしま》蝦夷《えみし》が１０００人近く集まり、粛慎《あしはせ》の舟二十余艘と対峙していたことが記されている。時代は新しくなるが、**水戸《みと》光圀《みつくに》**が快風丸で蝦夷地調査をさせた際は、石狩川河口付近に１０００人余りの蝦夷人が集まったとの記事もある。河口近くに多くの人が集まることは、決して珍しくなかったようである。

　海岸部の集団と内陸部の集団が、交易や集団での漁労などを目的にして河口付近に集まった可能性がある。また、海岸部の竪穴は、砂丘上につくられることから壁が崩れやすく、短期間のうちに建て替える必要があったため、竪穴の数が多くなったなどの理由が考えられる。

　このような大規模な集落遺跡の性格については、同時期に何軒程度の竪穴が存在したのか、年間を通して住んでいたのか否かなど、まずは基礎的な情報を把握することが求められている。

〔参考文献〕

藤本強『北辺の遺跡』（教育社歴史新書、１９７９年）

水戸光圀　本名・徳川光圀。1628〜1701年。江戸時代前期の大名。水戸藩第2代藩主。「黄門様」のモデルとなったことでも知られる。

topic..... 13

擦文文化期の生活を変えた本州産鉄器の急速な普及

鉄器への需要の高まりが生んだトビニタイ文化

北海道の時期区分		本州
旧石器		旧石器
縄文		縄文
続縄文		弥生
続縄文		古墳
続縄文	オホーツク	飛鳥
擦文	オホーツク	奈良
擦文	トビニタイ	平安
中世(館)	アイヌ	鎌倉
中世(館)	アイヌ	室町
近世(松前藩)	アイヌ	江戸

擦文文化期に浸透した鉄器

集落の大小に関わらず擦文文化のいずれの遺跡からも、ラウンドスクレーパーなどの小型の石器を除き、石器はほとんど出土しない。遺構によっては鉄器が出土しており、鉄器の普及によって、石器がほとんど使われなくなったことを示している。

擦文早期から前期、ほとんどの鉄器は土壙墓、北海道式古墳、周溝のある墓の副葬品として出土していたが、中期以降は住居跡内から出土するようになった。と同時に、それらの鉄器を再製・再加工するための鍛冶遺構が、中期以降に増加し、ほぼ全道域に広がっていく。

鉄器が道内で普及した理由として、擦文前期までは朝貢交易の増加をあげられるが、擦文中期以降に全道へ拡大したのは、東北北部における鉄生産の開始と、北海道との恒常的な交易関係の確立が背景にあった。

間宮林蔵口述、村上貞助筆録『北夷分界余話』に描かれた鍛冶をするサハリンアイヌの姿
(国立公文書館蔵)

東北北部では9世紀後半から、岩手山麓に青森県**杢沢《もくさわ》遺跡**、**大平野《おおだいの》遺跡**、**大館《おおだて》森山《もりやま》遺跡**などの鉄生産遺跡が増加し、10世紀には盛んに操業され、安定した鉄供給がなされていた。このころから、北海道特有の擦文土器が青森県内の土師器文化の遺跡からみつかるようになり、両地域をつなぐ交易を担う人々が存在したと考えられている。

鉄器には、農耕用の鎌、鍬、狩猟用の鏃《やじり》(矢の先端部分、矢じり)、漁労用のヤス、魚鉤《さかなかぎ》、伐採用の斧、楔《くさび》、槍鉋《やりがんな》、加工用の刀子《とうす》、武器・武具としての刀剣類、矛《ほこ》、鏃などがある。これら鉄器の使用によって、擦文文化の生活は続縄文文化に比べて大きく変化したと思われる。

鉄器がもたらした擦文文化の生活改善　鉄器の普及により、擦文文化の生活はどのように変化したのだろうか。住居の面では、鉄斧や手斧など木材を伐採・加工する用具の普及によって、建築材の確保が容易となり、鍬や鋤

杢沢遺跡　西津軽郡鰺ヶ沢町にある、平安時代の製鉄遺構群。30カ所以上の製鉄炉(タタラ)がみつかった。

大平野遺跡　西津軽郡鰺ヶ沢町にある、平安時代の製鉄遺構群。十数基の製鉄炉(タタラ)がみつかった。

大館森山遺跡　西津軽郡鰺ヶ沢町にある、平安時代後期の遺跡。製鉄炉(タタラ)4基がみつかった。

の普及によって住居掘削の省力化が図られたことで、集落の大型化が進んだ。また後期には、住居建築に板材が使用されている例もあり、竪穴式住居から**壁《かべ》立《だ》ち式**の平地式住居への変化に結びつくと考えられる。

食の面では、狩猟や漁労に鉄器を用いることによって捕獲精度が高まり、刀子の利用で毛皮獣捕獲用のわなや漁労用のたもなどの作成が容易となった。札幌市**サクシュコトニ川遺跡**や旭川市**錦町《にしきまち》5遺跡**などでみられる**ヤナ漁**も、鉄斧の使用とともに普及したと考えられる。また、魚や動物の解体には刀子を用い、肉の処理や加工をおこなった。これにより毛皮の利用が促進され、骨・角・牙などからは道具が再生産されたのであろう。

さらに、擦文文化の竪穴式住居跡からは栽培植物の種子が出土しており、農耕が拡大した様子がうかがえる。鉄斧や鍬《すき》、鋤《くわ》などの普及により、林を切り開き、畑を造成して耕作することが可能になったのである。このほか、椀や樹皮製容器なども検出されており、木器や樹皮製品の製作技術も進展していたことがわかる。

オホーツク文化の変質

トビニタイ文化とは？　9世紀後半から10世紀ごろ、道東部のオホーツク海沿岸では、擦文土器とオホーツク式土器の接触様式であるトビニタイ式土器が出現する。擦文土器の器形で、オホーツク式土器の

壁立ち式　竪穴式住居の構造の一つで、竪穴の周囲に細い柱を立て並べ、側壁をつくり屋根を架けたもの。

サクシュコトニ川遺跡　札幌市北区の北海道大学構内にある、擦文時代の遺跡。ヤナ跡などがみつかった。

錦町5遺跡　旭川市北西部に位置する、擦文時代の遺跡。竪穴式住居や鍛冶の跡、ヤナ跡などがみつかった。

ヤナ漁　川のなかに梁（やな）と呼ばれる仕かけ（列状に杭などを立てたもの）を置いて流路をふさぎ、魚を捕獲する漁法。

トビニタイ文化　10〜13世紀ごろ、根室海峡の周辺に存在した文化。擦文文化の影響を強く受けている。名称は羅臼町飛仁帯（とびにたい）で出土したことにちなむ。

特徴である貼付文がつけられたものである。

住居形態は、オホーツク文化の五角形・六角形をした大型のものから小型化し、擦文文化の形態に似た方形に変化。竪穴跡の中央には、オホーツク文化の特色である石囲炉《いしがこいろ》が残るが、壁にかまどを持つものもみられる。また遺跡の立地は、オホーツク文化が海岸から1キロメートル以内であったのに対し、河川沿いに数十キロメートル入った奥地でもみられるようになる。

このような**トビニタイ文化**の成立は、オホーツク文化人が擦文文化人の所有していた鉄器を求めたことに大きな要因がある。鉄器との交易財として、従来の海獣皮に加え、クマやシカの毛皮や鷲羽の獲得を目指し、その交易に適した集落立地を選択したのであろう。

そして擦文人は、それらの毛皮を交易財にして、本州の鉄製品を得ていたと考えられる。擦文人が道北・道東部へ進出した理由は、毛皮を自ら獲得する目的も含まれていたのではないだろうか。

［参考文献］

笹田朋孝『北海道における鉄文化の考古学的研究』（北海道出版企画センター、2013年）

土器の比較（左・オホーツク式土器〈斜里町本町3遺跡〉、中・トビニタイ式土器〈斜里町ピラガ丘遺跡第Ⅲ地点〉、右・擦文土器〈斜里町須藤遺跡〉）（斜里町立知床博物館蔵）

続縄文・オホーツク・擦文文化
主要遺跡MAP

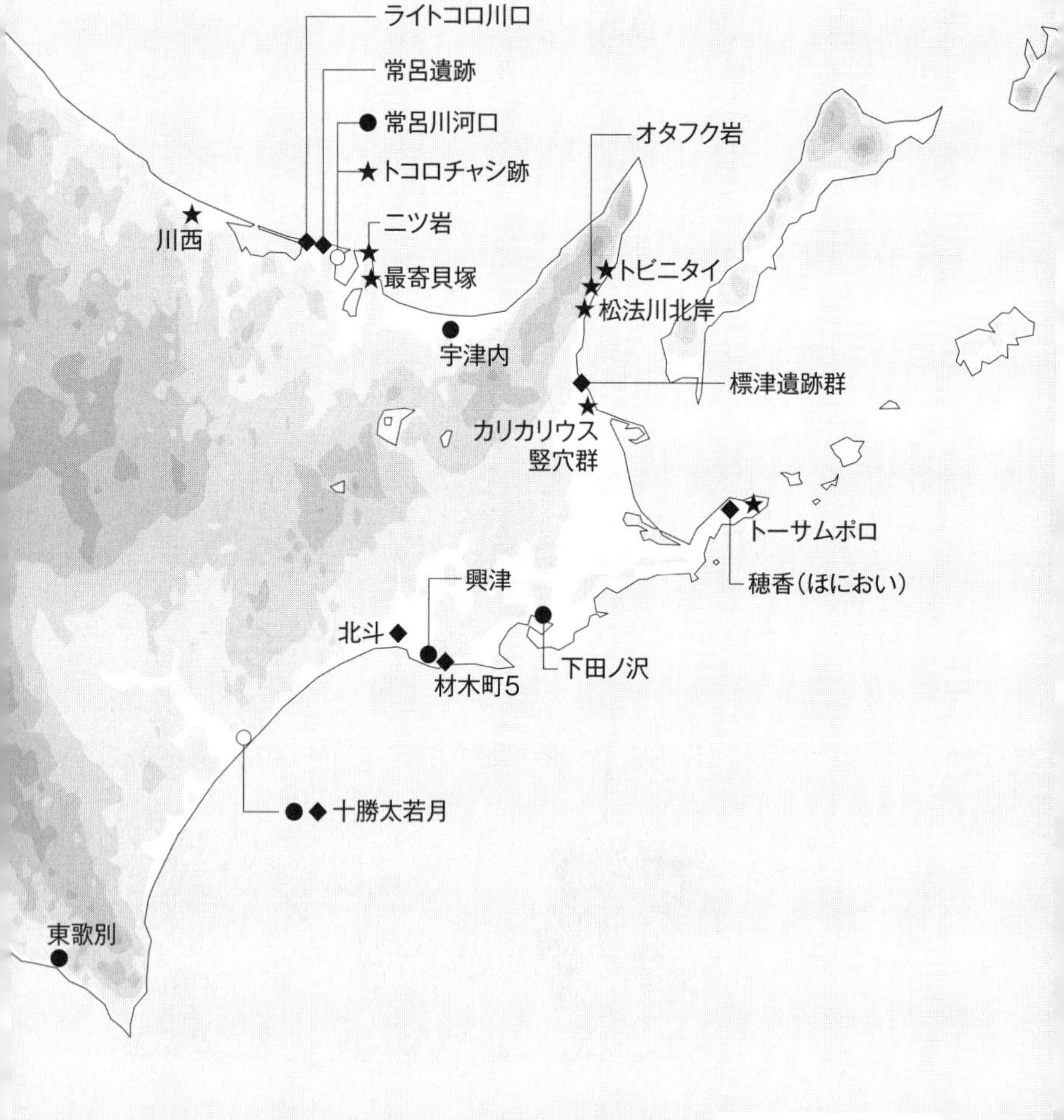

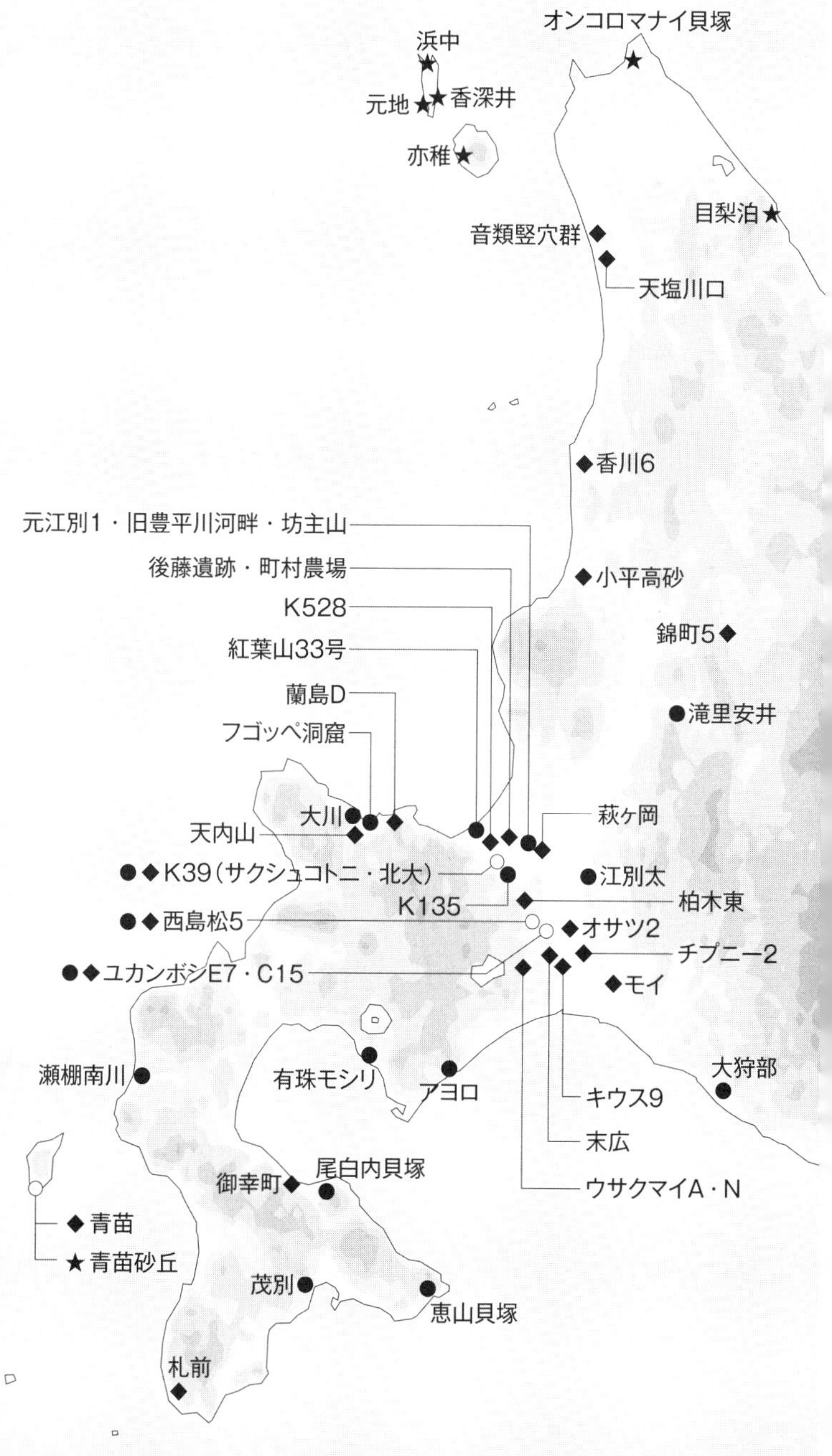
オンコロマナイ貝塚
浜中
香深井
元地
亦稚
目梨泊
音類竪穴群
天塩川口
香川6
元江別1・旧豊平川河畔・坊主山
後藤遺跡・町村農場
小平高砂
K528
錦町5
紅葉山33号
蘭島D
滝里安井
フゴッペ洞窟
萩ヶ岡
大川
天内山
K39(サクシュコトニ・北大)
江別太
K135
柏木東
西島松5
オサツ2
チプニー2
ユカンボシE7・C15
モイ
瀬棚南川
有珠モシリ
アヨロ
大狩部
キウス9
末広
御幸町
尾白内貝塚
ウサクマイA・N
青苗
青苗砂丘
茂別
恵山貝塚
札前

コラム

貞観大地震
——蝦夷経営への影響

2011年3月11日に発生した東日本大震災では、大地震とそれに伴う大津波が東北から関東の太平洋岸を襲った。歴史上、同様の災害が貞観《じょうがん》11(869)年にも陸奥国で起きている。『続日本後紀』(85ページ参照)には、地震が多賀城の城郭を壊し、津波は城下を襲ったとある。

近年の考古学的調査により、多賀城建物の改築跡や、城下にあたる一の橋遺跡出土の、大路が水害により削られた跡などが、貞観大地震に関連すると推定されている。このほか、東北北部から北海道で9世紀後半から10世紀にかけておきたとみられる変化の中に、大地震の影響によるものが含まれると考えられている。

福島県の浜通り地区北部では、7世紀後半から律令国家勢力の北進を支えたとされる製鉄遺跡群が操業を始めるが、9世紀後半に姿を消す。一方、9世紀末から10世紀にかけて、秋田県北部から青森県岩木山麓一帯に、製鉄遺跡群や須恵器の窯が出現する。この頃、津軽平野域に集落が急増することと結びつけ、移住説も唱えられている。

北海道南西部の擦文文化の土器には、9世紀中ごろまで律令国家の土師器の影響がおよんでいた。しかし9世紀後半になると壷や高坏が消え、無文だった長甕や台付き坏などに模様が入る。同時に、移住者の墓とされる北海道式古墳も姿を消す。

その一方、石狩低地部に多かった擦文文化の集落が上川・留萌・宗谷にまで広がるなど、擦文文化の独自性が顕著となる。

9世紀初頭は、岩手県北部に胆沢城、志波城が築かれ、律令国家勢力が最も拡大していた。それが後半になると、出羽方面で貞観17(875)年に渡嶋蝦夷《わたりしまえみし》が叛し、元慶《がんぎょう》2(878)年には元慶の乱が発生。さらに翌年には、3000人の渡嶋蝦夷の集団が出羽国府に赴くなど混乱が続く。

元慶の乱の原因は、秋田城司の苛政が原因であったとされるが、地震で陸奥国の国力が落ち、北方経略(支配)の負担が出羽方面で増大したためとも考えられる。

これらの現象すべてが、大地震に起因するわけではないだろうが、大地震を契機に大きな社会の転換が起こった可能性は、考慮しておく必要があるだろう。

PART 2
アイヌ文化への道

飼熊送りの絵図〈『蝦夷島奇観 下』より〉（129ページ参照）

topic..... 14 北方世界の広がりとアイヌ文化の形成

土器に代わる内耳鉄鍋と平地式住居の出現

北海道の時期区分		本州
旧石器		旧石器
縄文		縄文
続縄文		弥生
続縄文		古墳
続縄文	オホーツク	飛鳥
続縄文	オホーツク	奈良
擦文	トビニタイ	平安
中世（館）	アイヌ	鎌倉
中世（館）	アイヌ	室町
近世（松前藩）	アイヌ	江戸

擦文文化からアイヌ文化へ　「アイヌ文化」は擦文文化から移行したといわれるが、二つの文化の間には、いくつかの大きな違いが認められる。そのひとつが、土器使用の有無である。擦文文化では、甕《かめ》、坏《つき》、高坏《たかつき》などの土器を自分たちの手でつくり、使っていた。これに、本州から持ち込まれた土師器《はじき》、須《す》恵《え》器《き》が加わり、生活用具として使用されていたのである。

一方、アイヌ文化では、後述する「内耳《ないじ》土器」をわずかに使用していたが、そのほかに土器が使われた記録はない。中世に相当する時期には、本州産や中国産の陶磁器が道南部で一部使用されていたが、それもわずかで、アイヌ文化のなかに陶磁器を使用する習慣はほとんどなかった。代わりに**漆器類**や木器が、祭祀具や食器として定着し、アイヌ文化を代表するものとなっていく。

もう一つは、住居形態の変化である。擦文文化期、海岸部に数百、数千の竪

漆器類　木材などに漆を塗った、さまざまな器物。

穴式住居があったことが、今も埋まり切らない住居跡からわかることは先に紹介した。それに対してアイヌ文化の代表的な住居は、アイヌ文化を紹介する博物館や資料館で復元展示される平地式住居「チセ」である。

そこでまず、土器の終焉と住居の変化について考えてみたい。

内耳鉄鍋の出現と擦文土器の消滅

擦文土器の終焉により、北海道で1万年以上続いた土器づくりはおこなわれなくなった。これをメルクマールに、擦文文化期とアイヌ文化期を区分している。擦文土器のうち、食器(供膳具《きょうぜんぐ》)の役割を持つ「坏」は、木製または漆器の椀や皿に代わり、貯蔵具の役割を持っていた「甕」は、木製または漆器の桶や樽に代わっていく。また、土器の機能としてもっとも重要な煮炊きについては、鉄鍋にその役割が移行していった。

11世紀の東日本においては、かまどとセットで煮炊きをおこなう「長甕《ながかめ》(深鉢)」はすでに消滅しており、鉄の鍋に移行したと考えられる。この時期の鍋は、内側に耳のついたものが一般的なことから「内耳鉄鍋」と呼ばれる。鍋の内側に耳をつけた理由は、弦《つる》が鉄製でなくても焼け落ちないための工夫であろう。まだ類例は少ないが、青森県五所川原市**古館《ふるだて》遺跡**、岩手県平泉町**柳《やなぎ》之《の》御《ご》所《しょ》遺跡**などで、11〜12世紀の内耳鉄鍋が出土している。

東北地方の影響を受けて、北海道にも11世紀ごろから鉄鍋が流入しはじめた。

古館遺跡　平安時代の集落跡。多くの鉄製品が出土している。

柳之御所遺跡　奥州藤原氏の拠点「平泉館」跡と推定される。広大な敷地からは、大量の遺物・遺構がみつかっており、史跡公園として公開されている。

その影響で擦文文化後期には、鉄鍋をまねたと思われる内耳のついた鍋型土器(内耳土器)も出現するが、やがて12～13世紀になると鉄鍋は全道に広がり、土器づくりの習慣は失われていったと考えられる。

内耳鉄鍋は東日本一帯に広がり、囲炉裏と組み合わせて使用されていた。北海道でも擦文土器の終焉とともに、住居内のかまどがみられなくなり、炉が用いられるようになる。なおアイヌ文化期においても、サハリン南部、オホーツク海沿岸部、クリル諸島(千島列島)には内耳土鍋が残っていたが、順次鉄鍋に置き換わっており、あくまでも鉄鍋の不足を補うためにつくられたと考えられる。

千歳市美々8遺跡から出土した鉄鍋(上)や木皿(下)(北海道立埋蔵文化財センター蔵)

竪穴式住居から平地式住居チセへ

アイヌ文化期になると住居は、竪穴式住居から平地式住居に移り変わり、それとともにかまどがなくなって、炉(囲炉裏《いろり》)が住居の中央部に設けられるようになる。それまで、擦文文化の竪穴式住居は、4本柱で壁につくりつけのかまどのある基本形を持っていたが、地域と時期によってその構造には違いが認められる。

札幌市 K528 遺跡出土の擦文文化の平地式住居跡
（札幌市埋蔵文化財センター提供）

道南部では、中・後期の松前町**札前《さつまえ》遺跡**に、壁際に柱穴がめぐらされた掘り込みの浅い住居跡があり、長方形の平面形であることから壁立ち式の可能性もある。また、道央部の札幌市**K528遺跡**からは、アイヌ文化のチセに類似した、壁際にかまど、中央に二つの炉を持つ、擦文文化期の平地式住居がみつかっている。

双方とも、竪穴式住居から平地式住居への移行期の様子を示すものと考えられるが、道南部と道央部は、擦文後期になると竪穴式住居跡の検出数が減少することから、早い段階で平地式住居に移行した可能性もある。

一方、道東部には大規模な竪穴群が残っており、その多くが擦文文化後期のものと考えられている。発掘された住居をみると、平面の形が方形(四角形)でかまどを持つ住居だけでなく、方形でかまどのないもの、長方形でかまどはなく複数の炉があり壁際に柱穴を持つものなど、数種の竪穴形態がみられる。このほか、かまどがなく石囲いの炉を持つ、トビニタイ文化の住居跡も残る。

アイヌ文化のチセとよばれる平地式住居は、平面の形が長方形で張出部を持ち、屋根は**寄棟《よせむね》造り**で、中央に炉が設けられているのが一般的である。しか

札前遺跡　松前町北西部に位置し、擦文文化の集落跡がみつかっている。

K528遺跡　札幌市の丘珠空港滑走路北西端近く、北区と東区の境界上に位置する。擦文文化の住居跡や鉄製品が出土している。

寄棟造り　傾斜した4つの屋根面で構成された、建物の屋根形式。

し、地域によって長軸の方向、構造、屋根葺き材、壁材などの違いが指摘されている。道央部で発掘された平地式住居跡にも、規模、長軸方向、張出部の有無、平面形、柱の立て方などにさまざまな違いがみられる。

　チセの起源については、本州の中世から近世にかけての小型農家建築の影響も考えられる。しかし、これらがすべて本州からの影響によって成立したとは考えにくい。竪穴式住居についても次に述べるように、本州の土師器文化の影響だけが全道におよんだとは考えられないため、地域ごとにその変遷をたどる必要があるだろう。

大陸の住居形式がおよぼした影響

　続縄文文化期の後半に竪穴式住居がみつかっていないことは先に述べた。これは縄文文化からの伝統であった竪穴式住居と炉の組み合わせによる生活形態が、平地式住居と炉の組み合わせへと変化していた可能性もある。そう考えると、擦文文化の竪穴式住居とかまどは、本州から入った新しい文化要素とみなすことができる。

　では、大陸北部の寒冷地にみられる竪穴式住居が、北海道に影響をおよぼした可能性は考えられないだろうか。続縄文文化の入口がついた住居跡、オホーツク文化の大型住居跡や掘り込みの深い住居跡などは、かねてから大陸の**挹《ゆう》婁《ろう》**、アレウト（72ページ参照）の住居などとの関連が指摘されてきた。

復元されたチセ
（アイヌ民族博物館にて、越田撮影）

挹婁　1世紀から4世紀にかけて、沿海州から中国東北地方東部にかけて住んでいた民族。

このような住居が主流だった道北・道東部だが、擦文中期・後期になると、今度は擦文文化のかまどを持つ竪穴式住居が数多くつくられるようになる。この時期は、本州とのつながりで土師器文化の影響を受けながらも、北海道独自の擦文文化を形成していく段階にあたっていた。そのため、道北・道東部の竪穴式住居は強い統一性を持たなかった。それは、多様なスタイルの住居跡がみつかっていることからも明らかだろう。竪穴式住居の構造は、オホーツク文化やサハリン経由で大陸の影響を受けていた可能性も十分に考えられる。

沿海州では、**金王朝**の時代に**オンドル構造**を持つ竪穴式住居跡の存在が知られる。特に道東の複数のかまどを持つ住居や、壁の隅にかまどのある住居については、オンドルの焚口《たきぐち》が置かれる位置からの影響がうかがえる。

また、サハリンと千島では、竪穴式住居が平地式住居と組み合わされて、19世紀まで居住形態として残っていた。これらの竪穴式住居は、南方から伝わった擦文文化の残存ではなく、大陸北部の竪穴式住居の形態がそこに影響をおよぼしたと考えてみたい。

［参考文献］

宇田川洋『アイヌ考古学』（教育社歴史新書、１９８０年）

金王朝　中国北部を支配した女真族の王朝。モンゴル帝国（元）に滅ぼされた（１１１５～１２３４年）。

オンドル構造　台所のかまどで発生する煙を、居住空間の床下に通して排出する床暖房の仕組みのこと。中国の東北部や朝鮮半島に普及する。

topic..... 15

アイヌ文化に大きな影響を与えた、大陸との交易関係

アイヌの装身具が物語る、大陸北部との交流

北海道の時期区分		本州
旧石器		旧石器
縄文		縄文
続縄文		弥生
続縄文		古墳
続縄文	オホーツク	飛鳥
擦文	オホーツク	奈良
擦文	トビニタイ	平安
中世（館）	アイヌ	鎌倉
中世（館）	アイヌ	室町
近世（松前藩）	アイヌ	江戸

アイヌ文化の墓と墓制の移り変わり

アイヌ文化の墓制《ぼせい》として一般的なスタイルは、体を伸ばした状態で土葬される伸展葬《しんてんそう》である。男性墓《ぼ》には刀、**山刀**《やまがたな》、刀子《とうす》、中柄《なかえ》、**骨鏃**《こつぞく》、漆器など、女性墓《ぼ》には鉄鍋、山刀、刀子、鎌、鉈、ガラス玉、漆器などが副葬《ふくそう》される。このような墓制が、アイヌ文化期（本州の中世から近世前半期に相当する）には、ほぼ全道的に成立していた。

縄文文化から続縄文文化期、擦文文化期初頭までは、体をかがめた状態で土葬される墓制（屈葬）がほとんどであった。副葬品としては、土器、石器、そして多くの玉類が副葬されていたことは、先に紹介した。

ところが擦文文化期の墓は、これらと少し異なっている。道央部における擦文前期の北海道式古墳をみると、伸展葬が主で、副葬品は鉄器が多く玉類もみられるが、その数は決して多くない。中期から後期の土葬墓も類例は少ない

山刀　獲物の皮はぎなどに用いる、小型で片刃の刃物。

骨鏃　骨角製の矢尻。

が、伸展葬であることが明らかになってきた。また、道東部における擦文文化後期の墓も、細長い長方形の**土坑**《どこう》が多く、遺体はみつかっていないものの伸展葬と推定され、副葬品はほとんど見当たらない。

　こうした墓制の変遷を、副葬品の面からたどってみよう。

擦文文化期にみられなくなった装身具

　墓を発掘すると、遺体とともにあの世に送られたと思われるさまざまな副葬品がみつかる。死後の世界で必要と考えられたもの、故人が大事にしていた品物などが、亡骸とともに副葬されたのだろう。そのなかで、どの時期にも目につくのが装身具である。

　北海道では、旧石器文化の墓から琥珀《こはく》や石の玉《たま》がみつかっており、実に２万年前からネックレスや腕輪などで身を飾っていたことがわかる。縄文文化の各時期にも装身具の使用は盛んで、４０００年ほど前の縄文文化中期から後期にかけては、本州から持ち込まれた緑色の翡翠《ひすい》の玉が数多く使われていた。

　さらに、後期後半の恵庭市**カリンバ遺跡**の**合葬墓**からは、大量の漆製品がみつかり、全身に装飾品を纏っていたことがわかっている。死出の衣装であるにしても、頭の櫛・額飾り・髪飾り・耳飾りのほか、首飾り、胸飾り、腕輪、腰飾りなど、その豊富さは目を見張るものがある。そして、これらの漆製品に加えて、石製の玉もみつかっている。

土坑　33ページ参照。

カリンバ遺跡　59ページ参照。

合葬墓　複数の遺骸を一つの墓に納めたもの。

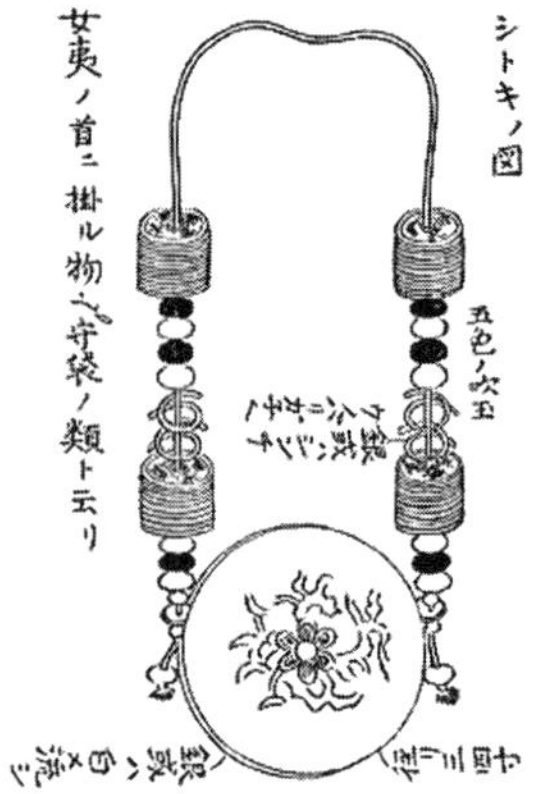

林子平『三国通覧図説』に記された
アイヌの首飾り「シトキ」の図

2000年前の続縄文文化前半には、先に述べたような琥珀玉の文化圏と碧玉《へきぎょく》製管玉《くだたま》の文化圏があり、後半期にはそれらに代わるようにガラス玉が流入し、全道各地でみられるようになる。一方、擦文文化の装身具は、わずかに土製や石製の玉があるものの、続縄文文化やオホーツク文化にみられた首飾りや胸飾りの玉類、耳飾り、ブレスレットなどは姿を消した。

本州では、続縄文文化後半期にあたる古墳時代までは、装身具が数多く出土しガラス玉も多い。ところが、擦文文化と同時期にあたる奈良・平安時代になると、装身具はほとんどみられなくなり、ガラス玉も寺院の仏像や壇《だん》の装飾を除いて使われなくなった。擦文文化はこうした本州で装身具のみられない時期と重なっており、その影響がうかがえる。

将軍に献上されたアイヌのガラス玉

では、アイヌ文化にみられる、**タマサイ**、**シトキ**などの胸飾り、首飾り、耳飾りといった多くの装飾品は、いつご

壇　仏像を安置し、供物や供具を供えるための、一段高くしつらえた台。

タマサイ、シトキ　タマサイとは、ガラス玉を連ねた首飾り。祭祀や儀式の際に女性が身につけた。これに飾板のついたものをシトキと呼ぶ。

三国通覧図説　さんごくつうらんずせつ〈図版説明より〉。天明5（1785）年刊行。林子平が著した江戸時代の地理書で、日本に隣接する朝鮮・琉球・蝦夷などについて解説。アイヌの風俗も略述されている。

ろからみられるようになったのだろうか。

17世紀前半、北海道でキリスト教の伝道をおこなった宣教師**ジェロニモ・デ・アンジェリス**は、北海道南部の蝦夷の人々が首に大きなガラス玉を下げていると記録している。また、1643(寛永20)年に道東からサハリンをめぐった**フリース船隊**の記録にも、青色の玉を首に掛けた女性の記述が残っている。

こうした蝦夷人の玉については、日本でも「青玉」「**虫の巣玉**」などと記録されるようになり、やがて本州の人々にも知られていったことがわかる。

『**蝦夷談筆記**』には、虫の巣玉が徳川5代将軍・綱吉への献上品になったことが記載されており、また大奥への献上品にもなるなど、本州ではほとんどみる機会のないガラス玉に注目が集まっていた。

アイヌ絵と呼ばれる蝦夷人を描いた絵画にも、首から

札幌市西区発寒で出土したガラス玉
(北海道大学植物園・博物館蔵)

ジェロニモ・デ・アンジェリス　1568~1623年。シチリア島出身のイエズス会宣教師。蝦夷地に渡航した最初のヨーロッパ人。1602年に来日、のち江戸で火刑に処された。

フリース船隊　オランダ東インド会社所属の司令官マルチン・G・フリースが率いる、第2回太平洋探検隊のこと。太平洋を北上し、蝦夷地を探検した。

虫の巣玉　ガラス玉の表面に、虫の喰ったような小さな穴が開いているもの。

蝦夷談筆記　幕府巡見使に随行して松前に渡った兵学者の松宮観山が1710年、アイヌ語通詞・勘右衛門から聞き書きしたもの。

アイヌ絵　江戸時代後期~明治時代、和人の画家がアイヌを題材に描いた風俗画。

玉を連ね掛けた姿や耳飾りが多く描かれている。

このような北海道のアイヌ文化にみられる、タマサイ、シトキなどの胸飾りや首飾りに使われたガラス玉、また耳飾りとその飾りとして下げられたガラス玉は、北海道と本州の装身具文化の違いを明確にあらわしている。

アイヌの装身具文化が根づいた時代背景とは

アイヌ文化期の遺跡からは多くの装身具が検出され、装身具の少ない擦文文化期との大きな違いが認められる。まだはっきりしない点も多いが、アイヌの装身具文化がどのような状況を背景に北海道に根づいたかについて、一つの仮説を述べてみたい。

擦文文化には装身具の存在がほとんどみられないため、続縄文文化やオホーツク文化にみられた首飾りや耳飾りの伝統が、道東~道北部に残っていた可能性がある。擦文文化期の終わりごろと考えられる根室市**穂香《ほにおい》遺跡**から出土したガラス玉は、大きさが1センチメートル前後で青色が多く、金茶や透明なものも混ざっていた。この玉の成分分析をおこなった結果、そのほとんどが鉛分を多く含んだガラス玉（**カリ鉛ガラス**）であることが明らかになっている。これと似た成分のガラス玉は、余市町**大川遺跡**ＧＰ００４でも検出されており、北海道から出土するガラス玉では、アイヌ文化期の古い時期に位置づけられる。

一方、札幌市発寒、恵庭市カリンバ２、釧路市幣舞、根室市コタンケシなど

穂香遺跡　根室市南西部に位置する、縄文~擦文文化の遺跡。竪穴式住居跡が検出されたほか、土器やガラス玉が出土している。

カリ鉛ガラス　カリウム鉛シリカガラスのこと。中国・宋代に開発された製法でつくるガラス。金属鉛、硝石、石粉を混合したもので、日本でも近世まで主流の製法だった。

大川遺跡　余市町北西部の余市川河口に位置する、縄文文化から近世にかけての遺跡。墓跡や副葬品、土器、貝塚などが検出された。

カリ石灰ガラス　カリウム石灰シリカガラスのこと。珪石とカリウム成分に富む植物（カシやブナ）の灰を精製したものを使ってつくるガラス。

の各遺跡では、鉛分を含まずカリ成分の多い**カリ石灰ガラス**で構成された一群もみつかった。これらには、14〜15世紀前半期の陶磁器を伴うものもあり、中世中ごろから後半にかけて使われたと想定されている。

大陸との交流により流入したガラス玉

カリ鉛ガラスは、中国の宋代に盛んにつくられたもので、**蘇軾**《そしょく》の漢詩などに詠まれている。日本でも九州の福岡市**博多遺跡**から、数多くのガラス製品とガラスの溶解に使われた**坩堝**《るつぼ》が出土している。このほか、宇治《うじ》**平等院**《びょうどういん》阿弥陀如来座像の台座からみつかったガラス玉類、平泉《ひらいずみ》**中尊寺**《ちゅうそんじ》金色堂のガラス玉類は、その多くがカリ鉛ガラスであることがわかってきた。ガラス玉は、博多遺跡を除くと仏具に関連するものとして流通しており、その一部が北海道に流入した可能性は高い。

対するカリ石灰ガラスは、中国の元〜明代のガラスにその類例がみられ、山東省博山の生産工房跡でみつかったガラスも同成分である。これらの事実から、中国産のガラス玉は、14〜15世紀にまとまって大陸から北海道へ流入したと考えられる。また、前出の発寒、カリンバ2、幣舞、コタンケシなどの遺跡で出土した玉類をみると、大きさが均一で似た色彩のものが多く、シトキ(胸飾り)があり、中国銭を伴うなどの特色を持つ。これは、18世紀に入ってから新井白石や林子平が残した**玉類の記録**と同じ形態である。

蘇軾 1037〜1101年。中国、宋代の詩人・文学者。号は東坡（とうば）。

博多遺跡 福岡市中心部に位置する、古代・中世の遺跡。中国産など膨大な量の輸入陶磁器が出土した。

坩堝 物質を加熱して溶解などをする場合に用いる耐熱性の容器。

平等院 平安時代後期に建てられた、京都府宇治市にある寺院。

中尊寺 平安時代後期に建てられた、岩手県平泉町にある寺院。

玉類の記録 新井白石『蝦夷志』や林子平『三国通覧図説』に記録された、蝦夷地の玉類についての記述。

その背景には、大陸における中国と東北アジア諸民族との関係強化があった。アムール川下流域には元代の**東征元帥府**《とうせいげんすいふ》を受け継ぐ形で、明代に奴児干都司《ぬるかんとし》がおかれるとともに**永寧寺**《えいねいじ》が創建される。そして先住民族の支配強化を目的に、その長に官職を与えて編成した「衛《えい》」と呼ばれる地方組織が各地に置かれた。

14～15世紀ごろには、中国の宮廷で**貂**《てん》皮の需要が増え、大陸北部の貂皮が**朝貢貿易**《ちょうこうぼうえき》で盛んに運び込まれるようになる。この貂皮交易の隆盛によって、中国のガラス玉が民族間の交易に利用されるようになり、サハリンさらには北海道にまでもたらされたのだろう。これがのちに、江戸時代に知られるようになる**山丹交易**《さんたんこうえき》へとつながっていく。

このように、アイヌ文化の形成には、擦文文化の影響のみならず、続縄文文化の伝統、オホーツク文化の広範囲な交易圏の形成による大陸との交流が重要な役割を果たしていた。そして、このあともアイヌ文化は、本州と大陸をつなぐ役割を担っていくことになる。

［参考文献］
菊池俊彦・中村和之編『中世の北東アジアとアイヌ』（高志書院、２００８年）
佐々木史郎『北方から来た交易民　絹と毛皮とサンタン人』（日本放送出版協会、１９９６年）

東征元帥府　元がアムール川下流域の支配強化を目的に設置した機関。

永寧寺　東征元帥府があった地に明朝が奴児干都司を設置した際、先住民族の教化を目的に建立された。

貂　イタチ科テン属の哺乳類。夏毛は全体に褐色で、イタチに似る。毛皮の質が高いことで知られる。

朝貢貿易　明代に確立された貿易形態。他国を属国とみなす中華思想により、中国皇帝への貢物献上（朝貢）と、それへの賞賜（しょうし）品給付の形でおこなわれた。

山丹交易　近世になって、アムール川（黒竜江）下流域のサンタン人（ウルチ民族）とサハリンアイヌの間でおこなわれた交易。

topic..... 16

縄文から続く動物信仰に源流を持つ「クマ送り儀礼」

オホーツク文化期に形成された儀礼のスタイル

北海道の時期区分		本州
旧石器		旧石器
縄文		縄文
続縄文		弥生
続縄文		古墳
続縄文	オホーツク	飛鳥
擦文	オホーツク	奈良
擦文	トビニタイ	平安
中世（館）	アイヌ	鎌倉
中世（館）	アイヌ	室町
近世（松前藩）	アイヌ	江戸

「送り」と呼ばれる動物への宗教儀式

古くから人々は、動物に対して何らかの感情を持っていた。おそらくそれは、自分たちの生死を決める存在への畏怖や畏敬の念であったと思われる。ときに自分たちが非捕食者になる可能性もある危険な存在として、また日々の糧でもある動物たちを、豊かな自然の象徴とみなしていたに違いない。

そのため、人々は「送り」という儀礼（宗教的な儀式）をおこなうことで、豊かな恵みの再来を願ってきた。送りとは、殺《あや》めてしまったものへの謝罪に加え、動物の豊漁（猟）を期待してその魂を天上に送り、地上への再来を願う儀式のことである。このような思想はアイヌだけでなく、ロシアのアムール川流域、北米大陸西海岸、中国などで広く認められている。

近世のアイヌの人々は、神々は天上界に暮らしながらときどき人間界に役目を持って訪れる存在と考え、その際、動物など特定の形に変化してあらわれると信じてきた。そして動物の姿となった神々が天上に帰る際、多くの土産を持ち帰ることで他の神々の来訪を促してくれると考えたのである。そのため、動物を狩った際（魂が天上に帰る際）に遺体を丁寧に祀《まつ》り、**イナウ（木幣）**や酒などを捧げる「送り」をおこなってきた。こうした送りの儀式を一般的に「イオマンテ」と呼ぶが、特にヒグマなどを送る儀礼のことを「イオマンテ」と限定して呼ぶ場合もある。

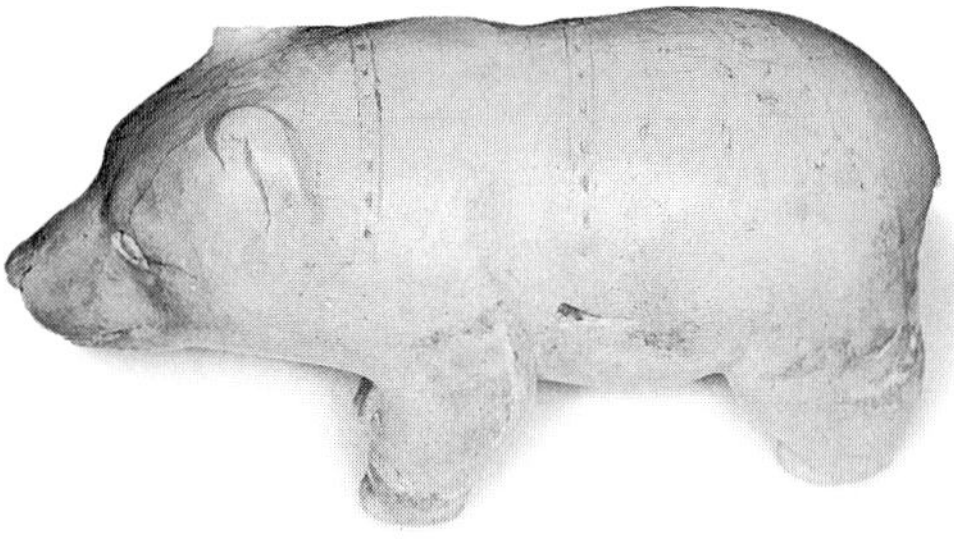

トコロチャシ跡出土のトドの骨でつくられたクマ骨像
（東京大学常呂実習施設蔵、越田撮影）

　このクマ送りには、二つのタイプが存在する。一つは、クマを狩ったときにその場で儀礼をおこなう「狩りグマ送り」と呼ばれるもの。もう一つは、「飼いグマ送り」と呼ばれる、生け捕りにした仔グマを一定期間飼ってから、祭りの際に殺して神の国に送り返すという儀礼である。母グマの出産は冬ごもりの間におこなわれる。そこでアイヌの人々は、春先に母グマを殺し、そのときに狩りグマ送りをおこなう。同時に仔グマは集落に連れ帰り、2、3歳になった冬に殺して盛大な送りをおこなうのである。

イナウ（木幣）　アイヌの神事に用いる木製の捧げもの。

この飼いグマ送りは、アムール河口からサハリン（樺太）に住む**ニブフ**、**ウイルタ**、サハリン（樺太）アイヌといった北方民族にもみられ、なかでもアイヌ文化の飼いグマ送りは、もっとも発達した送り儀礼とされている。

「送り儀礼」における考古学的な認定条件

飼いグマ送りのような仔グマ飼育型のクマ送りについては、その起源にさまざまな見解があり、クマ送りの成立を比較的新しい時期に設定するものと、古い時期に設定するものがある。前者は、現在の我々がイメージするクマ送りの形態が、17、18世紀に形成されたという考え方である。そして、クマ送り儀礼を社会的な威信を保つための行動であると解釈し、**北東アジア**におけるアイヌ社会全体の形成過程のなかで考えていかなければならないとしている（佐藤、2005[*1]など）。

後者は、**擦文文化**《さつもん》または**オホーツク文化**からの流れのなかで形成されたものとする、考古学資料からみた解釈である（天野、2003など）。文献資料では、17世紀に近代以降のアイヌと同じ手順でクマ送りがおこなわれていた記述や絵がみつかっており、少なくともこの時期には、現在のようなクマ送りが成立していたことは明らかであろう。

しかし、それ以前の段階で、いつからクマ送りがおこなわれるようになったかは、考古学的視点からの研究が必要となる。考古学的に「送り儀礼」がおこ

ニブフ　72ページ参照。

ウイルタ　サハリン（樺太）中部以北に住む、ツングース系少数民族。アイヌからはオロッコと呼ばれた。

北東アジア　日本および中国東北部、極東ロシア（シベリア）を含む地域。

*1　佐藤宏之「クマ送り儀礼に見る社会的威信と階層化社会」（岡内三眞・菊池徹夫編『社会考古学の試み』2005年、同成社）

擦文文化　89ページ参照。

オホーツク文化　本文70ページ参照。

なわれたとする認定条件は、①頭蓋骨があること、②特定部位の集中、③限定種の集中、④頭骨の**穿孔《せんこう》や焼骨《しょうこつ》の痕跡**、⑤配列の痕跡、⑥遺構の出土、⑦祭祀用具との共伴、⑧伝承・文献・地名に残る場所での出土、などがあげられる（西本、1996*2など）。

「飼熊送りの絵図」〈秦檍丸著、松浦弘写『蝦夷島奇観　下』より〉
（函館市中央図書館蔵）

こうした視点で「送り儀礼」の起源をみてみると、早くも縄文文化に動物の送りをおこなった痕跡（釧路市**東釧路貝塚**でみつかったイルカの頭骨を配列した例）が残っており、続縄文文化には焼かれたクマの特定部位の骨片が出土している。また擦文文化末期になると、羅臼町**オタフク岩《いわ》洞窟遺跡**でクマ頭骨の集中がみられ、クマ送りがおこなわれたと思われる証拠もみつかっている。

いずれも、送りの可能性を示唆しているものの、類例が少なく明確な解釈は困難であり、クマ送りの萌芽

穿孔や焼骨の痕跡　穿孔は食料となる脳を取り出すという実用的な意味と、現在のアイヌが、クマ送りでクマの頭骨をヌササン（幣柵）に飾りつける際、頭骨に孔をあけることから、儀礼の認定条件に含まれている。また焼骨の存在は、現在のアイヌが火の神を大切にするように、おそらく火に対して何らかの精神的価値を持っていたことを示す可能性がある。

*2　西本豊弘「動物からみたアイヌ文化の成立―クマ送りの起源を中心に―」（『アイヌ文化の成立を考える』1996年、北海道立北方民族博物館）

東釧路貝塚　31ページ参照。

オタフク岩洞窟遺跡　羅臼町南西部に位置する、トビニタイ期の遺跡。木製品や骨角器が出土した。

的な様相を示すにとどまっている。明らかにクマ送り儀礼がおこなわれていたとされるのは、オホーツク文化である。

　オホーツク文化期の代表的な遺跡である、網走市**最寄《モヨロ》貝塚**内の竪穴跡からは、クマの頭骨が配置された状態でみつかっている。さらに、枝幸町《えさしちょう》**目梨泊遺跡**や北見市常呂町の**栄浦《さかえうら》第二遺跡**からは、竪穴式住居内の片隅にまるで祭壇のようにクマの頭骨を配置した「骨塚《こつづか》」が発見されている。このほかにも、動物意匠（動物を図案化したもの）の遺物が多数出土しており、クマを模したものも多い。このオホーツク文化を担った集団は、6世紀前後の極東において、クマを含む動物儀礼体系を基盤に飼いグマ送りをはじめたと考えられている（天野、2003）。

縄文文化から続く動物信仰

　以上のことから、縄文・続縄文文化にクマ送りをおこなっていたかどうかは明確ではないが、そのころの人々が動物信仰を持っていたことは明らかであり、特に続縄文文化では動物を送る儀礼のような痕跡もみら

最寄貝塚　網走市北東部に位置する、オホーツク期の遺跡。石器や土器、竪穴跡がみつかった。

目梨泊遺跡　76ページ参照。

枝幸町「オホーツクミュージアムえさし」に再現された、クマの頭蓋骨を積み上げた「骨塚」（越田撮影）

れはじめる。そして明確な証拠には乏しいが、擦文文化にもこの送り儀礼は引き継がれていく。特に擦文文化末期になると、オタフク岩洞窟遺跡のようにクマ送りをおこなったと思われる証拠もみつかっている。このような素地を持った集団に対して、強い動物信仰を持ち、飼いグマ送りの考え方を持ったオホーツク文化の集団が影響をおよぼしたことで、アイヌ文化期に飼いグマ送りの儀礼が成立していったと考えられている。

以上、考古学的な視点からクマ送りの起源を述べてきたが、近年になって**民族学**的視点の欠如が問われている。改めて、飼いグマ送りをおこなうニブフ、ウイルタなど他民族との関係性についての議論も必要であろう。

北東アジアのなかで、アイヌが他民族や周辺国と関係を持っていたことは、文献史や考古学の研究からも明らかである。クマ送りの成立を含めたアイヌ文化の歴史には、こうした北東アジアとのつながりを前提にした、広い視点での研究が不可欠となっている。

栄浦第二遺跡　常呂町北西部に位置する、縄文～オホーツク期の遺跡。竪穴式住居跡や墓壙がみつかった。

民族学　他民族の文化や社会を研究・解明するための学問。

［参考文献］
木村英明・本田優子編『アイヌのクマ送りの世界　ものが語る歴史13』（同成社、2007年）
天野哲也『クマ祭りの起源』（雄山閣、2003年）

topic…… 17

アイヌにとっての矢毒文化は「蝦夷一同の守り」だった

アイヌの社会構造を変化させた矢毒の技術

北海道の時期区分		本州
旧石器		旧石器
縄文		縄文
続縄文		弥生
続縄文		古墳
続縄文	オホーツク	飛鳥
擦文	オホーツク	奈良
擦文	トビニタイ	平安
中世（館）	アイヌ	鎌倉
中世（館）	アイヌ	室町
近世（松前藩）	アイヌ	江戸

史料に記録されたアイヌの矢毒文化

14世紀半ばの「蝦夷《えぞ》カ千嶋《ちしま》」におけるアイヌ文化を描いた文献として、『**諏方大明神《すわだいみょうじん》画詞《えことば》**』が挙げられる。その詞書《ことばがき》（絵の説明文）には、「彼等カ用ル所ノ箭《や》（矢）ハ遺骨ヲ鏃《やじり》（矢尻）トシテ毒薬ヲヌリ、纔《わずか》ニ皮膚ニ触レハ其人斃《たおれ》スト云事ナシ」という記述があり、この頃のアイヌが**矢毒文化**を持つことを物語っている。

この矢毒文化を、どの時代まで遡ることができるかについては諸説ある。8世紀後半の**坂上田村麻呂《さかのうえのたむらまろ》**による征夷の際、蝦夷が矢毒を使ったとする説がある。しかし、これは江戸時代の寛保《かんぽう》元（1741）年に編纂された地誌『封内名跡志《ほうないめいせきし》』に拠ったもので、どうも信憑性がない。

また、空海の漢詩集『性霊集《しょうりょうしゅう》』には弘仁《こうにん》6（815）年、陸奥守に任ぜられた**小野岑守《おののみねもり》**を送別する「野陸州《やりくしゅう》に贈る歌」がある。そこには、「**毛人《もうじん》羽人《うじん》**境界を

諏方大明神画詞　正平11／延文元（1356）年成立の信濃国・諏訪大社の起源を記した絵巻物。

矢毒文化　矢尻や槍に毒素を塗る文化。古くから世界各地に文化圏を形成した。

坂上田村麻呂　758〜811年。平安時代初期の武将。791年から征夷に関わり、征夷大将軍となって朝廷による蝦夷支配を確立。

小野岑守　778〜830年。平安時代の貴族・文人。

接す。(中略)髻《もとどり》の中には骨毒の箭を挿み著けたり」とあり、あたかも「毛人羽人(蝦夷)」が矢毒文化を持っていたかのように歌われている。

しかし、これは漢籍(中国の書物)に詳しい空海が、中国では「毛人羽人」が未開・野蛮な民を指す言葉であることを知ったうえで、文章を飾るために用いたと思われる。史料で確認する限り、少なくとも8、9世紀の蝦夷は矢毒文化を持っていなかったとみるべきだろう。

オホーツク文化が影響した可能性も

蝦夷と矢毒文化のつながりを示す最初の史料は、平安末期につくられた藤原顕輔《ふじわらのあきすけ》の和歌である。

あさましや　ちしまのえぞの　つくるなる
どくきのやこそ　ひまはもるなれ

この歌について顕昭《けんしょう》は、歌学書『袖中抄《しゅうちゅうしょう》』のなかで「どくのやとはおくのえびすが鳥の羽の茎に附子《ぶす》と云毒をぬりてよろずのあきまをはかりていると云り」と解説している。このように12～13世紀にかけて、「ちしま」(蝦夷カ千嶋＝北海道)のアイヌが矢毒の文化を持ち、「よろず」(鎧)の隙間を射抜くという話が、貴族の間に流布していたことがうかがえる。この時期には、矢毒文化がア

毛人羽人　日本列島の東方～北方に住む毛人の対句として羽人をおき、「蝦夷」を表現した。

髻　髪を頭の上で束ねた型。

藤原顕輔　1090～1155年。平安後期の歌人。崇徳天皇の命により「詞花集」を編纂した。

顕昭　1130(?)～1210(?)年。平安末期～鎌倉初期の歌人・歌学者。

歌学書　和歌に関する学問を記述した書物。

附子　トリカブトの根を乾燥させたもので、漢方薬や毒に用いられる。生薬の場合は「ぶし」、毒に使う場合は「ぶす」と呼ばれる。烏頭(うず)とも。

北海道に自生するトリカブト
（佐藤孝夫氏撮影）

イヌ社会に出現していたのは疑いない。

ところで、アイヌの矢毒文化の源流は、**イオマンテ**と同じようにオホーツク文化に求めることができそうである。中国の北方民族が矢毒文化を持っていたことは、漢籍からも明らかになっているが、アムール川下流域に故郷を持つオホーツク文化人もまた、矢毒文化を有していたようだ。

その様子は、最寄貝塚から毒を持つ**アカエイ**の刺針が十数本の束でみつかったり、毒を塗りこめるためと推測される長方形の茎溝《けいこう》がついた骨銛《ほねもり》や、鏃《やじり》のなかが空洞になった骨銛も発掘されたりしたことからもうかがえる。

オホーツク文化人が、**トリカブト**の毒文化を持っていたかどうかは不詳である。しかし、アカエイの毒利用に触発され、アイヌがトリカブトの毒利用に関する技術を発展させていった可能性も考えられるだろう。

アイヌの矢毒文化は「蝦夷一同の守り」だった

さて18世紀以降、江戸時代の日本側の文献には、しばしばアイヌのトリカブト利用に関する記述がみられる。坂倉源次郎《さかくらげんじろう》が元文《げんぶん》4（1739）年に著した『北海随筆』には、アイヌ

イオマンテ　本文130ページ参照。

アカエイ　トビエイ目アカエイ科に属するエイ。全長約2メートル。日本を含む東アジア沿岸域に広く分布する。食用となるが、尾に毒の棘を持つ。

トリカブト　キンポウゲ科トリカブト属の総称。日本には約30種が自生し、北海道には9種ほどが生息。花の色は紫色のほか、白、黄色、ピンク色など。やや湿った林の中やふちに生える。乾燥させた塊根（附子）は、漢方薬や毒となる。毒は全草にあり、摂取すると呼吸困難や心臓麻痺などを引き起こし、中毒死することもある。

の矢毒文化について次のように書かれている。

毒箭《どくや》に用ゆる毒の事《こと》松前に知りたるものなし。商船の者どもは年々往来して数十日間滞留する故、蝦夷と名染《なじみ》て心やすくなれども、毒の事は聞どもおしへず、女子どもだましすかして聞といへども云ふ事なきは、蝦夷一同の守と見へたり。

アイヌは、和人に毒の製法を教えようとしない。それが、あたかも「蝦夷一同の守り」すなわちアイヌ全員で固守する文化のように、和人にはみえるというのだ。

ところが、このトリカブト毒の製法に関して、アイヌの間での技術的交流はおこなわれなかったようである。天明《てんめい》元（1781）年に**松前広長**《ひろなが》が編んだ『松前志』には、

夷人《いじん》各自ら弓箭《ゆみや》を制作し、毒薬を調合す。決して他夷の力をかりることをせず。（中略）但し毒薬の方は家伝ありて、各其先祖より伝来せり。

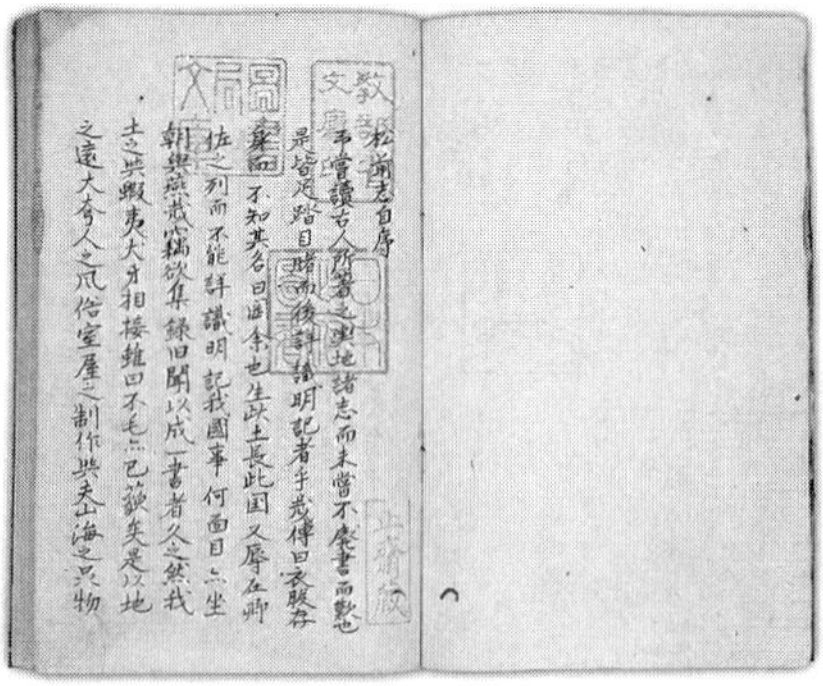

当時としては最高水準の蝦夷地誌とされる『松前志』。写真は北方探検で知られる近藤重蔵の旧蔵書である
（国立公文書館蔵）

松前広長　201ページ参照。

とあり、弓矢の制作や毒薬の調合には、他のアイヌの力を借りず、それぞれの家に代々伝わる「家伝」があるという。

また、**最上徳内**《もがみとくない》が文化《ぶんか》5（1808）年に記した『渡島筆記』には、

> 烏頭《うず》（トリカブトの毒）を製するに極て巧拙あり。（中略）巧拙の外《ほか》人によりて果して毒の効《こう》別なること有《あり》とぞ。これによりて聚落《しゅうらく》（集落）中にて某が製毒よしとて、もらゐて用ることとなりとぞ。

という記述がみえる。トリカブト毒の製造には巧拙があり、人によって毒の効き目に違いがあり、下手な者が上手な者からもらい受けたというのだ。おそらく、アイヌ社会に製毒法が伝わった時に、その製法は共有化されたのであろう。

ところが矢毒の狩猟によって、本州

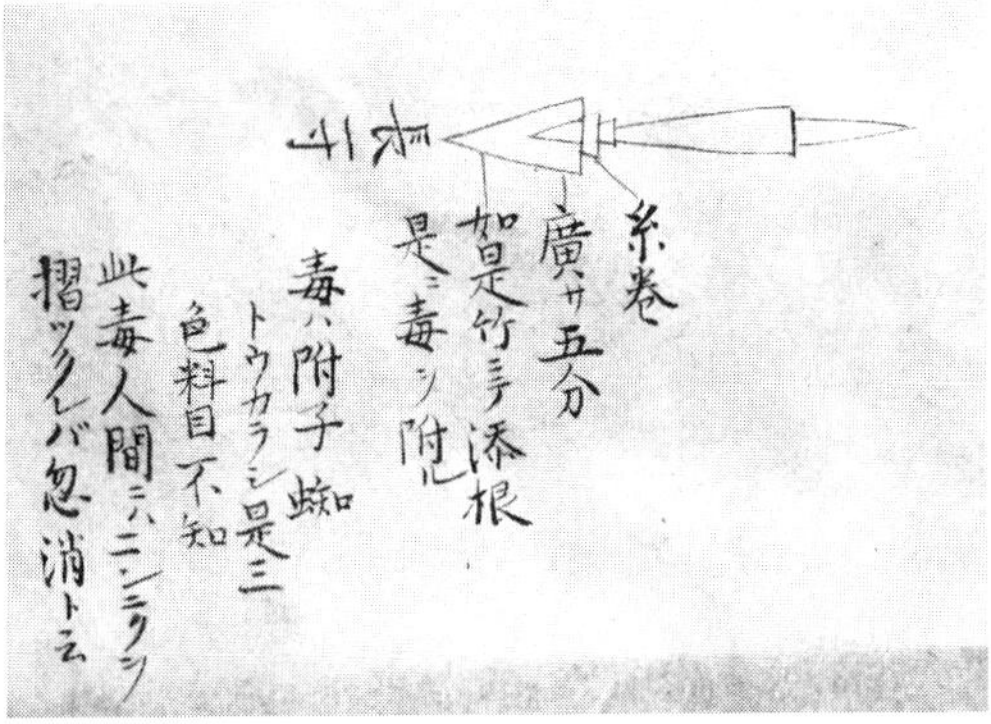

新井白石著『蝦夷志』にみえる、アイヌがつくる毒矢についての記述。矢尻に毒を盛る溝が刻まれ、毒の製法にも言及している（北海道立図書館蔵）

最上徳内　1755～1836年。江戸時代の探検家。1785年、幕命により蝦夷地を調査。のちに千島列島やサハリン（樺太）を探査した。

新井白石　あらいはくせき〈図版説明より〉。1657～1725年。江戸時代の朱子学者、政治家。1720年、松前藩の情報などを参照し、初の体系的な蝦夷地誌となる『蝦夷志』を著わした。

との毛皮・**熊胆**《くまのい》交易が飛躍的に拡大し、鉄器などの本州産品が持ち込まれるようになると、今度はクマの捕獲に直結する優れた製毒技術を持つことが、アイヌ社会における有力層への上昇に結びつくようになっていく。

矢毒文化は、和人から「蝦夷一同の守り」とみられていたが、アイヌ内部ではその技量の差が階層分化を推し進め、個別的、排他的な努力や競争をもたらした。こうした背景から、やがて製毒技術が「家伝」化されることになったのである。

萱野茂《かやのしげる》が「昔、アイヌ社会では矢作りの下手な人は、生涯妻をめとれなかったということです」と語っているように、毒づくりの技量が劣る者は家族を持つことができなかった。それほど矢毒文化は、アイヌ社会の構造変化に大きく関わる、重要な文化事象だったのである。

熊胆　古来より中国で用いられる生薬で、クマの胆嚢を乾燥させたもの。消化器系全般の薬として用いられる。熊の胆（い）とも。

萱野茂　1926~2006年。北海道出身のアイヌ文化研究者。二風谷アイヌ資料館を設立して館長を務めるなど、アイヌ文化の伝承・保存に努め、参議院議員も務めた。

［参考文献］
天野哲也『クマ祭りの起源』（雄山閣、２００３年）
萱野茂『アイヌの民具』（すずさわ書店、１９７８年）
田端宏ほか『北海道の歴史』（山川出版社、２０００年）

第3章

アイヌ民族と中世国家

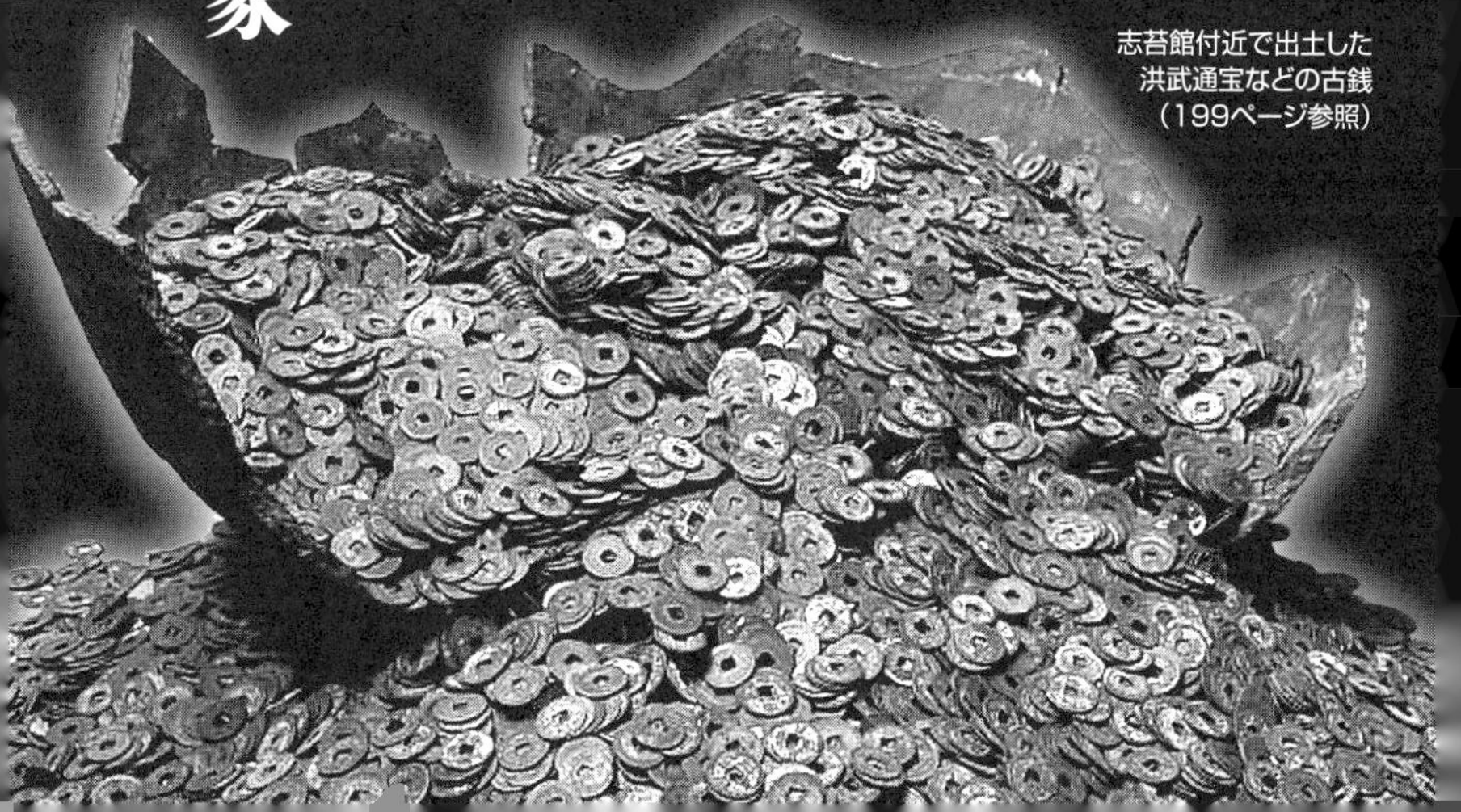

志苔館付近で出土した
洪武通宝などの古銭
（199ページ参照）

北海道は、本州に中世国家が成立したあとも、「夷嶋《えぞがしま》」として独自の歩みを続ける。道南部には、安藤氏など多くの和人が本州から渡海してきた。彼らはアイヌ民族との交易などをおこないながら、道南地域に独自の権力基盤を築きはじめる。

その拠点となったのが、「館《たて》」である。15世紀後半以降、武田氏は「館」勢力を糾合しつつ、松前藩への道を歩みはじめる。

一方、アイヌ民族は武田氏を介して中世国家とのつながりを持ちながら、サハリンやシベリアなど北方との交易を展開し、独自の発展の道を模索するのである。

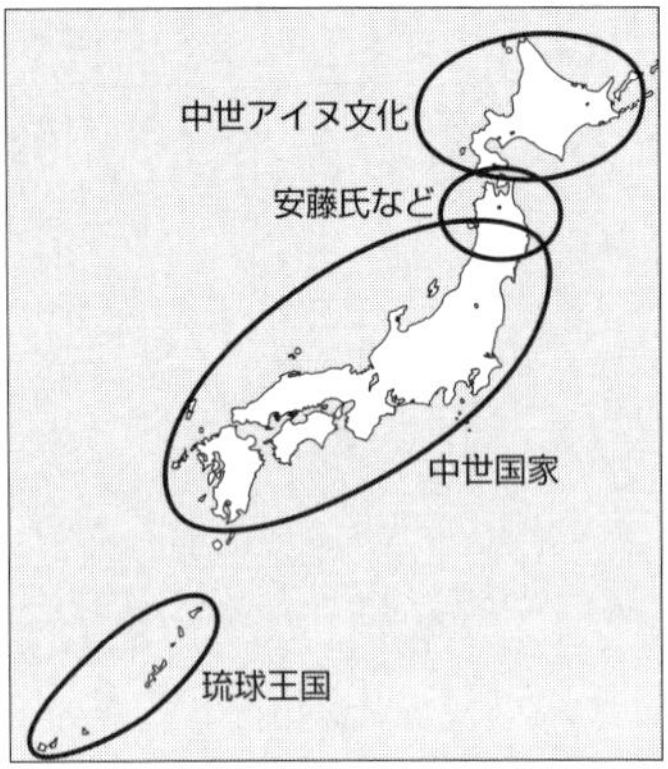

中世の日本列島

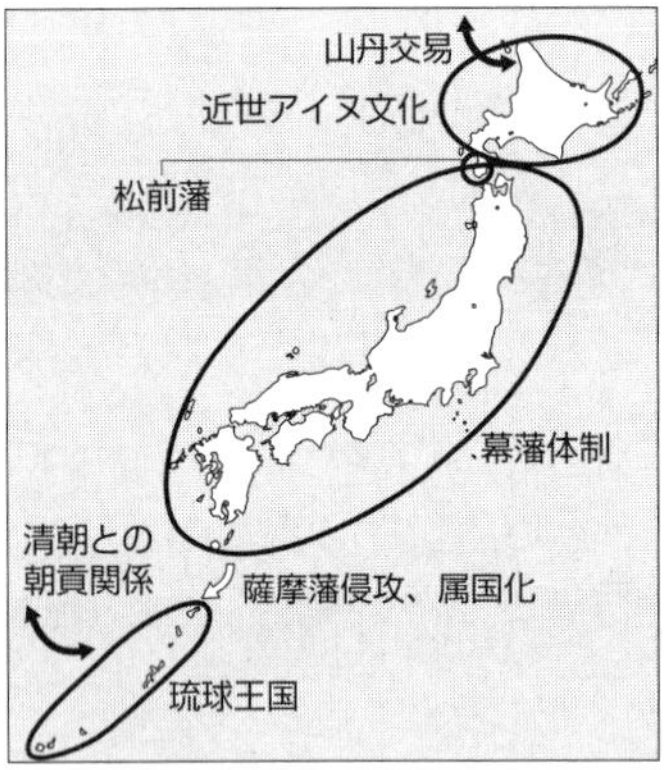

近世の日本列島

＊図は藤本強『日本列島の三つの文化』(同成社、２００９年)より引用、一部改変

PART 1

「夷嶋《えぞがしま》」と中世国家

ニブフの男性たち〈『北夷分界余話』より〉（172ページ参照）

topic..... 18 「前九年合戦」にはじまる戦乱が変えた夷嶋の情勢

東北北部と活発になった人・物の交流

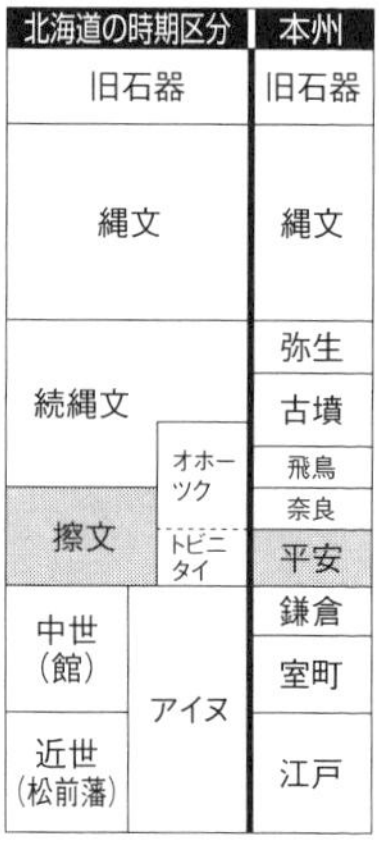

『今昔物語集』にみる前九年合戦前の顛末

11世紀にはいると、**摂関政治**《せっかんせいじ》の行き詰まりに加え、天災や疫病が続いたことから、貴族たちの間で末法到《まっぽうとう》来《らい》（仏法の退廃期である「末法」の世が迫るという考え方）への危機感が蔓延した。そうした厭世的気分を決定づけたのが、陸奥国で勃発した三つの合戦であった。これらの合戦は、夷嶋《えぞがしま》の情勢にも大きな影響を与えたと思われる。

最初の合戦は、永承6（1051）年から康平5（1062）年にかけて起きた「前九年合戦《ぜんくねんかっせん》」である。陸奥国《むつのくに》の奥六郡（胆沢《いさわ》・和賀《わが》・江刺《えさし》・稗貫《ひえぬき》・志波《しわ》・岩手）を領する豪族の**安倍頼時**《あべのよりとき》・貞任《さだとう》父子が、国務（国司の政務）に従わなかったため、陸奥守兼鎮守府将軍の**源　頼義**《みなもとのよりよし》が、子の**義家**《よしいえ》とともに討伐したというものである。

『**今昔物語集**《こんじゃくものがたりしゅう》』には、この合戦時に起きたエピソードが「陸奥国ノ安倍頼時、胡国《ここく》ニ行キテ空シク返ル語」（31－11）に収載されている。それによると、陸

摂関政治　藤原氏出身の摂政や関白が実権を握った政治形態。

安倍頼時　?～1057年。平安時代中期の陸奥の豪族。

源頼義　988～1075年。平安時代中期の河内源氏の武将。陸奥鎮守府将軍。義家の父。

義家　源義家。1039～1106年。武将。のちに鎌倉幕府を開いた源頼朝の祖先にあたる。

国宝指定の平安時代に著された鈴鹿本『今昔物語集』
（京都大学附属図書館蔵）

奥の「国ノ奥ニ夷ト云フ者」がいて、彼らが朝廷に対して謀反を起こしたというのである。

安倍頼時は、「夷《えぞ》」に味方したとの嫌疑を源頼義から受ける。そのため頼時は、朝廷から一度責めを受けて勝ったものはいないことを踏まえ、逃亡を決意。船一艘を仕立て、子の貞任、**宗《むね》任《とう》**ほか**郎等《ろうとう》**・従者50人ばかりで「奥ノ方ヨリ海ノ北ニ幽《かすか》ニ見渡セラル地」に逃げたのである。

そして、「左右遥ナル葦原《あしはら》」の「大キナル河」を30日ほど遡った時、突然「**胡国《ここく》**ノ人ヲ絵ニ書タル姿シタル者」が1000騎ばかり現れる。その姿をみた頼時一行は恐れをなし、そこから

今昔物語集　平安時代末期の仏教説話集。編者未詳。

宗任　安倍宗任。1032～1108年。平安時代中期の陸奥の豪族であったが、合戦後、四国・九州に配流された。

郎等　主家の一族や地位の高い従者。

胡国　中国の北方または西方の異民族が住む国。

「差下《くだり》テ海ヲ渡テ本国ニ返」ってくるが、その後まもなく頼時は前九年合戦で戦死した、という内容である。

戦乱を避け北海道以北に渡った人々

従来の見解では、「国ノ奥」は今の青森県であり、「海ノ北ニ幽ニ見渡セラル地」は北海道を指すとみられてきた。

しかし、頼時の一行が遡った「左右遥ナル葦原」の「大キナル河」、そこで遭遇した「胡《えびす》ノ人一時許《いっときばかり》　囀《さえずり》合《あっ》テ、河ニハラハラト打入《いり》テ渡ケルニ、千騎許《ばかり》ハ有ラムゾト見エケル」という光景は、夷嶋というより胡国《ここく》（北方騎馬民族社会）の姿そのものといえる。

7世紀半ばの阿倍比羅夫の北征以来、北海道地域は「渡嶋《わたりしま》」「渡嶋狄《わたりしまえぞ》」の名で古代貴族層に認識されていた。しかし、「渡嶋」と北の地域（サハリン・シベリア）の関係についてはよくわかっておらず、この説話が語るように、11世紀の段階でも「渡嶋」の洋上遥かに、陸続きのサハリン・シベリアが位置すると理解し

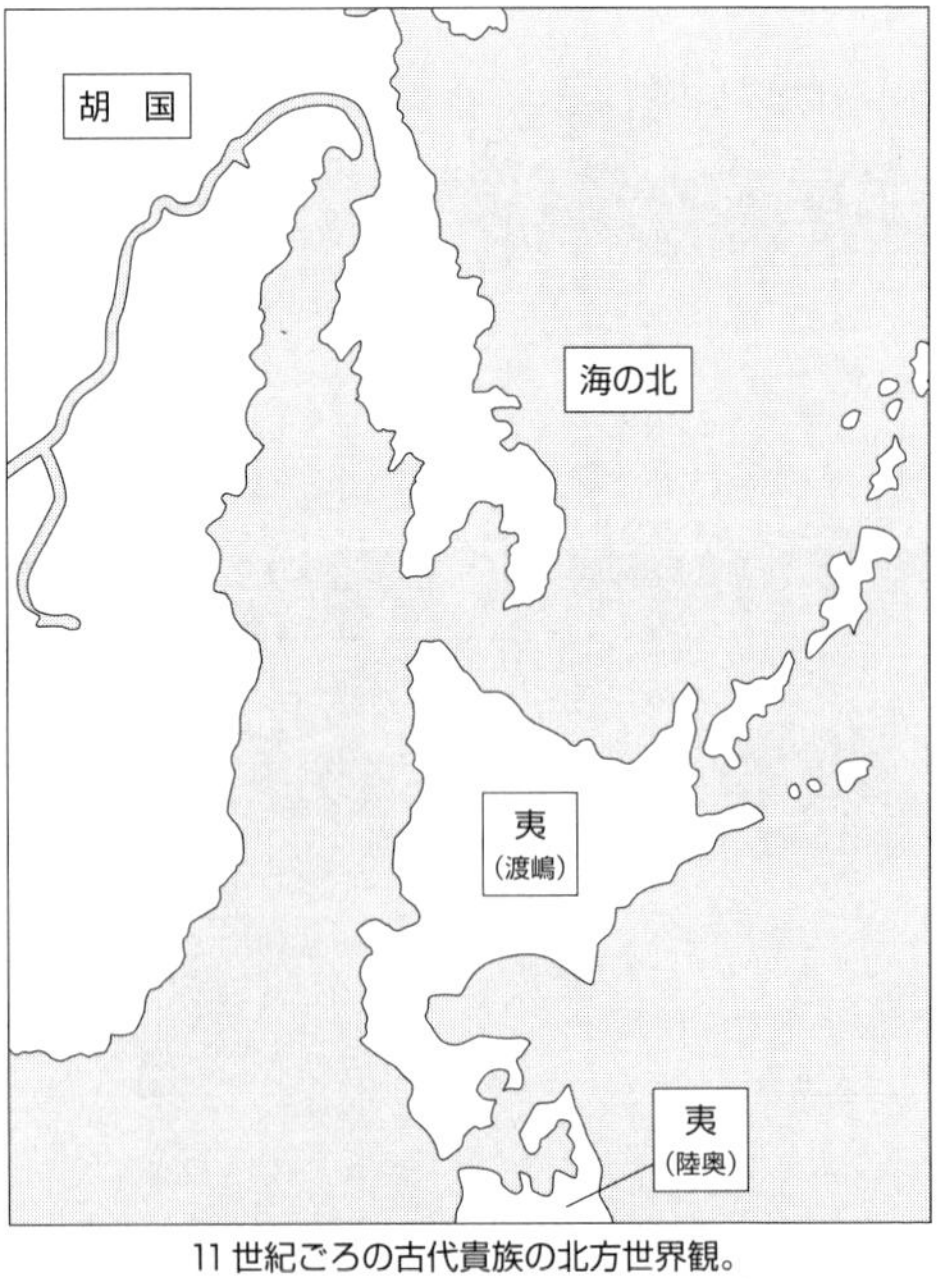

11世紀ごろの古代貴族の北方世界観。
サハリンは大陸と陸続きと考えられていたようである
（地図の原図は愛我山房『満州露西亜疆界図』〈1853年〉）

ていたようである。説話の最後部では、合戦を生き残った頼時の子、宗任に「胡国ト云フ所ハ唐ヨリモ遥ノ北ト聞《きき》ツルニ、陸奥ノ奥ノ夷ノ地ニ差合《さしあい》タルニヤ有ラム」と語らせて話を終えている。

これは「唐」の北にある「胡国」（サハリン・シベリア）が、「陸奥ノ奥ノ夷ノ地」（東北北部・北海道）と「差合」（隣接）しているという認識を持っていたことを示す。これが、11世紀ごろの王朝貴族らの地理観を物語っているとみてよい。

安倍頼時が実際にサハリン・シベリアまで赴いたとは考えにくいが、少なくとも『今昔物語集』が成立した12世紀前半、都人《みやこびと》は北海道のさらに北に広がる地域に、前出のような地理認識を持っていたことがうかがえる。

その背景には、東北北部と北海道の間で、人・物が頻繁に交流する状況があった。そして、前九年合戦の際に安倍頼時がおこなったように、戦乱を避け北海道以北の地域に渡った者も少なくなかったと推察できる。

［参考文献］
馬淵和夫ほか校注・訳『〈新編日本古典文学全集38〉今昔物語集4』（小学館、2002年）
田端宏ほか『北海道の歴史』（山川出版社、2000年）

topic..... 19

二つの合戦の間で勃発した「延久二年合戦」と衣曾別嶋

合戦をとおして本州とつながりを深める夷嶋《えぞがしま》

北海道の時期区分		本州
旧石器		旧石器
縄文		縄文
続縄文		弥生
続縄文		古墳
続縄文	オホーツク	飛鳥
擦文	オホーツク	奈良
擦文	トビニタイ	平安
中世（館）	アイヌ	鎌倉
中世（館）	アイヌ	室町
近世（松前藩）	アイヌ	江戸

近年、存在が明らかになった「延久二年合戦」

近年、「前九年《ぜんくねん》合戦」とのちに述べる「後三年《ごさんねん》合戦」の間に、もう一つの合戦があったことが指摘されている。それが「延久《えんきゅう》二年合戦」である。

応徳《おうとく》3（1086）年正月23日の年紀《ねんき》（年代）を持つ「前陸奥守**源頼俊**《よりとし》款状《かんじょう》（嘆願書）」には、「衣曾別嶋《えぞのわけしま》の**荒夷**《あらえぞ》並びに閉伊《へい》七村《ななそん》の山徒《さんと》（山の民）」を討ち従えた功績により、源頼俊が讃岐守に就くことを求めると書かれている。頼俊が陸奥守に着任したのは治暦《じりゃく》3（1067）年のことである。また、この時の功績で**清原**《きよはらの》**真衡**《さねひら》（**貞衡**《さだひら》）が鎮守府将軍を拝任している。延久3（1071）年5月5日の年紀を持つ左**弁官下文**《さべんかんくだしぶみ》には、前年の延久2年に「荒夷兵を発し、黎民騒擾《れいみんそうじょう》す。然して或は本所に追い籠め、或は其の首を切り取り、或は生き乍《なが》ら搦《から》め得、今に於いては当国無為無事なり」とあり、合戦の発生を物語っている。

源頼俊　生没年不詳。平安時代後期大和源氏の武将・歌人。

荒夷　北奥に住む人々の卑称。ここでは夷嶋の住人を指す。

清原真衡（貞衡）　?～1083年。奥州の豪族。鎮守府将軍従五位下清原貞衡と同一人物とする説もある。

弁官下文　平安時代、太政官の非公式な公文書を、行政の実際をつかさどる弁官が、諸国・寺社に対して発給した命令文書。

おそらく、治暦3年に陸奥守に就いた源頼俊は、延久2年に衣曾別嶋(「エゾノワケシマ」と読み、これを北海道とする見解に従う)の荒夷が発兵し、(陸奥の)黎民が騒擾したため、奥六郡一帯に力を持っていた清原真衡の助けを借りたのだろう。そして、荒夷を本所(衣曾別嶋)に追い込み、斬首・捕虜にし、さらに閇伊七村(岩手県の上・下閉伊郡の海岸部と思われる)の山徒を討ち従えた——というのが「延久二年合戦」の概要である。

「衣曾別嶋」は、内浦湾から日高沿岸にかけての一帯か

この合戦は、「衣曾別嶋の荒夷」が陸奥最北部に兵を送り込んだことに端を発している。それを追った頼俊が、「衣曾別嶋の荒夷」を討伐するとともに、「閇伊七村の山徒」をも追討したものと理解できる。

おそらく、この「衣曾別嶋」と「閇伊七村」とは連携関係にあったため、頼俊は太平洋岸のルートを南北に移動しながら「衣曾別嶋」と「閇伊七村」を討ったと思われる。

「衣曾別嶋」は、東北地方から太平洋岸を北上した、内浦湾から胆振・日高沿岸地域にかけての一帯と推さ

厚真町宇隆1遺跡出土の常滑産中世陶器
(厚真町教育委員会蔵、佐藤雅彦撮影)

れるが、今のところ地域は特定できていない。しかし、近年になって胆振の厚《あつ》真川《まがわ》流域で、11世紀後半以降の遺物が数多くみつかっている。

この時期のものとしては、朝鮮半島産の**佐波理鋺**《さはりわん》、大陸系資料のコイル状装飾品や鉄鏃（鉄製の矢尻）などが出土しているが、本州系の資料として注目されるのは、12世紀後半とみられる**常滑焼**《とこなめやき》の壺である。これらの資料から、当時この地域では本州や北方社会と頻繁に交流する状況があったと思われ、「衣曾別嶋の荒夷」の「発兵」にも関連を持っていたと考えるべきであろう。

「後三年合戦」の結果、奥州藤原氏が誕生

「前九年合戦」で安倍氏滅亡に功績をあげた出羽国山北の**俘囚**《ふしゅうしゅ》主・清原光頼《きよはらのみつより》の舎弟《しゃてい》に**清原武則**《たけのり》がいる。武則は康平《こうへい》6（1063）年に鎮守府将軍に任ぜられ、安倍氏の旧領奥六郡を支配下におくことで、奥州一の大豪族となった。

清原武則の子、武貞《たけさだ》には先妻との間に前出の真衡がいた。武貞は、藤原経清《ふじわらのつねきよ》との間に**清原清衡**《きよひら》を生んだ安倍頼時の女子を後妻に迎え、**清原家衡**《いえひら》をもうけた。このような先妻の子（真衡）、後妻の子（家衡）、後妻の連れ子（清衡）という複雑な家族関係を抱えるなか、清原武貞の死後、三男子の間で家督をめぐる武力抗争が勃発する。これが、永保《えいほ》3（1083）年から寛治《かんじ》元（1087）年まで続いた、三つめとなる「後三年合戦」の発端である。真衡はまもなく病没し、この

佐波理鋺　銅にスズと鉛を加えた合金製の椀形容器。

常滑焼　愛知県常滑市とその周辺で焼かれる陶器。平安末期の発祥とされる。

俘囚　朝廷に服した陸奥・出羽の蝦夷を指す。

清原武則　生没年不詳。平安時代中期の武将。出羽の豪族・清原光方の子か。

清原清衡　1056～1128年。平安時代後期の豪族。後三年合戦で清原氏を滅ぼし、のちに藤原清衡と名をかえて、平泉に奥州藤原氏の基礎を築いた。

清原家衡　?～1087年。平安時代後期の奥州出羽清原氏の武将。後三年の役において、最初は異父兄の清衡と結んで兄の真衡と争い、真衡の死後は清衡と争った。

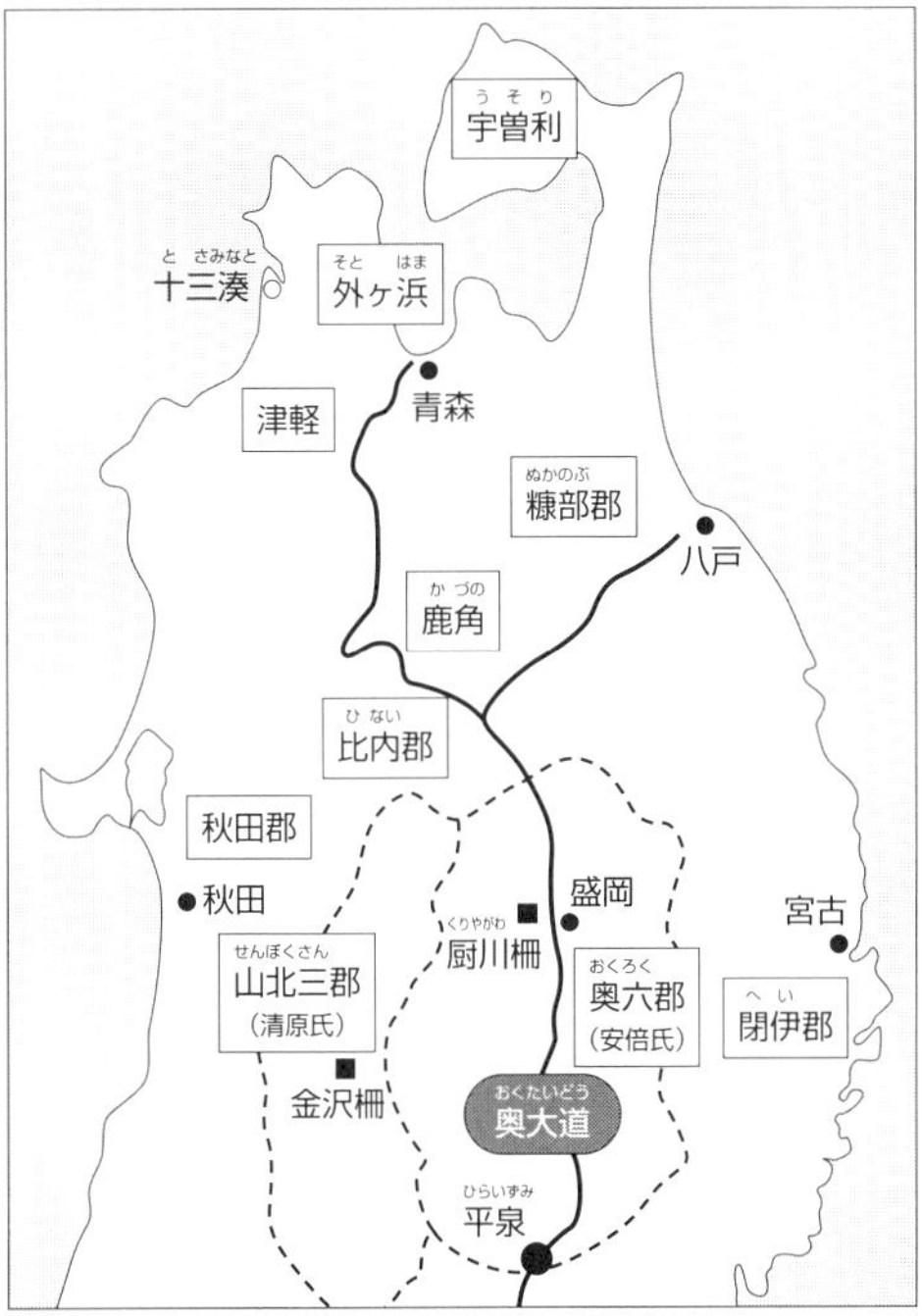

12世紀の奥州北部の状況

内紛は陸奥守**源**《みなもとの》**義家**《よしいえ》と結んだ清衡、叔父・武衡と結んだ家衡の戦いとなった。その結果、清衡が金《かね》沢《ざわの》**柵**《さく》(横手市金沢)を攻め落とし、戦いは終結した。この結果、清原清衡はついに清原氏**宗家**《そうけ》の地位を手に入れる。そして拠点を平泉に移し、父親姓の藤原を継いで藤原清衡を名乗ったのである。ここに、奥州藤原氏が生まれた。

新たな交易ルートから羽・アザラシ皮を入手

「後三年合戦」に、北海道との直接の関わりを示すものはみあたらない。しかし、この合戦を記した『奥州後三年記』に興味深い記事がある。永保《えいほう》3(1083)年、陸奥守に就任した源

源義家 144ページ参照。

柵 古代の柵(82ページ参照)ではなく、中世の城館に近いものと思われる。

宗家 一族、一門における正統な家系の当主。

義家に対し、清原真衡は三日厨《みっかくりや》(新任の国司を在国の人々が3日間饗応すること)を催した。

　真《まさ》ひらまづたゝかひのことをわすれて、新司《しんじ》を饗応せんことをいとなむ、三日厨といふ事あり、日ごとに上馬《じょうば》(良馬)五十疋《ひき》(匹)なん引ける、其ほか金羽《きんはね》あざらし絹布《けんぷ》のたぐひ、数しれずもてまいれり、

　真衡が義家に献上した品々のうち、上馬は**糠部**《ぬかのぶ》の駿馬《しゅんめ》、金・絹布も東北地方の産物であろう。が、「羽」「あざらし」については、北海道および北方地域産の可能性が高い。「羽」は鷲や鷹の羽で、矢羽《やばね》として11世紀以降、「粛慎羽《しゅくしんう》」と呼ばれ珍重された北海道以北の産であろう。

　また「あざらし」は、承平《じょうへい》4(934)年ごろに編纂された『**和名類聚抄**《わみょうるいじゅしょう》』では「水豹」=「阿左良之《あざらし》」と収載されており、11世紀以降は武具・馬具の**尻鞘**《しりざや》・**泥障**《あおり》・**切付**《きっつけ》などとして利用されていた。アザラシは、北海道から千島列島にかけての日本近海に生息し、江戸時代の蝦夷地産物にもしばしばその名がみえる。

　11世紀以降、武士団の成長にともなって武具の生産が急増するなか、材料となる鷲・鷹の羽、アザラシ皮の需要も日増しに高まっていた。清原氏は、安倍氏の支配地を継承する過程で、古代からあった日本海ルートに加えて、「衣曽《えぞ》

糠部　岩手県北部と、下北半島を含む青森県東部一帯を指す中世固有の地名。

和名類聚抄　平安時代中期に編纂された辞書。百科事典の要素も含んでいる。

尻鞘　雨露から保護する目的で、太刀の鞘を覆った毛皮の袋。遠行・戦陣の際に用いた。

泥障　鞍の下側に垂らして馬の腹の両脇を覆い、泥よけとしたもの。障泥（しょうでい）とも。

切付　馬具の下鞍のうち、馬の背や両脇を保護するために、肌付（はだつけ）の上に重ねるもの。

別嶋《わけしま》」とを結ぶ太平洋ルートを新たに掌握したのであろう。

『新羅之記録』(178ページ参照)には、源頼朝の奥州出兵にともない、糠部・津軽から多くの人が「奥狄《おくえぞ》の地」(北海道)に逃げ込み、「彼の末孫、狄《えぞ》と為りて之に在り」と記されている。敗残兵の子孫が、夷嶋《えぞがしま》でアイヌ化しているというのである。しかし、アイヌ化しているものを特に敗残兵に限定する必要はなく、8世紀以来、渡嶋《わたりしま》交易に関わっていた奥羽の人々が夷嶋に居住し、アイヌ化した可能性も想定すべきであろう。

清原氏が源義家に対して、「数しれず(無数)」に「羽あざらし」を提供することができたのも、彼らのような存在があったからこそのことだったのである。

〔参考文献〕
熊田亮介『古代国家と東北』(吉川弘文館、2003年)
入間田宣夫『北日本中世社会史論』(吉川弘文館、2005年)
天野哲也・小野裕子編『古代蝦夷からアイヌへ』〈樋口知志「延久二年合戦について」〉(吉川弘文館、2007年)
「常滑産のつぼが厚真町から出土　12世紀に交易か」(苫小牧民報、2011年3月3日)

topic..... 20

「東夷成敗」で鎌倉幕府が確保した、北方の交易ルート

奥州藤原氏を倒し、夷嶋《えぞがしま》の支配権を握った頼朝

北海道の時期区分		本州
旧石器		旧石器
縄文		縄文
続縄文		弥生
		古墳
	オホーツク	飛鳥
擦文		奈良
	トビニタイ	平安
中世（館）	アイヌ	鎌倉
		室町
近世（松前藩）		江戸

平泉の栄華を支えた北海道

文治《ぶんじ》5（1189）年、源頼朝が創設した武家政権・**鎌倉幕府**は、平泉を本拠地とする奥州藤原氏を倒すことに成功する。

藤原氏が100年をかけて築き上げた平泉の栄華は、平成23（2011）年、世界遺産に登録された「平泉の文化遺産」の中核をなす**中尊寺**（初代・清衡創建）、**毛越寺**《もうつうじ》（二代・基衡創建）、**無量光院**《むりょうこういん》（三代・秀衡創建）などの寺院によって構成される。そうした栄華の経済的基盤は、豊かな東北の物産（馬・金）に加えて、北方社会との交易（鷲羽・アザラシ皮など）にも大きく支えられていたといわれている。

話は変わって、鎌倉幕府が編纂した公式の歴史書である『吾妻鏡』の文治五年九月三日条によると、頼朝軍に敗れた藤原氏四代の泰衡《やすひら》は「糠部郡《ぬかのぶぐん》」（岩手県北部～青森県東部）を経て、「夷狄島《えぞがしま》」（北海道）への脱出を試みた。その際、譜代の

鎌倉幕府　源頼朝が征夷大将軍に就いた1192年に成立したとされていたが、1185年には実質的に成立していた。

中尊寺　850年の開山といわれ、清衡が1105年に、合戦で亡くなった人々の霊をなぐさめる目的で、中尊寺一山を新たに造営した。

毛越寺　基衡のころから伽藍の造営がはじまった。現在の本堂は平成に再建されたもの。

家臣河田次郎を頼って「贄柵《にえのさく》」（秋田県大館市二井田字贄ノ里）に立ち寄った際、河田次郎の突然の裏切りによって泰衡は殺害され、その首は頼朝に献上される。

結局、泰衡の北海道行きの望みは断たれたわけだが、興味深いのは泰衡が「糠部郡」から北海道に渡ろうとした事実である。このルートは、源頼俊が「衣曾別嶋《えぞのわけしま》」を討伐した時と同じもので、11世紀ごろには恒常的な交易ルートとして機能していたようだ。

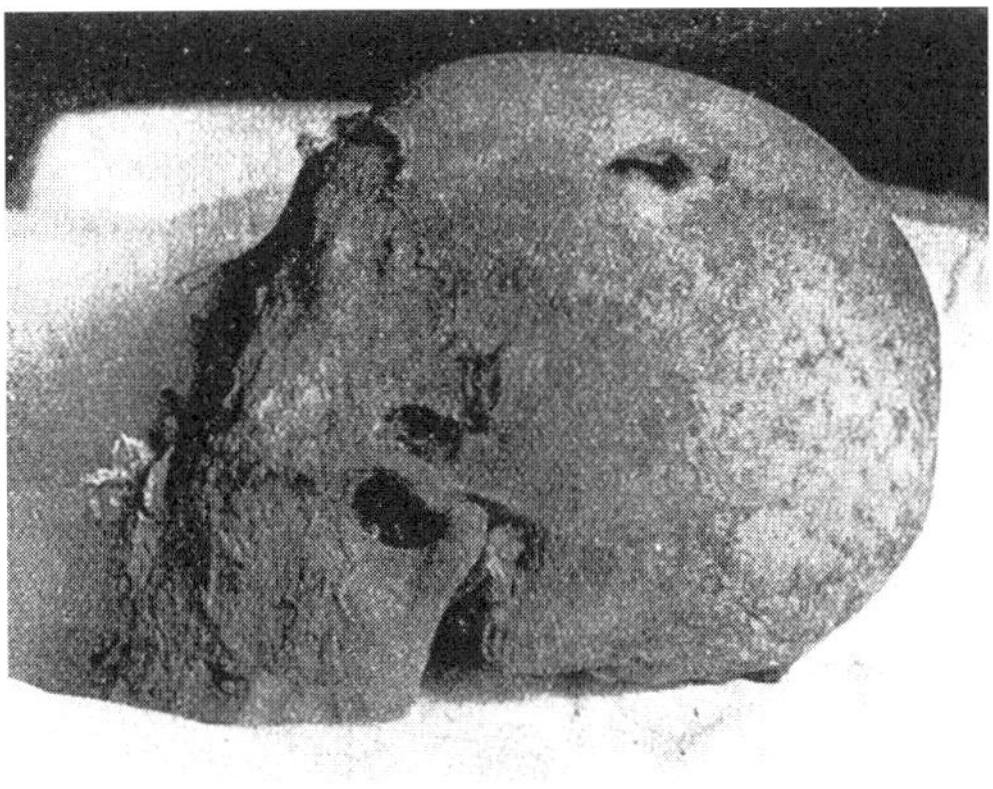

昭和25（1950）年の中尊寺金色堂補修の際におこなわれた、「藤原氏遺体学術調査団」による調査で明らかとなった藤原清衡の頭部
（朝日新聞社編『中尊寺と藤原四代：中尊寺学術報告』〈朝日新聞社、1950年〉より）

前項で鷲羽・アザラシ皮の交易について触れたが、平泉藤原期にも北方社会との交易を物語る史料が残されている。**藤原頼長**《ふじわらのよりなが》の日記『台記《たいき》』仁平《にんぺい》3（1153）年9月14日条にある、頼長が大曾禰《おおそね》庄《しょう》（山形市）、遊佐**庄**《ゆざのしょう》（山形県遊佐町）の年貢の増額を**藤原清衡**《ふじわらのきよひら》に求めるやりとりである。その結果、大曾禰庄は「布二百端、水豹皮《あざらし》五枚、御馬二疋《ひき》」、遊佐庄は「金十両、鷲羽五、尻御馬一疋」を、納

無量光院　京都の平等院を模して建立された寺院。

藤原頼長　1120〜1156年。平安時代末期の公卿、摂政・関白。保元の乱を起こして敗死。日記『台記』を残した。

庄　荘園（貴族や寺社が私的に領有した土地）のこと。

藤原清衡　150ページ「清原清衡」参照。

めることになったという。

また、『吾妻鏡』文治5年9月17日条によると、藤原基衡が毛越寺を建立した際、仏師の**運慶**《うんけい》に支払った費用は「円金百両・鷲羽百尻《しり》、七間々中径（直径7間半）ノ水豹皮六十余枚、安達絹（絹織物）千疋、希婦細布《けふのせばぬの》（横幅の狭い布）二千端、糠部駿馬五十疋、白布三千端、信夫毛地摺《しのぶもちずり》（絹布に捩れるように染色した織物）千端等」であった。

このように、平泉から中央へもたらされる産品のなかには、奥州で産出するものに加えて、アザラシ皮や鷲羽のように北海道など北方地域で産出する品々も見受けられる。こうした産品は、日本海ルート、もしくは太平洋ルートで平泉に運び込まれたと思われる。

『吾妻鏡』文治5年9月17日条には、初代の清衡が奥六郡を支配しはじめたころ、「白河関より外浜に至るまで、廿余ケ日（20日余り）の行程也。其の路一**町**《ちょう》別に**笠卒都婆**《かさそとば》を立」てたとあり、清衡の時代に白河の関（福島県白河市）から外ケ《そとが》浜《はま》（青森県津軽半島の陸奥湾沿岸一帯の古称）までの道路・奥大道《おくだいどう》が整備されていたことがわかる。これは、北海道との交易を意識したものでもあるのだろう。

鎌倉幕府が握った北方社会との交易権

これらの交易ルートは、鎌倉時代に確立された**東夷**《とうい》**成敗**《せいばい》を具体化する役割を担った。鎌倉時代末期の元応《げんおう》

運慶　生年不詳～1224年。平安時代末～鎌倉時代初期に活躍した仏師。

町　尺貫法の長さで、1町は109メートルとなる。

笠卒都婆　一町（丁）ごとに路傍に立て、道のりを示した石のこと。卒都婆とも。

東夷成敗　藤原氏を滅ぼしたことで鎌倉幕府が新たに得た、蝦夷に対する支配権のこと。

（1319—21）から元亨《げんこう》（1322—24）ごろに作製された『**沙汰未練書**《さたみれんしょ》』に、次のような一節がある。

一、**六波羅**《ろくはら》とは、洛中《らくちゅう》（京都市中）警護**西国**《さいごく》成敗（政務）御事也《おんことなり》
一、鎮西《ちんぜい》九国（九州）成敗事、**管領**《かんれい》、**頭人**《とうにん》、奉行、六波羅の如く之に在り
一、東夷成敗事、関東に於いて其の沙汰有り、東夷とは蝦子《えぞ》の事也
以上、此の如き御成敗、**武家**《ぶけ》**の沙汰**《さた》と云ふ

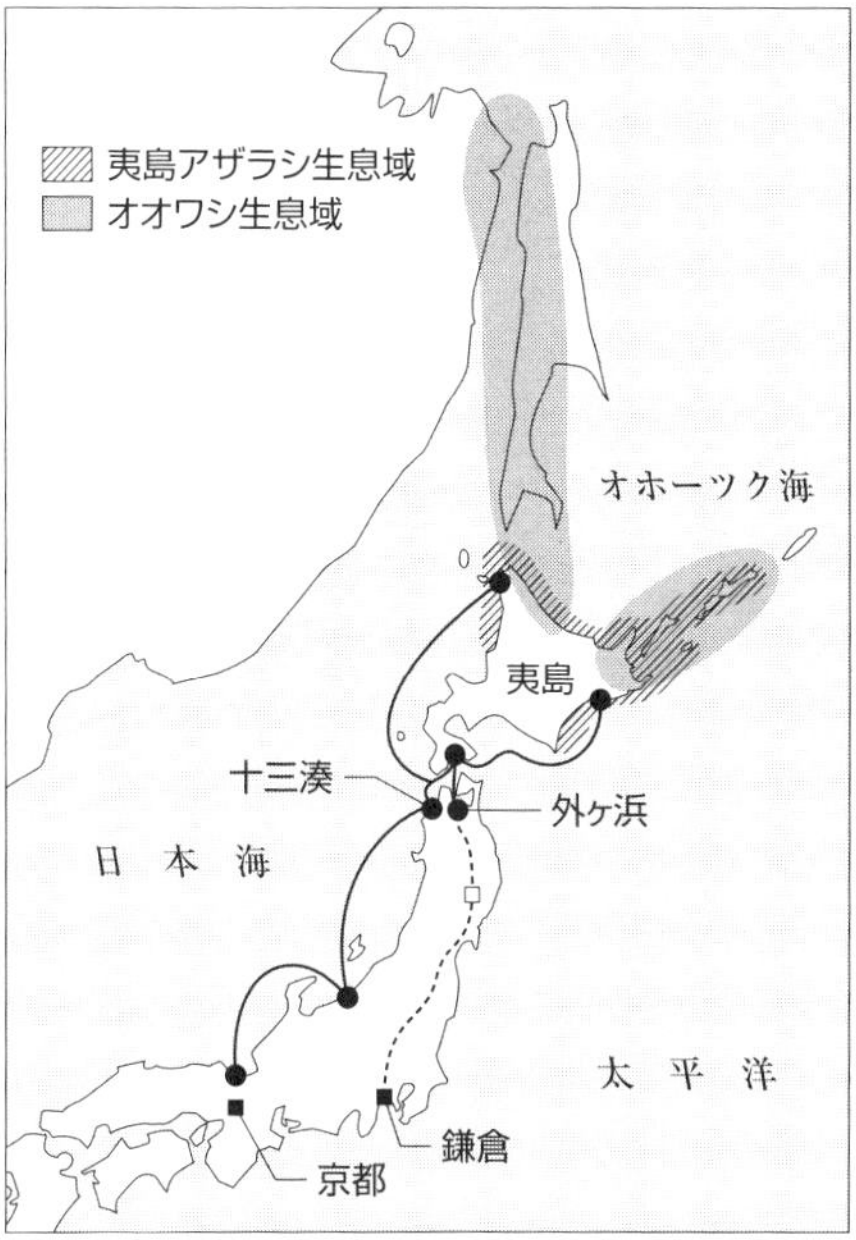

アザラシ皮・鷲羽の交易ルート（13世紀前後）

このように「東夷成敗」とは、「蝦子」（エゾ・アイヌ）に関する成敗（政務執行）、つまり支配権を意味した。そしてそれは、六波羅探題による洛中警護・西国成敗や、鎮西探題による鎮西九国成敗と並

沙汰未練書　鎌倉幕府で用いられた法律用語の解説、および訴訟文書の文例を示した手引書。

六波羅　鎌倉幕府の職名で、のちに六波羅探題と呼ばれた。承久の乱ののち設置され、朝廷監視や西国の庶政を管掌した。

西国　尾張・加賀以西の諸国。

管領、頭人　六波羅探題・鎮西探題に置かれた上位の役職。

武家の沙汰　武士が政務を執ること。

び称され、武家の沙汰として重要なものと認識されていたのである。

ところで「東夷」の語が、具体的に何を指すのかを明らかにするため、『吾妻鏡』から「エゾ」（夷）の主な用例を抜き出して、次のような表にしてみた。

年月日	用例
①建久3（1192）7・20	源頼朝、征夷大将軍叙任す
②建仁2（1202）3・8	西獄の囚人等を奥州夷に給し放遣す
③建保4（1216）6・14	東寺（京都の教王護国寺）の凶賊以下強盗・海賊の類50余人奥州で夷嶋に放つ
④文暦2（1235）7・23	夜討強盗の枝葉の輩を関東に召し夷嶋に遣る
⑤建長3（1251）9・20	讃岐国の海賊の張本を関東に召し下し夷嶋に遣る

ここにみられる「奥州夷《おうしゅうい》」「夷嶋《えぞがしま》」が意味するところを推し量ると、「夷《い》」とは東北北部から北海道にかけての地域やその住民を指すことは明らかだろう。『今昔物語集』にみられる「陸奥ノ奥ノ夷ノ地」という地理認識と、ほぼ同じである。また①の「征夷」は、「奥州夷」を討った結果、それに連なる「夷嶋」にも成敗がおよぶことになったという、支配意識のあらわれともいえる。

その意味で興味深いのは、源頼朝が奥州を討伐した直後の文治6（1190）年正月三日に、**後白河法皇**《ごしらかわほうおう》に対して「鷲羽一櫃《ひつ》」を献上している事実である。旧年中に献上するはずであったが、奥州から届くのが遅れたためだという（『吾妻鏡』）。どうやら「鷲羽」の献上には、頼朝による「奥州夷」「夷嶋」の征夷を象徴する意味が込められていると思われる。

このエピソードが示すように、「東夷成敗」には、鎌倉幕府による北方社会との交易権の掌握という大きな目的があったことがうかがえるのである。

［参考文献］
松前町史編集室編『松前藩と松前』9号〈遠藤巌「中世国家の東夷成敗権について」〉（松前町史編集室、1976年）
大石直正『中世北方の政治と社会』〈外が浜・夷島考〉（校倉書房、2010年※初出『関晃先生還暦記念　日本古代史研究』〈吉川弘文館、1980年〉）

後白河法皇　1127〜1192年。平安時代末期の天皇。法皇とは、出家して仏門に入った上皇のこと。朝廷での地位を、武家の力を利用して確保し、武家政権に対抗した。

topic..... 21

奥州夷として夷嶋と関わり「蝦夷管領」になった安藤氏

鎌倉時代から夷嶋《えぞがしま》と関わっていた安藤氏

流刑者を管理した「奥州夷」の安藤氏

前項で触れた「東夷成敗」だが、その支配権を行使するにあたっては「奥州夷《おうしゅうい》」の存在が大きかった。流刑者は、鎌倉→白河→外ヶ浜→夷嶋という経路で移送されたが、夷嶋と結ぶ中継地点である津軽の地で、流刑者の管理を担ったのが奥州夷であった。

14世紀の史料には、安藤氏について次のように記されている。

東夷ノ堅メニ義時ガ代官トシテ津軽ニ置タリケルガ末也

（『保暦間記』）

蝦夷蜂起の事に依り、安藤又太郎改められ、五郎三郎を以て代官職に補《ふ》し訖《おわん》ぬ

（『北条九代記』）

北海道の時期区分		本州
旧石器		旧石器
縄文		縄文
続縄文		弥生
続縄文		古墳
続縄文	オホーツク	飛鳥
擦文	オホーツク	奈良
擦文	トビニタイ	平安
中世（館）	アイヌ	鎌倉
中世（館）	アイヌ	室町
近世（松前藩）	アイヌ	江戸

執権・北条義時《ほうじょうよしとき》の時代（1205年就任）、「東夷ノ堅メ」として「代官」に任ぜられた安藤氏が、14世紀になってからも「代官職」を継承している。また、江戸時代に塙保己一《はなわほきいち》がまとめた『武家名目抄《ぶけみょうもくしょう》』には、「蝦夷管領《えぞかんれい》　又蝦夷代官と称す」としたうえで、次のようにある。

北条義時武家の執権たりし時に、安藤氏を津軽の夷地に居らしめて、奥羽渡島の蝦夷に備へ、夷人を管領せられしより、其子相伝へて蝦夷鎮衛の代官うけ給はれり、

空からみた十三湊遺跡の全景
（五所川原市教育委員会提供）

このように安藤氏は、北条義時の時代から津軽に居を定め、「奥羽渡島《おううわたりしま》」（東北北部・北海道）の「蝦夷鎮衛《ちんえい》」の役、すなわち「蝦夷管領」（蝦夷代官）を代々受け継いでいたと記されている。

またこの時期、安藤氏は北条氏が奥羽北部の糠部《ぬかのぶ》・津軽四郡・外浜《そとがはま》・西浜《にしはま》の地に所有していた荘園の、**地頭代**《じとうだい》に就いていたともいわれている。

北条義時　1163〜1224年。鎌倉幕府草創期の武将。北条政子の弟。父・時政を継いだ2代執権。

塙保己一　1746〜1821年。江戸時代の盲目の国学者。古典を収集し、『群書類従』を編纂した。

武家名目抄　江戸時代後期、塙保己一が編纂した武家社会の規定や習慣をまとめた書。

地頭代　地頭は、鎌倉幕府が荘園支配を目的に配置した職で、それに代わって現地で荘園を管理する者。

「奥州夷」として夷嶋に関わった安藤氏の系譜

「秋田氏系図」によると、安藤氏の出自については、安倍貞任《あべのさだとう》の子・高星《たかぼし》の後裔とされている。高星が3歳の時、藤崎（青森県南津軽郡）に移住し、堯秀《たかひで》のときに北条義時の代官として東夷守護のため津軽に住んだ。堯秀のあとは、「七十余年某ノ名不詳」であったが、愛秀《よしひで》の代になり「初メテ十三湊ニ住」したとある。藤崎→津軽（外ケ浜か）→十三湊と移動を重ねながら、徐々に勢力を拡大していったようである。

また『新羅之記録』（178ページ参照）は、神武天皇と国争いをして敗れた長髄《ながすね》彦《ひこ》がその名を「醜蠻《えぞ》」と改められ、「東奥津軽外之浜安東浦」に配流されたのが先祖と伝えている。その出自について不明な点は多いが、平安時代から津軽の地に勢力を張った安藤氏は、「奥州夷」として夷嶋に関わっていく。

安倍貞任 1019?〜1062年。平安時代中期の俘囚の豪族。前九年合戦の当事者。

長髄彦 日本神話に登場する人物。神武東征に抵抗した大和地方の豪族の長として描かれた。

【安藤氏の系図】 ＊『新北海道史』参照

安倍貞任—高星—堯秀—〈五十余年不詳〉—貞秀—堯勢—〈七十余年不詳〉—愛秀—堯勢—貞季
- 盛季—康季—義季（下国安藤氏）
- 鹿季〈鹿は庶・廉とも〉—成季—堯季〈堯は惟とも〉（湊家安藤氏）
- 道貞—重季
  - 政季（下国安藤氏を継承）
  - 家政（下之国守護職）

夷嶋とつながりの深かった安藤氏

鎌倉時代になると、安藤氏は「東夷成敗」の監督者として流刑人の移送に関わった。それは、流刑人を単に夷嶋へ送りだすだけでなく、現地の管理責任者として家臣を夷嶋に配置し、末端の「東夷成敗」を実現するものであった。また、現地責任者の中には、安藤氏と被官関係を結んだ流刑者もいたことだろう。

一方『新羅之記録』によると、安藤氏が夷嶋と関わる初見は嘉吉《かきつ》3(1443)年12月、南部氏との戦いに敗れた**安藤盛季**《あんどうもりすえ》が、十三湊を捨て夷嶋へ逃げ渡った時である。また、南部氏の捕虜となり安藤氏の家督を継いだ**政季**《まさすえ》が、下北半島蠣崎《かきざき》(むつ市川内町)を**知行**《ちぎょう》していたとされる**武田信広**《たけだのぶひろ》と「**同心**」して夷嶋へ渡ったのは、享徳《きょうとく》元(1452)年のことであった。このように、安藤氏は15世紀半ばに相次いで夷嶋へ渡っている。そしてこの地こそ、安藤氏の被官が鎌倉時代以来、「東夷成敗」の末端を担った地でもあった。夷嶋へ渡った安藤氏は、再び外ヶ浜・十三湊を押さえることを目指し、再起を期したのである。

［参考文献］

入間田宣夫ほか編『北の内海世界　北奥羽・蝦夷ヶ島と地域諸集団』〈入間田宣夫「糠部・閉伊・夷が島の海民集団」〉(山川出版社、1999年)

網野善彦他編『海と列島文化1　日本海と北国文化』〈大石直正「北の海の武士団・安藤氏」〉(小学館、1990年)

安藤盛季　生没年不詳。室町時代の津軽の豪族。十三湊を南部氏に追われ、夷嶋へ渡海する。

政季　安藤政季。?〜1488年?。室町時代の武将。陸奥田名部、夷嶋、出羽檜山を転々とする。初名は師季(もろすえ)。

知行　土地や財産を直接支配すること。

武田信広　?〜1494年。松前氏の始祖。その出身を若狭武田氏とする説もあるが疑問。

同心　目的や志などを同じくすること。

topic…… 22

『諏方大明神画詞』にみる「渡党」と安藤氏の台頭

アイヌ文化の形成に大きな影響を与えた渡党《わたりとう》

北海道の時期区分		本州
旧石器		旧石器
縄文		縄文
続縄文		弥生
続縄文		古墳
続縄文	オホーツク	飛鳥
擦文	オホーツク	奈良
擦文	トビニタイ	平安
中世（館）	アイヌ	鎌倉
中世（館）	アイヌ	室町
近世（松前藩）	アイヌ	江戸

『諏方大明神画詞』に描かれたアイヌ民族

延文元《えんぶん》（1356）年に成立した『諏方大明神画詞《えことば》』（以下、『画詞』）は、**諏訪《すわ》（小坂）円忠《えんちゅう》**が**諏訪神社《すわじんじゃ》**の復興を目的に編んだといわれている。諏訪大社の霊験あらたかな証として、神功《じんぐう》皇后の「**三韓征伐《さんかんせいばつ》**」、桓武《かんむ》朝の坂上田村麻呂の征夷、承久の乱、**元寇《げんこう》での神威《しんい》**などが列挙されている。そのなかでも、14世紀初頭の津軽で「東夷蜂起シテ奥州騒乱」（いわゆる安藤氏の乱）が起きた際には、とくに絶大な威力を発揮したことが記されている点に注目したい。

この『画詞』には、14世紀ごろの「蝦夷カ千嶋《えぞがちしま》」のアイヌ民族の様子が描かれている。

蝦夷カ千嶋ト云ヘルハ、我国ノ東北ニ当テ大海ノ中央ニアリ。日《ひ》ノモ

諏訪（小坂）円忠　1295～1364年。室町時代初期の文官。室町幕府の政策立案に携わった。

諏訪神社　長野県の諏訪湖周辺4カ所に分かれて鎮座する神社。

三韓征伐　神功皇后が新羅出兵をおこない、朝鮮半島の広い地域を服属下に置いたという記紀神話の一つ。

元寇での神威　日本に侵攻した元の大軍が、暴風雨で壊滅。これを神威（神の威

ト・唐子《からこ》・渡党《わたりとう》、此三類各三百三十三ノ島ニ群居セリト。一島ハ渡党ニ混ス。其内ニ宇曾利鶴子別《うそりけしべつ》ト前堂宇満伊犬《まとうまいん》ト云小島トモアリ。此種類多ク奥州津軽外ノ浜ニ往来交易ス。

まず注目されるのは、「蝦夷カ千嶋」(北海道)が「千嶋」(多くの島)からなり、「宇曾利鶴子別」(函館の旧名)、「前堂宇満伊犬」(松前)も小島という認識である。おそらく本州からは、それぞれの地域へ船でしか渡ることができないため、このような「島」という認識が持たれたのであろう。

さらに、「蝦夷カ千嶋」については、「日ノモト・唐子・渡党」という3類(集団)により分割されていたという。

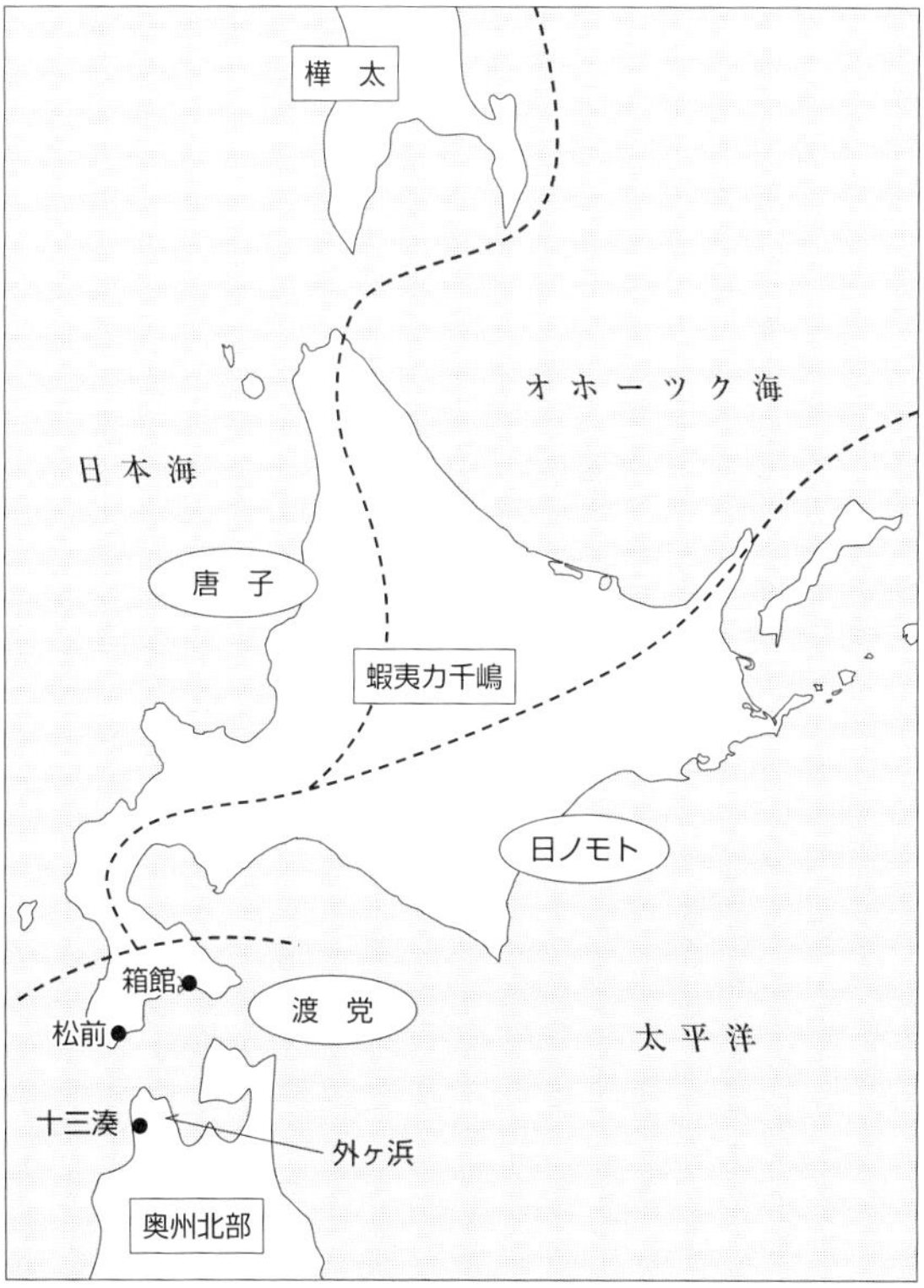

14世紀の蝦夷島概念図

力)、神風であるとした。

とくに「渡党」に属する「宇曾利鶴子別」や「前堂宇満伊犬」などは、「奥州津軽外ノ浜ニ往来交易」していたとされる。そこからは、それぞれの「島」が奥州と個別に交易関係を結び、つながりを深めていた様子がうかがえる。

「蝦夷カ千嶋」にいた、日ノモト・唐子・渡党

次に「日ノモト・唐子」の実態は、どんなものだったのかをみてみたい。

日ノモト・唐子ノ二類ハ其ノ地外国ニ連《つらなり》テ、形躰《けいたい》夜叉《やしゃ》ノ如《ごと》ク変化無窮《むきゅう》ナリ。人倫《じんりん》、禽獣《きんじゅう》・魚肉ヲ食《しょく》トシテ、五穀ノ農耕ヲ知ス。九沢(訳)ヲ重ヌトモ語話《ごわ》通《つう》シ堅《がた》シ。

3類のうち「日ノモト」は、東や太陽に関わる意味を持つ。太平洋の沿岸に住んでいて、千島列島・カムチャツカなどの「外国」に連なるアイヌと理解されている。

また「唐子」は、日本海側に住むアイヌを指す。13世紀末に勃発した**北からの元寇**により、唐(**元**=中国)への関心が高まるなかで、彼らと関わりを持つアイヌを差別化するための呼称として、「唐子」の呼称が生まれたのであろう。彼らは農耕を知らず、狩猟・漁労を生業としており、多くの通訳を介してもその

北からの元寇 13世紀半ばから14世紀初頭にかけて断続的におこなわれた、元によるサハリンアイヌ=骨嵬への攻撃。

元 中国とモンゴル高原を中心とする領土を支配したモンゴル帝国が、中国に建てた王朝(1271〜1368年)。

言葉を理解することは難しいという。

一方の「渡党」は、日本との関係を強めながら、独自性を発揮していた。

> 渡党ハ和国ノ人ニ相類《あいるい》セリ。但鬢髪《ただしびんぱつ》多シテ、遍身《へんしん》(全身)ニ毛ヲ生《はや》セリ。言語俚野《りや》(野卑)也ト云トモ大半ハ相通ス。(中略)戦場ニ望ム時ハ丈夫《じょうふ》(男性)ハ甲冑・弓矢ヲ帯シテ前陣ニ進ミ、婦人ハ後塵《こうじん》ニ随《したが》ヒテ(あとに従って)木ヲ削《けずり》テ幣帛《へいはく》(神道の御幣に相当するアイヌの祭具・イナウ)ノ如《ごと》クニシテ、天ニ向テ誦呪《じゅじゅ》(呪文をとなえる)ノ躰《てい》アリ。男女共ニ山壑《さんがく》(山や谷)ヲ経過スト云トモ乗馬ヲ用ス。其身ノ軽キ事飛鳥《ひちょう》・走獣《そうじゅう》ニ同シ。

「渡党」は和人と類似しており、多毛であり、言葉は野卑であるが大半は通じた。『新羅之記録』(178ページ参照)によると、**源 実朝**《みなもとのさねとも》の時代に強盗・海賊が外ヶ浜経由で夷嶋《えぞがしま》へ流されており、その子孫が「渡党」であるとしている。

「渡党」をすべて強盗・海賊の末裔とするわけにはいかないが、彼らのなかには和人と、血と文化の交流をおこなっていた者がいたことがわかる。

と同時に、彼らは近世アイヌの文化的特徴と酷似する特徴を持つ。戦闘の時、女子が男子の後方で**イナウ**(木幣)を持って呪文を唱えるというのだ。これはアイヌ語で「ウケエホムシュ」という戦陣誦呪《じゅじゅ》(祈とう)に酷似する。また、乗

源実朝　1192〜1219年。鎌倉幕府第3代征夷大将軍。頼家の子・公暁に暗殺され、源氏将軍は断絶。

イナウ　130ページ参照。

アイヌは近世の漁場労働を通して騎馬術を身につけた
〈西川北洋筆「明治初期アイヌ風俗図巻」より部分〉
（函館市中央図書館蔵）

馬の習慣はないが、弓矢の**骨鏃**《こつぞく》に毒薬（トリカブト毒かは不明であるが）を用いる文化を持っていたのである。

安藤氏の乱に加勢したアイヌ（渡党）

『画詞』の時点では、アイヌを「東夷」としてひと括りに把握しながらも、同時に居住地・生業・習俗などの違いから、「日ノモト・唐子・渡党」の3種類に分類している。

その後、渡島半島部を拠点にした「渡党」が、日本社会と「日ノモト・唐子」との間で双方の文化を共有することにより、アイヌ文化の形成に大きな役割を果たしたと考えられる。

「渡党」が津軽海峡をはさんで活動していたことは、次の記述からもうかがえる。14世紀初頭、**安藤季久**《あんどうすえひさ》と**従父弟**《じゅうふてい》である**季長**《すえなが》との間に、相続をめぐる内紛「**安藤氏の乱**」が勃発した。その際に、

骨鏃　骨角製の矢尻

安藤季久　生没年不詳。鎌倉時代末期の津軽の豪族。

従父弟　父方のいとこで、年下の男性のこと。

季長　安藤季長。生没年不詳。鎌倉時代末期の津軽の豪族。名は貞季、資長とも伝わる。

安藤氏の乱　鎌倉時代後期、蝦夷代官職の地位をめぐって、安藤氏の季久と季長の間で起こった争いにアイヌが参戦。この処理の不手際が、鎌倉幕府滅亡の一因とされる。

両人ヲ関東ニ召テ理非ヲ裁決之処、彼等カ留主《るす》ノ士卒数千夷賊ヲ催集之、外ノ浜内末部《うちまっぷ》西浜折曾関《おりそのせき》ノ城郭ヲ構テ相争フ

とあるように、数千の「夷賊」(アイヌ)がこの乱に加わり、本格的な騒乱へと展開したことがわかる。

アイヌ(渡党)は、対立する双方の安藤氏に加勢したと思われる。これは安藤氏の「東夷成敗」が、「渡党」アイヌに対する軍事権にまで拡大しつつあったことを示している。「東夷成敗」の現地管理者である安藤氏は、すでに交易権と軍事権を手中に入れており、以後、夷嶋支配をめぐっては安藤氏の動向が焦点となっていく。

［参考文献］
榎森進『アイヌ民族の歴史』(草風館、2007年)
海保嶺夫『中世の蝦夷地』(吉川弘文館、1987年)
佐々木利和「中世の「蝦夷」史料「諏方大明神画詞」より」〈岡書院『ドルメン』11、複製版〉(国書刊行会、1976年)

topic..... 23 サハリンに来襲した元軍と「唐子」アイヌによる戦い

激変するサハリンを中心とした北方世界

安藤五郎が殺害された俘囚（アイヌ）の蜂起

鎌倉新仏教の一つである日蓮宗《にちれんしゅう》開祖の**日蓮**は、蝦夷情勢について何度か言及している。文永《ぶんえい》5（1268）年ごろ、「東に俘囚をこり、西に蒙古よりせめつかひつきぬ」（『日蓮遺文』）と、蒙古が**責使**《せめつかい》を送ってきたことで俘囚《ふしゅう》（アイヌ）が蜂起したと記している。また、文永8（1271）年には「犬戎《けんじゅう》浪を乱し、夷敵《いてき》国を伺う」（同前）との記述もある。「犬戎」＝「夷敵」＝蒙古とも読めるが、「犬戎」＝蒙古、「夷敵」＝アイヌとみるべきであろう。すなわち、蒙古とアイヌの動きを連動して捉えたのである。

さらに建治《けんじ》元（1275）年には、

ゑぞは死生不知のもの、**安藤五郎**は因果の道理を弁《わきまえ》て堂塔多く造りし善人也。いかにとして頸《くび》をゑぞにとられぬるぞ。

鎌倉新仏教　平安時代末期～鎌倉時代に、浄土思想の普及や禅宗の伝来によって新たに発生した仏教6宗派のこと。鎌倉仏教とも。

日蓮　1222～1282年。鎌倉時代の仏教僧。日蓮宗（法華宗）の宗祖で、「南無妙法蓮華経」の題目をとなえることを重視した。

責使　元が日本との通好を求めて派遣した使者。

安藤五郎　前出の安藤季久が「五郎三郎」と称してい

とあり、堂塔（仏堂や仏塔）を建てるなど安藤五郎の信心深さをうかがわせながら、「ゑぞ」（アイヌ）のために頚（首）を取られて殺害されたと記している。

前年の文永11（1274）年には、第1次の**元寇**《げんこう》（蒙古襲来）が発生しており、「犬戎浪を乱し、夷敵国を伺う」事態が勃発していた。そして、アイヌが安藤五郎を殺害したのである。

たことから、季久の同祖の者と思われる。

元寇　1274年、81年に元（モンゴル帝国＝蒙古）とその属国である高麗軍、旧南宋軍によっておこなわれた対日本侵攻のこと。

元と骨嵬（アイヌ）の衝突で生まれた緊張　実はこの時期、サハリンには蒙古軍が侵攻し、北方社会は緊迫した空気に包まれていた。『元史』の至元《しげん》元（1264）年11月辛巳《しんし》条には、次のように記されている。

骨嵬を征す。是より先、吉里迷内附《ふくぞく》（従属）して言わく、其国東骨嵬・亦里于両部《りょうぶ》有り、歳《とし》に来りて疆《さかい》（境界）を侵すと。故《ゆえ》に往きてこれを征す。

「骨嵬」（gu-wei）とはアイヌのことで、アムール

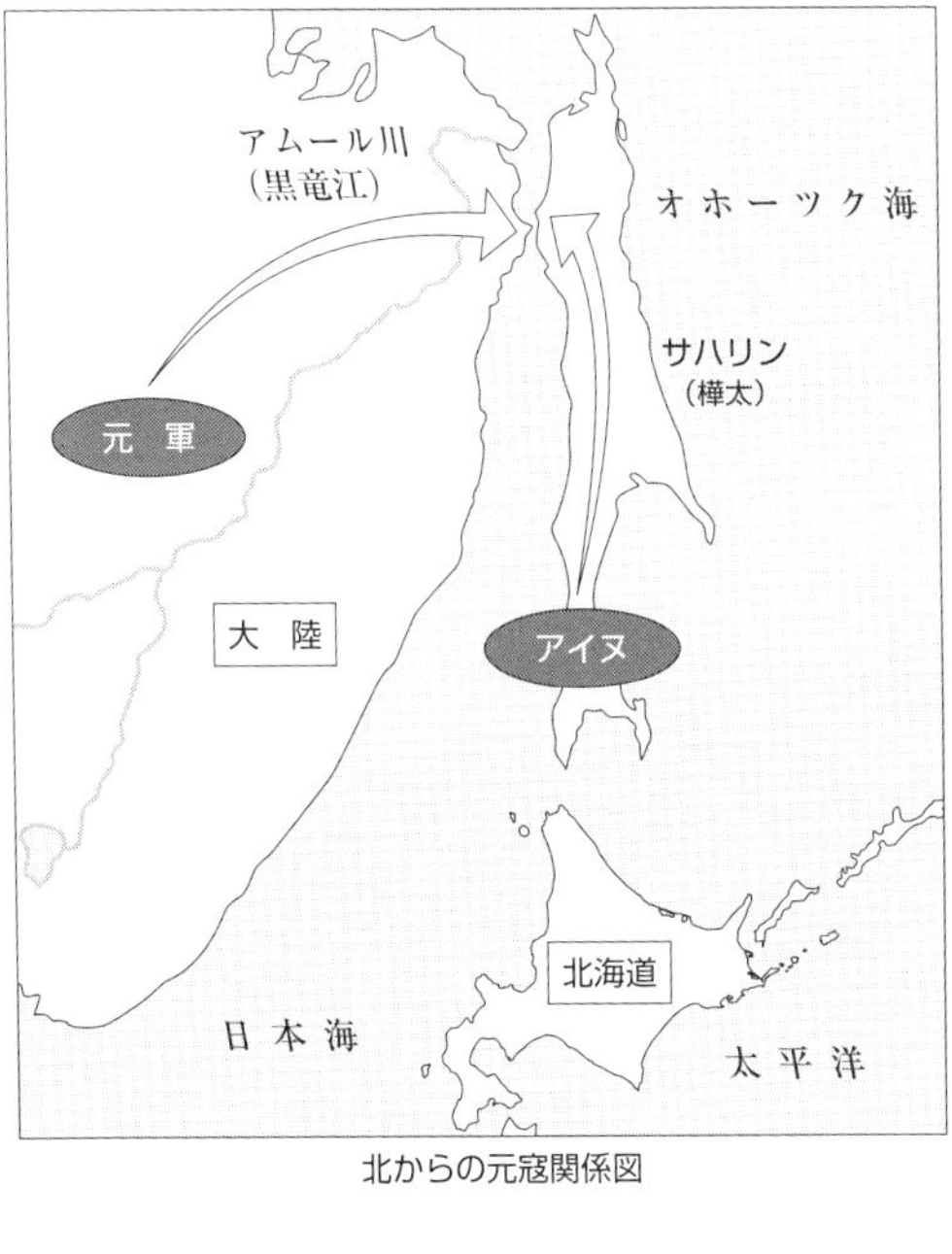

北からの元寇関係図

川下流域の諸民族などが、**サハリンアイヌ**のことを「ku-gi」や「ku-yi」と呼んだことによる。

また、「吉里迷」(jilimi)はアムール川最下流域からサハリンにかけて住む**ニブフ**で、オホーツク人の末裔に比定(比較したうえで推定すること)されるが、「亦里于」(yiliyu)については**ウイルタ**との説もあるが、実態はよくわかっていない。

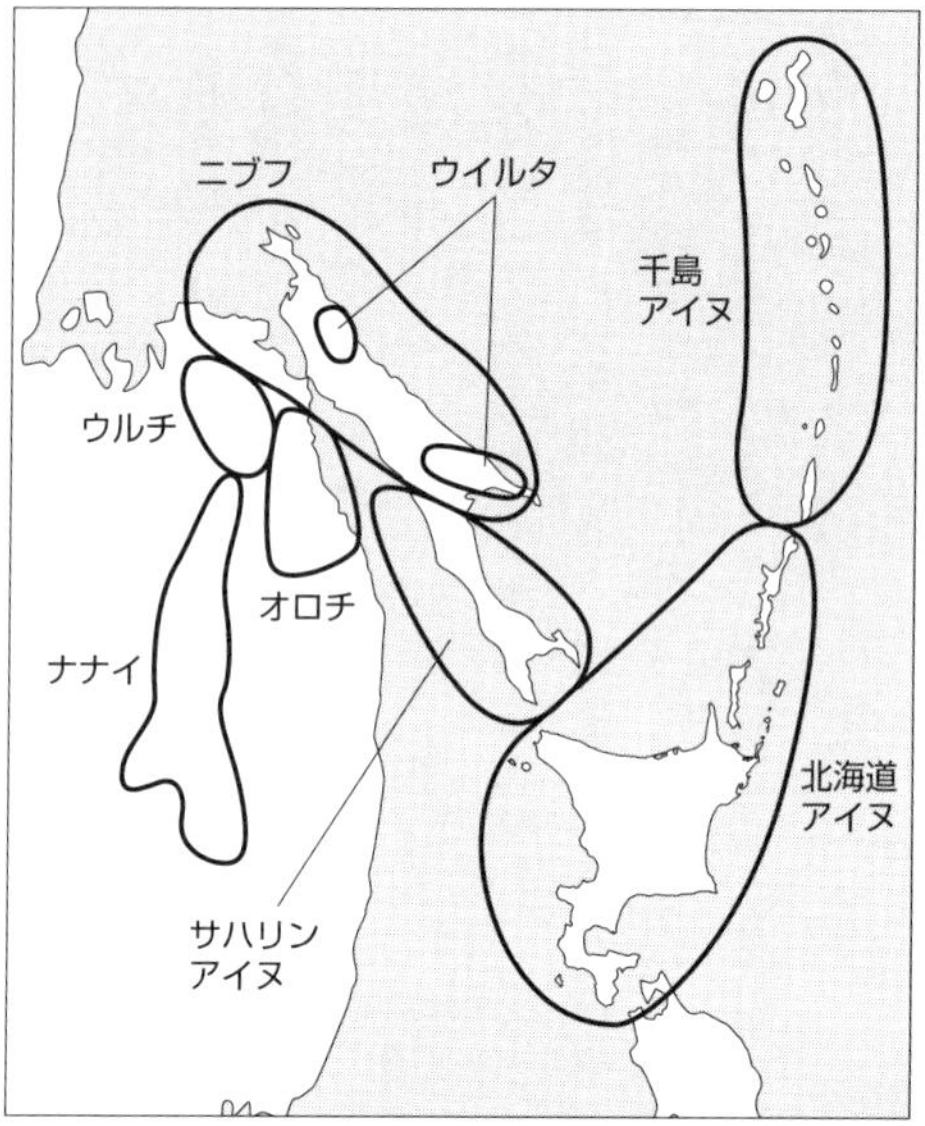

サハリンアイヌと周辺先住民の分布
(大塚和義 2004「樺太アイヌ民族誌」展図録より引用、一部改変)

また11世紀以降、道北の擦文人がサハリンに渡海し、コロニー(入植地)の建設をはじめたとする見解がある。それによると、彼らの子孫こそが「唐子《からこ》」アイヌで、北方民族から「骨嵬」と呼ばれた集団であるとするものだ。

前出の『元史』によると、蒙古軍はニブフの求めにより1264年、侵攻を繰り返すサハリンアイヌの前には

サハリンアイヌ　12世紀前後、北海道からサハリン(樺太)南部に渡ったアイヌ。独自の文化を形成しながら、大陸との交易を仲介した。

ニブフ　72ページ参照。

ウイルタ　131ページ参照。

じめてその姿を現わした。以後、北方社会は極度な緊張状態に陥ったと思われる。次に元軍の征討《せいとう》行動が確認できるのは、『元史』至元21（1284）年以降である。

同年10月辛酉《しんゆう》条に「征東招討司、兵を以て骨嵬を征せんとす」とあり、翌年正月辛巳条に「楊兀魯帯《ヨウウロタイ》を以て、征骨嵬招討使と為す」、同10月乙巳《いっし》条には「征東《せいとう》招討司塔塔児帯《タタルタイ》・楊兀魯帯に詔して、万人を以て骨嵬を征せんとす」とあり、サハリンアイヌに対する征討準備が進んでいることがわかる。

その結果、至元23（1286）年10月己酉《きゆう》条に「塔塔児帯・楊兀魯帯を遣わし、兵万人・船千艘を以《もっ》て、骨嵬を征す」とあるように、元軍が1万人・船1000艘の兵力をもって、アムール川下流域からサハリンにかけてのアイヌ征討に乗りだしたのである。

この征討活動の具体的な様子はうかがい知れないが、サハリンアイヌが1万もの元軍を相手に戦っている事実から推察すると、彼らは夷嶋《えぞがしま》の「渡党」・「唐子」アイヌの支援を得ていたとしか考えられない。さらに、その背後にいる安藤氏との連携すら、想定できるのである。

間宮林蔵口述、村上貞助筆録『北夷分界余話』（文化8〈1811〉年）に描かれたニブフの男性たち（国立公文書館蔵）

元との関係正常化を選択した「唐子」アイヌ

『元文類《げんぶんるい》』巻41「**経世大典**《けいせいたいてん》序録」の元貞《げんてい》2（1296）年正月、ニブフの百戸（**百戸長**《ひゃくこちょう》）の「蓋分《カイフェン》」「不忽里《ブフリ》」が「内豁暲《ナイホトン》」に逃れ、そこで「叛人」（アイヌ）と連携して元に抵抗。翌年の大徳《だいとく》元（1297）年には、アイヌの「瓦英《ウァイン》」と「王不廉古《ユプレンク》」がシベリア大陸側に渡り、元軍と衝突している。

その際、「瓦英」はニブフが建造した「黄窩児船《ファンウォせん》」という構造船で戦い、また「骨嵬の賊」とニブフの「不忽思《ブフス》（里の誤りか）」が、「打鷹人」を捕虜にしようとしていたという。アイヌ側が捕らえようとしたこの「打鷹人」とは、ニブフの鷹獲り専門の集団を指しており、このことはニブフが鷹獲りの技術に秀でていたことを示唆している。

そこで想起されるのが、11世紀以降の史料にしばしばみられる「粛慎羽《しゅくしんう》」である。阿倍比羅夫が遠征時に遭遇した「**粛慎**《あしはせ》」は、オホーツク人と想定されており、彼らはサハリンからアムール川下流域に住むニブフであると比定されている。擦文人を介して北方世界から我が国にもたらされた**鷹羽**《たかのは》は、王朝貴族によって「粛慎羽」として重宝された。その生産技術をアイヌから安藤氏を経て、中世国家の交易ルート上に乗せることを意図したのであろう。

ところが至大《しだい》元（1308）年になって、アイヌの「玉善奴」「瓦英」らは、「毎年異皮《いひ》を貢ぐ」ことを条件に元に服属する。彼らアイヌは、サハリンから

経世大典　中国元朝の制度を記した、皇帝自ら編纂・体系化した書物。

百戸長　元の基礎的行政集団・千戸長の配下に数名任じられている職。

粛慎　84ページ参照。

鷹羽　鷹の羽根のこと。和弓に使われる矢の矢羽根（やばね）の材料となる。

シベリア地域で獲れるテン・キツネ・アザラシなどの「異皮」、「打鷹人」が捕獲するタカ・ワシの羽を、元に貢納《こうのう》（献上）することになった。こうして元と結ぶことにより、サハリンの「唐子」アイヌは北方世界の騒乱状態を収め、安定した交易（貢納）関係を確立して、北方世界で一定の地位を確保する途《みち》を選んだのである。

先に触れた、アイヌが安藤五郎を殺害した事件の詳細はわかっていない。しかし、サハリンを中心とする北方世界において、元と「唐子」アイヌが新たな秩序を確立する時期に起きただけに、蝦夷と北方世界との関係に大きな変化が起こったことを示す事件と考えてよいだろう。

『北夷分界余話』に描かれた７人乗りの船。「黄窩児船」の一種か（国立公文書館蔵）

〔参考文献〕
羽下徳彦編『北日本中世史の研究』〈榎森進「十三～十六世紀の東アジアとアイヌ民族」〉（吉川弘文館、１９９０年）
北海道開拓記念館編『北の歴史・文化交流研究事業』中間報告　一九九〇年度〈中村和之「「経世大典序録」にみえる果夥について」〉（北海道開拓記念館、１９９１年）
大石直正ほか『周縁から見た中世日本』（講談社学術文庫、２００９年　※初出『〈日本の歴史　第14巻〉周縁から見た中世日本』〔講談社、２００１年〕）

コラム

呼称の変遷
——「エミシ」から「エゾ」へ

高等学校の教科書では、東北・北海道に居住する人やその地域を意味する「蝦夷」の語を、奈良時代には「エミシ」、鎌倉時代は「エゾ」と読んでいたと解説している。同じ用語を読み分ける理由については、研究者によって見解を異にするが、筆者は「エミシ」を「弓人・弓師」＝「ユミシ」と読む日本語を起源とする見解をとる。この用例は、『日本書紀』〈神武天皇即位前記の条〉に、神武天皇に抵抗する勢力として万葉仮名で書かれた「愛瀰詩《えみし》」が初見である。

ここには、古代中国の影響を強く受けた日本の古代国家の思想を読みとることができる。中国から東夷（東の野蛮民族）と見られていたヤマト政権は、東北地方に住む集団を狩猟民族（＝未開・野蛮の民）に見たて、彼ら（「ユミシ」＝「蝦夷《えみし》」）が王権に対して定期的に朝貢するほど徳が高いことを、中国に主張するための政治的操作であった。以後、日本は11世紀ぐらいまで彼らを「蝦夷」「蝦狄」「夷」などと表記し、「エミシ」と呼称して蔑視したのである。

一方の「エゾ」は、サハリン（樺太）アイヌの雅語《がご》（上品な言葉）である「エンチウ」（人の意味）に語源を求める説があり、筆者もこれに同意する。「エゾ」がアイヌとしてのアイデンティティーを高めるなかで、呼称を日本語起源の「エミシ」ではなく、自らの言語に求めたと思われる。その結果、日本の側もそれを受け入れて、「エゾ」と呼称するようになったのだろう。しかし、以後も「夷」の文字を用いることにより、従来の蔑視観を持ち続けたのである。

12世紀になると藤原顕輔《ふじわらのあきすけ》が、「浅ましや　千嶋《ちしま》のえぞの　つくるなる　とくきのや社《こそ》　ひまはむるなれ」と歌ったように、王朝貴族も千嶋（北海道）に住む人々を「えぞ」と呼称するようになった。また本文でも引用したように、『今昔物語集』（31―11）には「国ノ奥ニ夷ト云フ者」と書かれ、この「夷」を「エゾ」と読む諸本があらわれてくる。

こうして、12世紀ごろにはアイヌ語起源の「エゾ」の読みが一般化し、地名も「夷嶋」「蝦夷ヶ島」と表記され、「エゾガシマ」「エゾ」と読むようになった。しかし、「夷」という言葉に込められた蔑視観は、江戸時代を通して持ち続けられたのである。

PART 2

武田（蠣崎）氏とアイヌ支配

松前藩成立前史

交易のため船を操るアイヌたち〈『蝦夷紀行附図』より〉（224ページ参照）

topic..... 24

北海道の「記紀」である『新羅之記録』が語る意図

貴重な文献『記録』を編んだ松前藩主の狙い

松前藩主が編んだ『新羅之記録』とは

北海道最古の歴史文献『**新羅之記録**《しんらのきろく》』（以下、『記録』）は、正保《しょうほう》3（1646）年、松前藩初代藩主の慶広6男、景広（幼名は等広）が作成した松前家の歴史書である。これを作成した理由は、寛永《かんえい》20（1643）年、幕命により提出した「松前家系図」（『**寛永諸家系図伝**《かんえいしょかけいずでん》』所収、以下『寛永系図』）が、「当家の元祖信広**朝臣**《あそん》より盛広の代に迪《いた》るまで年譜彼此《あれこれ》相違の事」があり、不完全であったためという。そこで正保3年、景広が崇敬する**三井寺**《みいでら》の新羅大明神に詣でた際に、松前家が遠祖《えんそ》とする新羅三郎《しんらさぶろう》　**源　義光**《みなもとのよしみつ》の事蹟などを聞いたことを契機に、子孫のために訂正・記述したというのである。

北海道史の碩学《せきがく》・**高倉新一郎**《たかくらしんいちろう》は、『記録』について次のように述べている。

北海道の時期区分		本州
旧石器		旧石器
縄文		縄文
続縄文		弥生
続縄文		古墳
擦文	オホーツク	飛鳥
擦文	オホーツク	奈良
擦文	トビニタイ	平安
中世（館）	アイヌ	鎌倉
中世（館）	アイヌ	室町
近世（松前藩）	アイヌ	江戸

新羅之記録　松前家の歴史を記した上下2巻の巻物。

寛永諸家系図伝　幕府が編纂した大名などの系譜集。

朝臣　古代貴族の姓。中世以降は武士にも使われた。

三井寺　滋賀県大津市にある天台寺門宗の総本山。園城寺とも称される。

源義光　1045〜1127年。平安時代後期の武将。

松前家の遠祖の記述には多くの粉飾を認めざるを得ないが、しかもなお和人による北海道支配の成立過程をこれほど詳細に記したものはなく本書はまさに北海道の**記紀**《きき》とも称すべき文献である。

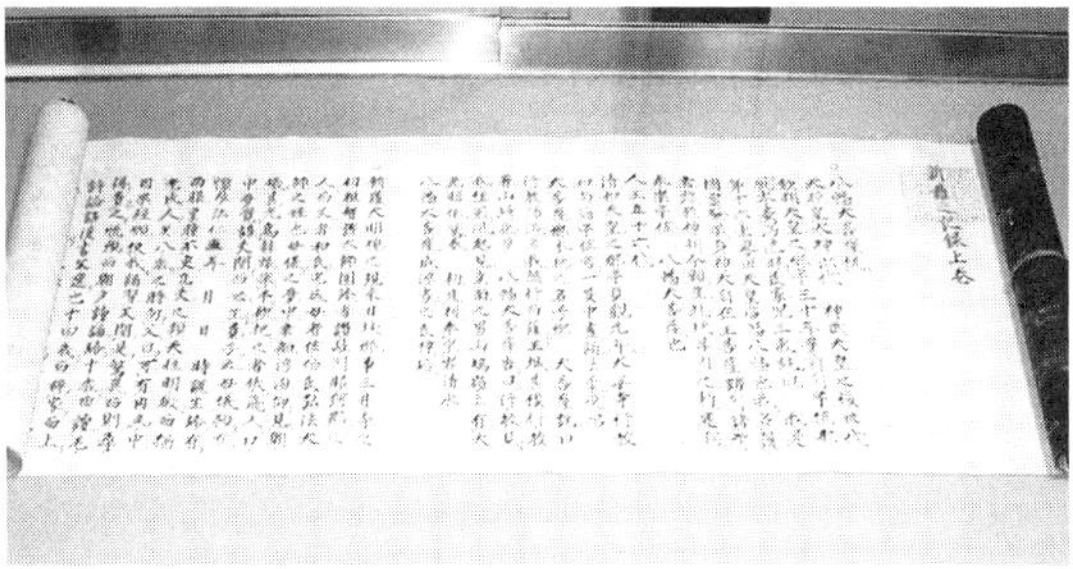

北海道指定有形文化財『新羅之記録』
（奥尻町・松前幸吉氏蔵、奥尻町教育委員会提供）

『記録』がもつ史料としての問題点を指摘しつつも、日本史における『古事記』『日本書紀』に相当する評価を与えている。本書でもすでに引用したが、松前藩の成立前史を扱う本章では、この『記録』を基本的な史料としてたびたび利用することになる。

『記録』は、おおよそ以下の構成からなる。①松前藩が遠祖《えんそ》とする新羅三郎源義光との関わり、②子孫である若狭の武田信広が安藤政季《まさすえ》とともに夷嶋《えぞがしま》へやってきた経緯、③夷嶋を領有する安藤氏との関係とその領有状況、④アイヌ民族に対抗しながら武田氏が夷嶋支配の拠点を築き、松前藩による統治を拡充するまでの様子、などである。

高倉新一郎　1902〜1990年。歴史学者。北海道開拓史やアイヌの研究で知られる。

記紀　『古事記』と『日本書紀』の総称。

そうした性格もあって『記録』は、「当家の元祖信広朝臣」に関する記述に紙幅を割いている。冒頭でまず、信広がどのような経緯で夷嶋にやってきて、どのような活動をしたのかを綿々と述べているが、そこにみられる三つの「抑《そ》も」の用法に注目して、『記録』という史料の性格を読み解いてみたい。

『記録』にみられる三つの「抑も」の意味

一つ目は「抑も往古は、此国、上二十日程、下二十日程、松前以東は陬川《むかわ》西は與依地《よいち》迄《まで》人間住する事」、二つ目は「抑も狄《えぞ》の嶋古《しまいにし》へ安東家の領地たりし事」であり、三つ目が「抑も此《これ》**毘《び》沙門天《しゃもんてん》**王現れ来りし縁起」である。

「抑も」は「そも」と読み、「改めて事柄を説き起こし、問題として示す。疑問の言い方をとることが多い。そもそも。一体。さて。それにしても。それはそうと」(『日本国語大辞典』)という意味の接続詞である。とすれば、三つの「抑も」は、『記録』が編纂された時代に疑問に思われていたことを、『記録』が答えるという形式をとったものと思われる。

一つ目の「抑も」は、なぜ夷嶋に「人間」(和人)が居住することになったのかという疑問を呈する。これに対して『記録』は、①奥州合戦のとき、②鎌倉三代将軍・**源実朝《みなもとのさねとも》**のとき、③嘉吉《かきつ》3(1443)年**安藤盛季《あんどうもりすえ》**のとき、の3期に分けて和人が来嶋したと説明している。これは、のちに武田信広がリーダーと

毘沙門天　仏教における四天王の一尊。七難を避け、七福を与える北方守護の武神として、多くの戦国武将に信仰された。

源実朝　167ページ参照。

安藤盛季　163ページ参照。

なる和人層(渡党)が、どのような経緯で夷嶋に渡ってきたのかを明らかにすることが目的と思われる。

二つ目の「抑も」は、なぜ安藤氏が「狄の嶋」を領地としていたのかという疑問である。領地の根拠を「津軽を知行し**十三之湊**《とさのみなと》に在城して、海上を隔《へだ》つと雖《いえど》も近国たるに依《よっ》て、此《この》嶋を領せしむる」と説明している。つまるところ、安藤氏が「狄の嶋」を領有した根拠は、「津軽を知行し十三之湊に在城」していたからだというのだ。したがって、後述するように**南部氏**《なんぶし》により十三湊を放逐された安藤氏は、夷嶋を領有する根拠を失っていたこと、武田信広が夷嶋支配の正統性をもつことを、言外に含ませたかったのではなかろうか。

毘沙門堂の流れを引く、上ノ国町の砂館神社
(尾田孝人氏提供)

三つ目の「抑も」は、寛正《かんしょう》3(1462)年に「天河館《あまのがわだて》」の沖合いで毘沙門天像がみつかり、**天**《あま》**ノ川**《かわ》の**洲崎館**《すざきたて》の北に毘沙門堂を建立したことに関して、なぜ毘沙門天が現れたのか、その由来は何かという疑問を示す。『記録』では毘沙門天像がみつかったときの様子を述べ、その霊験あらたかなることを尊《たっと》んで建立した、と記すのみだ。毘沙門天は北天の守護神

十三之湊　十三湊のこと。本文185ページ参照。

南部氏　中世〜近世にかけて、陸奥国糠部地方を支配した武将。近世は盛岡(南部)藩主となる。甲斐国南部郷の出身。

天ノ川　天の川のこと。檜山郡上ノ国町を流れる、道内屈指の清流。上ノ国市街地西側を通って、日本海に流入する。

洲崎館　武田信広の新居として築かれた館。のちに築かれた勝山館とは場所が異なり、天の川をはさんだ対岸にあった。

であり、しかもこの年に**蠣崎季繁**《かきざきすえしげ》が没していることを考えると、このエピソードは信広が季繁に代わる北方の守護神となったことの暗喩《あんゆ》とみるべきであろう。

このように『記録』は、三つの「抑も」を使って疑問に答える形をとりながら、武田信広が夷嶋の支配権を確立していく経過を説明しているのである。

夷嶋支配の正統性を主張するための文献

寛永《かんえい》20(1643)年、松前藩が幕府に提出した「寛永系図」には、冒頭に松前家の前史が載せられており、その大半は、松前家が「武田の氏族」であることの説明で占められている。

具体的には、①昔「夷の千嶋」に「和多利党《わたりとう》」(渡党)が住んでいたころ、「夷蜂起」により各地の館を陥落させたが、**茂別館**《もべつたて》主・**下国**《しものくに》**(安藤**《あんどう》**)家政**《いえまさ》と**花沢館**《はなざわたて》主・蠣崎季繁は持ちこたえた、②その時、若狭から松前へ逃れていた武田信広が「武者奉行」として「渠魁《きょかい》(悪者の首領)二人」を討ち取った、③下国家政と蠣

【松前家略系図】

源頼義―義光(新羅三郎)―義清―清光―信義―〈十代略〉―国信―信広―光広―義広―季広―慶広―公広―氏広

蠣崎季繁　?〜1462年。室町時代中期の豪族。上之国花沢館の館主。安藤政季の娘婿になったとされる。

茂別館　北斗市茂辺地を流れる茂辺地川岸の丘に立地した下国家政の居城。

下国(安藤)家政　生没年不詳。室町時代の武将、蝦夷地の豪族。安東政季の弟と伝えられる。

花沢館　上ノ国町の天の川河口付近の尾根に立地した館。

崎季繁が信広の勇功を賞して刀を授与した、④季繁は女子を信広に嫁がせ蠣崎の家督を継がせた、とある。以上が、松前家が「武田の氏族と称する」理由であった。

『寛永系図』と『記録』を比較すると、『寛永系図』には安藤氏と関わる事績が、下国（安藤）家政のことしか記載されていないことがわかる。したがって、『記録』にある「当家の元祖信広朝臣より盛広の代に迪るまで年譜彼此相違の事」の相違とは、主に安藤氏に関する記述にあったと読むことができる。

松前景広は、こう考えたのではないだろうか。『寛永系図』のように「武田の氏族」を強調するだけでは、夷嶋支配の正統性を主張するには不十分であると――。だからこそ、武田信広以前に夷嶋を領有していた安藤氏が、どのように夷嶋支配に関わり、武田氏がその支配権をいかに正統な形で継承したかということを改めて記述する必要がある、と感じたのであろう。

それこそが、『記録』を生んだ背景にあった真の理由だったのである。

［参考文献］
『普及啓発セミナー報告集　平成14年度』〈入間田宣夫「中世北方史―『新羅之記録』を脱構築する―」〉（アイヌ文化振興・研究推進機構、2003年）
新藤透『松前景広『新羅之記録』の史料的研究』（思文閣出版、2009年）

topic..... 25

安藤氏の夷嶋への渡海と武田氏の潤色された出自

カギとなる北奥の地、十三湊と蠣崎

北海道の時期区分		本州
旧石器		旧石器
縄文		縄文
続縄文		弥生
続縄文		古墳
続縄文	オホーツク	飛鳥
擦文	オホーツク	奈良
擦文	トビニタイ	平安
中世（館）	アイヌ	鎌倉
中世（館）	アイヌ	室町
近世（松前藩）	アイヌ	江戸

南部氏による十三湊攻略と、夷嶋に逃れた安藤氏

　安藤氏関係者のなかで、『記録』にはじめて名前の出てくる人物が安藤政季《あんどうまさすえ》（163ページ参照）である。政季は後述する十《と》三《さ》湊《みなと》陥落の際、**南部氏**に生け捕りにされ、**八戸**《はちのへ》で安藤氏の家督を継いだ。その後、享徳《きょうとく》元（1452）年に政季は、若狭を脱出して下北半島の**蠣崎**《かきざき》を知行《ちぎょう》（支配）していた武田信広と「同心（目的や志を同じくすること）」し、同3年に「此国」（北海道）へ渡ったとある。

　政季は康正《こうしょう》2（1456）年、出羽国湯河湊《ゆかわみなと》（秋田市）の屋形《やかた》（武家の当主）・**安藤堯季**《あんどうたかすえ》によって「一家の旧好《きゅうこう》（古くからの親しい関係）を以て」「小鹿嶋《おがしま》」（男鹿半島）に呼び戻された。その後、子息・忠季《ただすえ》（?～1511年）の代に「**河北千町**《かほくせんまち》」を知行して「檜山の屋形」と呼ばれるようになり、盛季《もりすえ》（後述）の下国《しものくに》安藤氏を再建することになる。政季らは、十三湊などの回復を計ったようだが、結局、南部氏の

南部氏　181ページ参照。

八戸　青森県東南部に位置する、太平洋に面した港町。

蠣崎　青森県むつ市川内町蠣崎。中世、下北の交易の中心地。

安藤堯季　?～1463年。下国安藤氏3代目。他史料には「惟季」の表記もみられる。

河北千町　秋田県能代市にあった檜山安藤氏の知行地。

圧力により実現できなかった。

次に名前がみえるのが、安藤盛季である。十三湊に拠点を置いていた盛季は、糠部《ぬかのぶ》地域で勢力を誇る南部義教《なんぶよしのり》に息女を嫁がせた。舅《しゅうと》のいる十三湊を訪れた義教は、「津軽は聞きしに増したる善き所なり」というほどこの地を気に入る。そこで計略をめぐらせ、嘉吉《かきつ》2（1442）年に十三湊を攻略し、津軽の中核をなす港湾都市の乗っ取りに成功したのである。

義教に敗れた盛季は翌年、**小泊**《こどまり》から夷嶋《えぞがしま》へ脱出するが、これにより「十三之湊に在城」することは不可能となり、夷嶋を「安東家の領地」とする根拠を失う。そのため盛季は、来嶋後も十三湊回復に執念を燃やした。しかし文安《ぶんあん》3（1446）年、津軽に戻した子息の安藤康季《やすすえ》（?〜1446年?）が病死し、孫の義季《よしすえ》（?〜1453年）も亭徳《きょうとく》2（1453）年に南部勢に攻略されて自害。やがて盛季も亡くなったため、下国安藤家は政季による再建を待つことになる。

ところで、安藤氏が夷嶋支配の拠点にした十三湊は、鎌倉時代から西国《さいごく》（京都など西日本）と北方世界とをつなぐターミナル港として繁栄していた。その重要性は、貞応《じょうおう》2（1223）年に編まれたとされる『**廻船式目**《かいせんしきもく》』に、十三湊が日本沿岸の10大港湾「三津七《さんしんしち》

小泊　津軽半島北端にある青森県中泊町の地名。

廻船式目　室町時代末期に成立した、日本最古の海洋法規とされる。

小泊十二景「青巖（あおいわ）」からは、津軽海峡を挟んで対岸の松前が間近にみえる（青森県中泊町提供）

湊《そう》」の一つとしてあげられていることからもうかがえる。

　また、この時期には「関東御免津軽船《かんとうごめんつがるせん》」（幕府の公用船）が、定期的に北方の物資を京や鎌倉に運搬していることも確認できる。のちの史料ではあるが、『**十**《と》**三往来**《さおうらい》』には、「夷船京船群集シテ艫先ヲ並べ舳を調へ湊ニ市ヲ成ス」とあり、「京船《きょうせん》」（関東御免津軽船か）だけではなく、アイヌ自ら「夷船《えぞふね》」を操り、十三湊にやってきて市を開いている様子が記されている。

　南部氏は十三湊を陥落させたあと、積極的にこの地を利用した様子はうかがわれず、しだいに衰微したようである。むしろ南部氏は、下北半島の陸奥湾に面した、**田名部**や蠣崎などの港の拡充に努めたのかもしれない。

松前藩が黙殺した安藤氏の存在とは

　十三湊を放逐《ほうちく》された安藤氏は、夷嶋を領有する根拠を失ってしまう。が、『記録』によると、武田氏は「季広朝臣の代迄は河北檜山の屋形安日家（安藤氏）を家督主君に仰」いでおり、その関係は、慶広（初代松前藩主）が文禄《ぶんろく》2（1593）年に豊臣秀吉から朱印状を得て直《じき》臣《しん》となるまで続いた。

　しかしながら、武田（蠣崎）氏にとって安藤氏の存在は、気に障る邪魔な存在であったと思われる。のちの史料であるが、『**松前家記**《まつまえかき》』（以下『家記』）には、

十三往来　14世紀ごろに著された、十三湊の繁栄ぶりを記した書。

田名部　青森県むつ市東部の地名。

松前家記　旧松前藩士の新田千里が、1878年に松前藩主一族の家系・事績を記した歴史書。

渡島ノ地方（中略）中世ヨリ安東氏ニ属スト雖《いえ》トモ、徒《いたずら》ニ其名アツテ其実アルニ非《あら》ス。蠢爾《しゅんじ》タル（取るに足らぬ）毛人《もうじん》（アイヌ）動《やや》モスレハ輙《すなわ》チ寇《あだ》ヲナス（兵を挙げるような動きした）。漠然《ばくぜん》（あいまいに）之ヲ度外《どがい》ニ置キ（無視して）、未タ嘗《かつ》テ膺懲《ようちょう》ノ挙《きょ》（懲らしめる動き）アルコト聞カス。

と述べられており、安藤氏の支配が有名無実化し、「毛人」（アイヌ）が不穏な動きをしても、一度も討伐することがないと断じている。その一方、武田信広に対しては、「**安倍・田村両将軍**ニ亜《つ》クト曰《いう》（準ずるといわれる）モ則《すなわ》チ可ナリ」と高い評価を与えている。

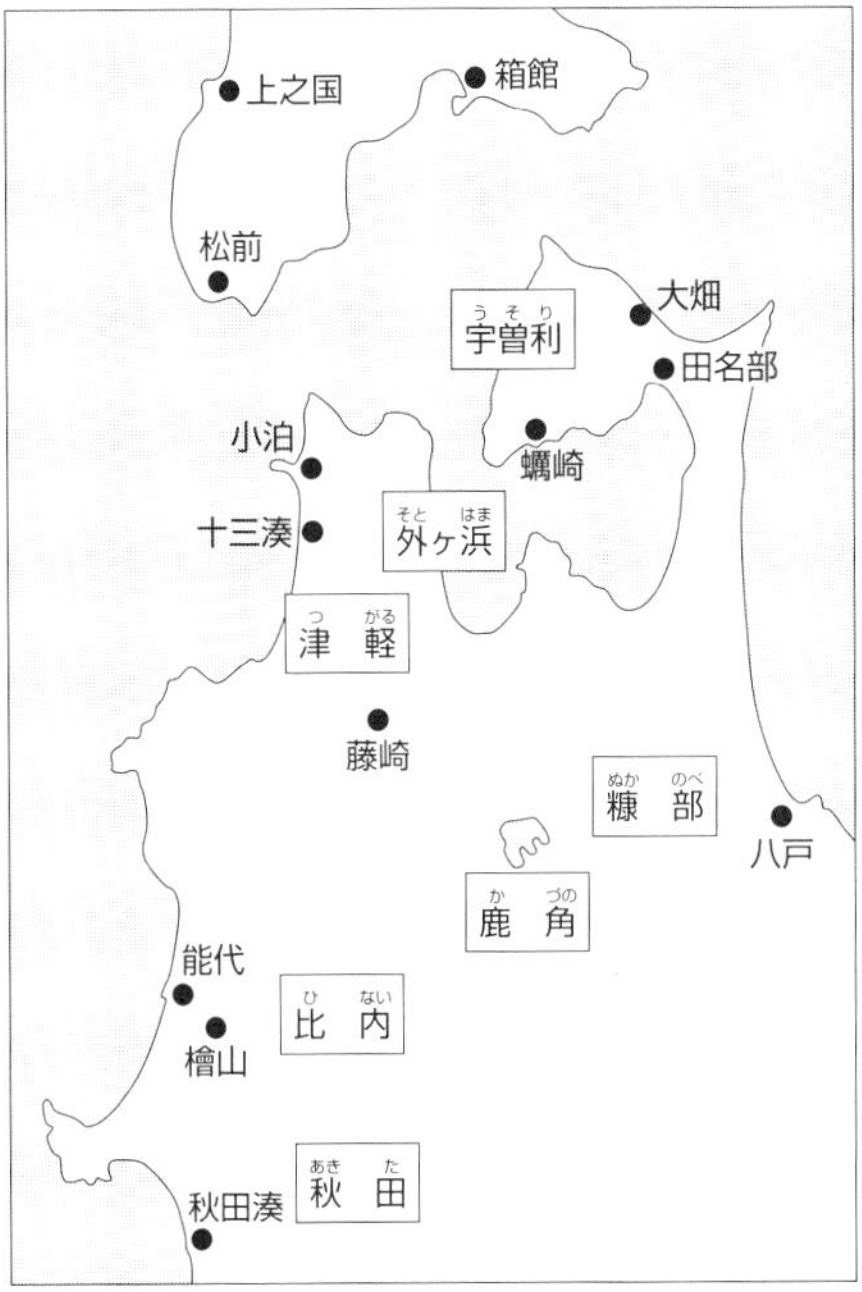

中世の奥州北部

前項でも述べたように『寛永系図』では、安藤氏についてほとんど言及はない。『記録』

安倍・田村両将軍　7世紀中ごろに日本海を北征した阿倍比羅夫と、8世紀末から9世紀初頭にかけて征夷を実施した坂上田村麻呂をさす。

で安藤氏は、武田氏から「主君と仰」がれ、その記述は大幅に増えているものの、安藤氏の夷嶋支配に疑義をはさむような内容となっている。

その後、寛政《かんせい》11（1799）年に幕府が編纂した「松前家系図」（『**寛政重修諸家譜**《かんせいちょうしゅうしょかふ》』所収）には、かろうじて「伊駒安東**太**政季《いこまあんどうたまさすえ》等とともに、南部の大畑《おおはた》（青森県むつ市北部、津軽海峡に面する）より纜《ともづな》を解《とい》て松前にわたる」と書かれているだけで、渡海後の安藤氏の活動についての記述はみられない。

そこからは、松前藩が安藤氏に対して「実アルニ非ス」といった、その存在を半ば黙殺するような態度であったことがうかがえる。

『記録』に記された武田信広の出自

『記録』によると、「松前当家の元祖」武田信広は、**源頼義**《みなもとのよりよし》の三男・**義光**の系統である、若狭武田氏2代・**武田信賢**《たけだのぶかた》の子であるという。しかし、「遠き慮り《とおきおもんばかり》」により舎弟・**武田国信**《たけだくにのぶ》の養子となるが、国信の息男・**信親**が家督を継いだため、信賢と国信は「家を思ひ」「国を思ひ」、信広を義絶《ぎぜつ》（肉親の関係を絶つこと）して自害させようとしたのである。

そんな信広を不憫に思った家臣の手引きで、宝徳《ほうとく》3（1451）年に若狭（福井県）を脱出。足利（栃木県）経由で享徳《きょうとく》元年（1452）年に田名部に入り、蠣崎を知行したのち安藤政季と「同心」し、同3年に夷嶋へ渡っている。

その後、長禄《ちょうろく》元（1457）年に勃発したアイヌの蜂起により、和人勢力は「道

寛政重修諸家譜　寛政年間に幕府が編修した系譜集。『寛永諸家系図伝』の続編にあたる。

太　本来は長男をさすが、ここでは安東氏の惣領の意。

源頼義　144ページ参照。

義光　源義光。178ページ参照。

武田信賢　1420～1471年。若狭武田氏第2代当主。

武田国信　1438～1490年。若狭武田氏の第3代当主。

信親　武田信親。1458～1485（?）年。若狭武田氏の第4代当主。

南十二館」のうち実に十館を失うが、下之国の守護・**茂別八郎式部太輔家政**《もべつはちろうしきぶたいふいえまさ》と上之国の花沢の館主・**蠣崎修理大夫季繁**《かきざきしゅりたいふすえしげ》だけは、堅固に城を守りとおした。

この時、武田信広が惣大将として、アイヌのリーダーであるコシャマイン父子を射殺し、他のアイヌも多数斬殺。これにより「凶賊」はことごとく敗北し、信広はアイヌの戦いを鎮圧する華々しい活躍をみせた。この勝利の結果、信広は蠣崎季繁の家督を継ぎ、松前藩の「元祖」となるのである。信広はまさに、**貴種流離譚**《きしゅりゅうりたん》にふさわしい経歴の持ち主といえるだろう。

その信広だが、明応《めいおう》3（1494）年に64歳で没していることから、生年は永《えい》享《きょう》3（1431）年となる。が、『寛永系図』では78歳で没したことになっていて、生年は応永《おうえい》26（1419）年ということになる。いずれにしても信広が、応永27年生まれの信賢から生まれるのは無理があるだろう。このように、信広を若狭武田氏出身とする系図は、事実関係からも破綻しているのである。

【若狭武田氏略系図】

信繁
- 信栄
- 信賢―（信広）
- 国信―信親―元信―元光―信豊―義統―元明〈断絶〉

茂別八郎式部太輔家政　182ページ「下国（安藤）家政」参照。

蠣崎修理大夫季繁　182ページ「蠣崎季繁」参照。

貴種流離譚　説話の一類型で、若い神や英雄が漂泊しながら、試練を克服して尊い地位を得る物語のこと。

信広の真の出身地は果たしてどこなのか

しかし武田信広自身は、若狭武田氏側の系図にいっさい出てこない。むしろ、信広を蠣崎出身とする二次史料はいくつもある。18世紀前半、南部藩・伊藤祐清《すけきよ》が著した『**祐清私記**《ゆうせいしき》』によると、

松前氏先祖は当南部家十三代守行《もりゆき》公の舎弟と聞く、田名部の内柿崎を知行して居館を構へ、夷《えぞ》を退治せしめられ、夫《それ》より松前の夷を悉《ことごと》く従へやがて嶋の主となり子孫繁昌す。

とある。松前氏の先祖(武田信広)は**南部守行**《なんぶもりゆき》の舎弟であり、蠣崎を知行して居館を構え、アイヌを討ち、松前のアイヌを従えて「嶋の主」になったのである。このエピソードは、「南部家の系図にものせず、古人申伝へ」を書き記したものだという。

また、後述する康正《こうしょう》2(1456)年から翌年にかけて下北半島で起こった「**蠣崎蔵人**《かきざきくろうど》**の乱**」に関する史料では、乱を起こした

蠣崎城跡発掘調査の様子
(むつ市教育委員会)

祐清私記　南部藩26代信直、27代利直の二代にわたる治世を中心に、歴史的経緯を加えて藩の史実を書き記したもの。

南部守行　1359~1437年。三戸南部氏第13代当主。

蠣崎蔵人の乱　1457年に起きた、田名部の蠣崎城主・蠣崎蔵人信純による、南部氏に対する反乱。南部氏による追討により、蠣崎城は陥落した。

「蠣崎蔵人信純《のぶずみ》」の本姓は「武田五郎信純」であり、一族に「蠣崎平右衛門信広」の名前がみえる。これらのことを勘案して、蠣崎信純と武田信広は異名の同一人物という見解もある。このように江戸時代の南部藩では、武田氏が下北半島の蠣崎氏に出自を持ち、蠣崎氏が松前藩の祖と信じられていた。

『蝦夷島奇観《えぞしまきかん》』付録によると、信広は「若狭州のひと彦太郎信広（中略）此辺及び蝦夷島の名産たる海帯《こんぶ》等を交易して国に送りし物なるへし」とされ、信広を若狭出身としながらも、その海商的性格に注目している。信広は津軽海峡を挟んで交易に従事する一方、「勇気麁豪《そごう》」な武将的性格を兼備し、館主間や対アイヌの紛争に関わりながら、勢力を植えつけ拡大していったのだろう。

これらのことからも、信広の出身は、若狭とするよりも下北半島の蠣崎あたりとみた方がふさわしいのである。

蝦夷島奇観　江戸幕府の役人として蝦夷地踏査した、村上島之丞（むらかみしまのじょう）、筆名・秦檍丸の著作。1799年ごろ、アイヌの習俗を絵とともに説明した民族誌で、写本の一部に付録が残されている。

［参考文献］
『新撰北海道史』第二巻通説一（北海道庁、1937年）
『新北海道史』第二巻通説一（北海道、1970年）
青森県文化財保護協会編『〈みちのく叢書第2巻〉東北太平記』（国書刊行会、1982年）

topic.....26

道南「三守護体制」の設置とコシャマインの戦い

「道南十二館」の再編とアイヌ民族の動向

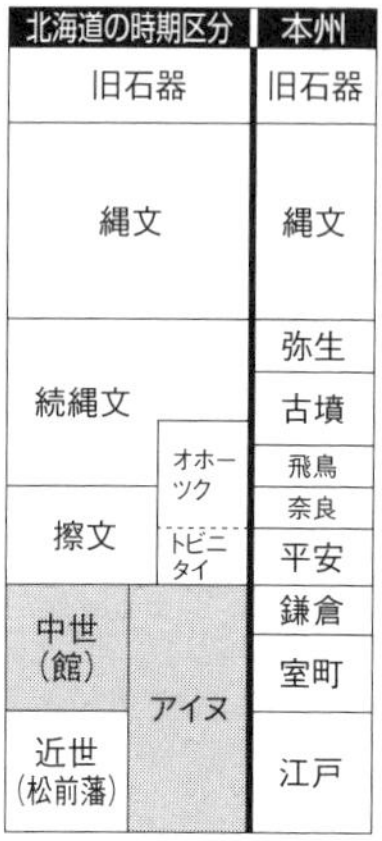

アイヌの蜂起にさらされた三守護体制の「道南十二館」

安藤政季は康正《こうしょう》2（1456）年に夷嶋《えぞがしま》を去るにあたり、渡島半島を「下之国」（松前以東函館まで）、「松前」（渡島半島西端部）、「上之国」（松前以西上ノ国）に3区分し、それぞれに守護・副守護に預け置く「三守護体制」を設けた。

『記録』によると「下之国」は、政季の弟・下国《しものくに》家政を守護、河野政通《こうのまさみち》を副守護に、「松前」は下国定季《さだすえ》を守護、相原《さがら》政胤《まさたね》を副守護に、「上之国」は武田信広を守護、政季の婿・蠣崎季繁《すえしげ》を副守護に据え、「夷賊の襲来を護らしめ」ようとした。

ところが翌長禄《ちょうろく》元（1457）年、アイヌが蜂起する。その攻撃に、志濃里《しのり》の館主・小林良景《よしかげ》、箱館の館主・河野政通、中野の館主・佐藤季則《すえのり》、脇本の館主・南條季継《すえつぐ》、穏内《おんない》の館主・蒋土季直《こもつちすえなお》、覃部《およべ》の館主・今泉季友《すえとも》、松前の守護・

下国定季、副守護の相原政胤、祢保田《ねぼた》の館主・近藤季常《すえつね》、原口の館主・岡辺季《すえ》澄《すみ》、比石《ひいし》の館主・厚谷重政《あつがやしげまさ》がつぎつぎと攻め落とされていった。その結果、わずかに下之国の下国家政と上之国の蠣崎季繁が持ちこたえただけだという。

「道南十二館」成立の背景に安藤氏による「東夷成敗」

「三守護体制」は、道南の館主を本ページの表のように組織化したものと推測できる。これらの館は「道南十二館」と総称されるが、その成立については不明な点が多く、十二

【三守護体制と諸館】

三守護	守護	副守護	所属の館
下之国	下国家政（茂別館①）	河野政通（箱館②）	**志濃里館③、中野館④**
松前	下国定季（大館⑤）	相原政胤	**脇本館⑥、穏内館⑦、覃部館⑧、祢保田館⑨、原口館⑩**
上之国	武田信広	蠣崎季繁（花沢館⑪）	**比石館⑫**

＊『記録』には、武田信広が享徳3（1454）年に上之国の蠣崎季繁のもとへ寄留した際に、「信広朝臣を副へ置く」とあるが、副官がわずか2年で守護になるとは考えにくい。

＊道南十二館の現在地

①茂別館　北斗市茂辺地。
②箱館　函館市元町。
③志濃里（志苔）館　函館市志海苔町。『記録』では「志濃里」館、史跡名は「志苔」、現在の地名は「志海苔」となっている。
④中野館　木古内町中野。
⑤大館　松前町西館。
⑥脇本館　知内町湧元。
⑦穏内館　福島町吉岡。
⑧覃部館　松前町東山。
⑨祢保田館　松前町前浜。
⑩原口館　松前町原口。
⑪花沢館　上ノ国町上ノ国。
⑫比石館　上ノ国町石崎。

館のうち唯一、本格的に発掘調査された志苔(志濃里)館が、14世紀段階に構築されたと推定されている。また後述するように、14世紀中葉に著された『庭訓《ていきん》往来《おうらい》』には、函館の旧名である「宇賀《うが》の昆布」や「夷鮭《えぞさけ》」がみられることから、14世紀には安藤氏の家臣団や下北半島の豪族が中心となり、交易の拠点として館状の施設を設けたものと思われる。

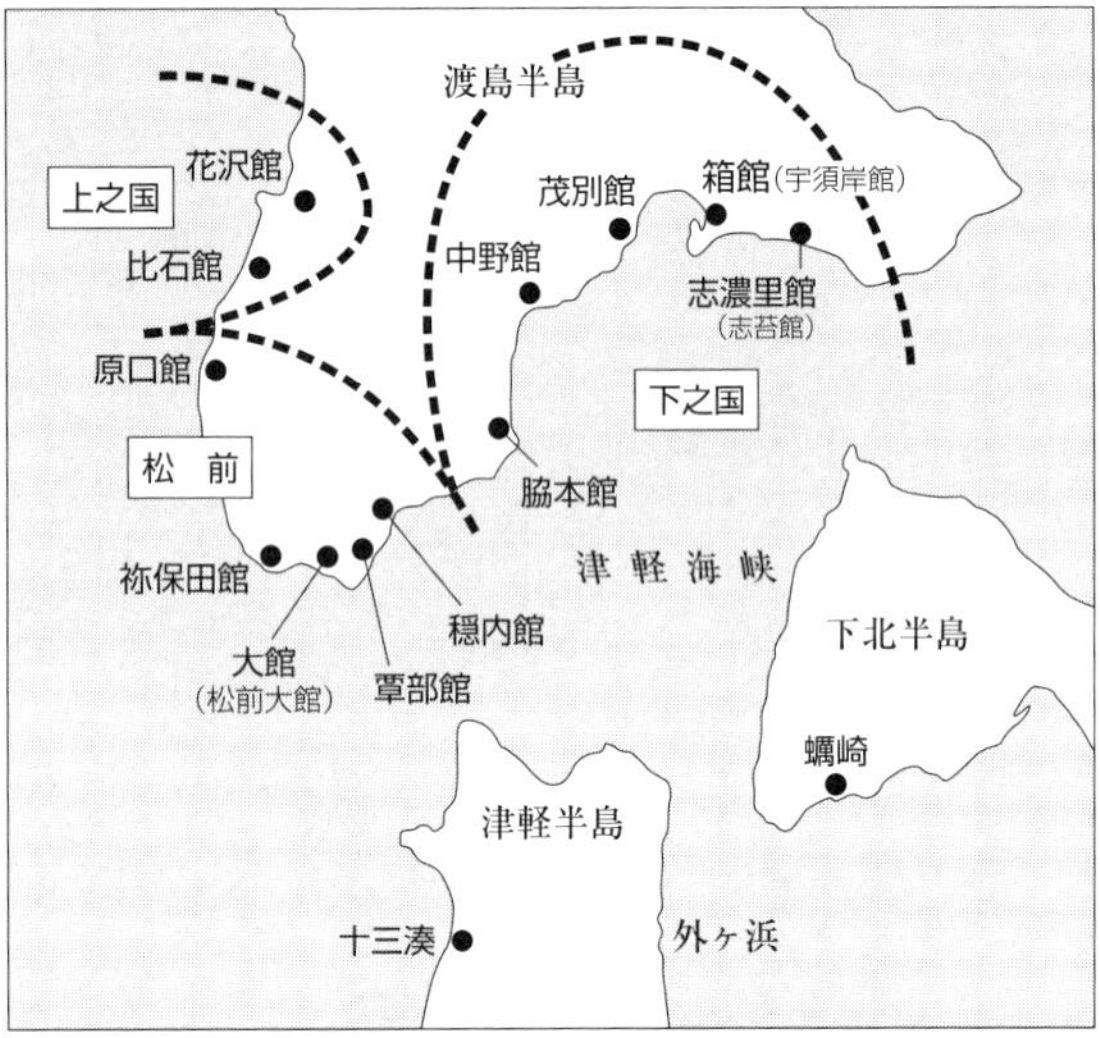

道南十二館と三守護職

さらに、アイヌから攻撃を受けた道南十二館以外にも、館の存在が確認できる。永《えい》正《しょう》9(1512)年に「宇須岸《うすけし》・志濃里・與倉前《よくらまえ》」の館がアイヌに攻め落とされており、「宇須岸」は箱館を指すが「與倉前」は初見である。アイヌに攻撃されなかった館、アイヌと連携して残った館の存在も想定すべきであろう。

ここにみえる各館主の名前

庭訓往来　室町時代前期～応永年間(1394～1428年)に成立したとされる。往来物(往復の手紙)の形式をとる庶民用の初等教科書の一つで、室町から江戸時代にかけて広く流布した。

には、「政」「季」の字がみられる。これは館主たちが安藤政季から**偏諱《へんき》を賜った**ものであり、安藤氏との間に**被官**関係があったことがうかがえる。鎌倉時代からの安藤氏による「東夷成敗」（トピック20参照）の成果なのであろう。

この体制により、横並びの館主を〈安藤氏―三守護―館主〉という序列によって支配し、安藤氏が「夷賊の襲来を護」る軍事権と交易を集中管理する権限を三守護に付与したものと思われる。

偏諱を賜う 将軍や大名が、功績のあった下臣などに自らの名の一字を与えること。

被官 主従関係の従者にあたる。

コシャマインの戦いを鎮圧した武田信広

康正《こうしょう》2（1456）年の春、乙孩《おつかい》（アイヌの男性）と志濃里《しのり》の鍛冶屋との間でマキリ（鉄の小刀）の出来の善し悪しをめぐり口論となり、鍛冶屋が男性を刺殺した。これをきっかけにアイヌが蜂起し、戦いは大永《だいえい》5（1525）年まで続く。その結果、東西数十日の範囲に住む者某《しゃも》（和人）が殺害され、生き残った者は「松前と天河《あまのがわ》」の間に集住することになったという。

康正2年の戦いの様子は明らかになっていないが、この戦いを継いだのが翌長禄《ちょうろく》元年5月に勃発した「コシャマインの戦い」である。『家記』ではコシャマインを「東部の酋長」としており、道南十二館東端の志濃里館から西へ進撃していることから、根拠地は渡島半島東部（「日ノモト」）の内浦湾沿いの地とみられる。

コシャマインをリーダーとするアイヌ軍は、道南の十館をつぎつぎと攻め落とし、茂別館と花沢館が残るところとなった。各館の軍勢は不明であるが、アイヌの攻撃に備えて連携していたはずの館が、雪崩を打つように陥落した事実は、コシャマインが指揮するアイヌ側の組織性の高さを証明するとともに、なかにはアイヌ側についた館主がいた可能性も考えられる。

武田信広は、**惣大将**《そうだいしょう》としてコシャマインと戦うことになる。『家記』は「諸《しょ》豪《ごう》会議信広ヲ推《お》シテ主帥《しゅすい》（大将）」にしたと記すように、館主層である「諸豪」が信広を合議でリーダーに推した。信広はコシャマイン父子を射殺し、侑多利《うたり》（アイヌ語で仲間・同胞・人々の意）を多数斬殺したことにより、この戦いを鎮圧することに成功する。

コシャマインの戦いは、夷嶋の基本的対立が、「蠣崎（武田）氏を頂点とする館主層とアイヌ民族」という構図を持つ事実を浮かび上がらせ、アイヌ民族の結びつきを強めることとなった。

『記録』をみると、この時期以降「渡党」という両属的な表現は姿を消し、「夷狄《いてき》」「凶賊《きょうぞく》」「夷賊《いぞく》」

武田信広画像
（北海道大学附属図書館蔵）

惣大将　総大将とも。複数の軍で編成する軍団において、全軍を率いて指揮する大将のこと。

など民族的偏見を含む表現のほかに、「侑多利《うたり》」というアイヌ語表現が使われるようになる。これは、夷嶋におけるアイヌ民族のアイデンティティーの高まりを間接的に示しており、コシャマインの戦いが夷嶋に与えた影響の大きさをうかがわせる。

下北「蠣崎蔵人の乱」に参加した夷嶋のアイヌ

この戦いには、「**日《ひ》ノモト**」アイヌの情勢が関わっていたようである。康正2（1456）年のアイヌの戦い、翌年のコシャマインの戦いが起きた同じ時期に、津軽海峡をはさんだ対岸の下北半島で「蠣崎蔵人《くろうど》の乱」が起きていた。

この乱について、江戸時代初期に南部浪人の福士長俊が『**東北太平記**』として書き残している。これによると、下北半島蠣崎の蠣崎蔵人（武田信純）が文安《ぶんあん》5（1448）年、順法寺（むつ市城ケ沢）の城主・**新田義純**《にったよしずみ》を謀殺したことを発端に、南部氏との間に緊張状態が生じた。蠣崎氏と南部氏は、康正2年に戦闘状態に入り、終結するのは同3年2月である。

『東北太平記』には、後代に著された軍記物という史料的問題もあるが、『**遠《とお》野《の》南部家文書**』の康正3年の条には、戦いで功績をあげたと思われる者への推挙状も残されており、戦乱があったことは事実であろう。この軍記物によると、蠣崎氏側にはアイヌが援軍として参加していた。康正2年9月14日の戦い

日ノモト　本文166ページ参照。

東北太平記　江戸初期に福士長俊が著わした、「蠣崎蔵人の乱」についての軍記物。『北部御陣日記』『田名部御陣日記』とも。

新田義純　?〜1448年。南北朝の乱に敗れた北部（きたべ）王家5代目。南部氏の庇護を受けたが、蠣崎蔵人に謀殺され、乱の一因をつくった。

遠野南部家文書　重要文化財指定の八戸（遠野）南部氏所伝の文書。南北朝時代の奥州の情勢を伝える貴重な史料を含む。

では、蠣崎氏側の軍勢として、「武田右衛門佐信利一万弐千の荒狄を引率」とか、「横平に責め懸る夷蝦三千余り」といった記述がみられる。

さらに、康正3年正月元旦には、「北部の惣大将蠣崎蔵人信純は、日頃の遺恨を散せんと能斗《よくはか》り（くわだて）、氏族蠣崎平右衛門信広に、新手の夷壱万二千を与」えたとある。乱に参戦したアイヌの数は実数とは思えないが、夷嶋のアイヌが蠣崎氏側の援軍として加わった可能性は大きい。

アイヌが、実際に蠣崎・南部両氏とどのような関係にあったのかは不詳だが、『画詞《えことば》』にも「夷賊」（アイヌ）の参戦が記されており、14～15世紀ごろには、津軽海峡をはさんでアイヌの往来が常態化し、実際に「蠣崎蔵人の乱」にもアイヌが参戦したのであろう。さらに、同時期に津軽海峡をはさんで勃発した、コシャマインの戦いと蠣崎蔵人の乱が無関係とは考えにくい。

それぞれが、どのような関わりを持っていたのかは不明である。しかし、アイヌ民族が海峡をはさんで、南部氏・安藤氏・蠣崎（武田）氏らと複雑に結びついていたことは事実であろう。

［参考文献］
函館市教育委員会編『史跡志苔館跡1』（函館市教育委員会、1984年）
海保嶺夫『中世の蝦夷地』（吉川弘文館、1987年）
青森県文化財保護協会編『〈みちのく叢書第2巻〉東北太平記』（国書刊行会、1982年）

topic……27

「日ノモト」アイヌのラッコ交易がもたらした富と軋轢

蠣崎氏の家督簒奪と守護・武田信広の誕生

北海道の時期区分		本州
旧石器		旧石器
縄文		縄文
続縄文		弥生
続縄文		古墳
擦文	オホーツク	飛鳥
擦文	オホーツク	奈良
擦文	トビニタイ	平安
中世（館）	アイヌ	鎌倉
中世（館）	アイヌ	室町
近世（松前藩）	アイヌ	江戸

「日ノモト」アイヌと三守護体制の軋轢

昭和43（1968）年、函館市の**志苔**《しのり》（志濃里《しのり》）**館**《たて》近くから、三つの甕《かめ》とともに37万4000余枚の古銭が出土した。最も新しい銭は、明代の**洪武通宝**《こうぶつうほう》（1368年初鋳）であり、これらが14世紀後半ごろにつくられた甕に詰められていた。

そのため、埋納されたのは14世紀後半から15世紀初頭ごろと想定され、志濃里館を中心に盛んな交易がおこなわれていた様子がうかがわれる。これは「日ノモト」アイヌが、アザラシ皮・鷲羽《たかのは》、さらに「**夷鮭**《えぞざけ》**・宇賀**《うが》**昆布**」（『庭訓往来』）などを志濃里館にもたらした結果と思われる。

15世紀になると、それらにラッコ皮が加わるようになった。応永《おうえい》30（1423）年、「安藤陸奥守」が**足利義量**《よしかず》の将軍就任の祝賀として「海虎《らっこ》皮三十枚」（『後鑑』）などを献上した。これが筆者の知る限り、ラッコ記事の初見である。

志苔（志濃里）館　函館湾に面した海岸段丘上に築かれた、道南十二館の一つ。193ページ参照。

洪武通宝　1368年、明の初代皇帝・洪武帝が鋳造した銅銭。

夷鮭・宇賀昆布　アイヌの人々が捕獲、加工したサケと、宇賀（のちの箱館）で採られた昆布。

足利義量　1407〜1425年。室町幕府第5代征夷大将軍。

また永享《えいきょう》5(1433)年、明《みん》に遣わす品として「ランコ皮唐土《もろこし》ニテハ冬入者《いりもの》也」(『大乗院寺社雑事記』7)がみえるほか、翌永享6年に琉球国から明に進貢された品にも「海獺(中国語で「ラッコ」の意)皮二百張」(『歴代宝案』巻16、1-16-22)の記述がみられる。

ラッコは漢字で「海虎」「猟虎」「海獺」などと書き、日本周辺では千島列島からカムチャツカ半島にかけて分布する。この皮は、「日ノモト」アイヌを介さなければ入手は難しく、15世紀にカムチャツカ半島で内耳《ないじ》鉄鍋を模した内耳土鍋(本文118ページ参照)が出土していることから、アイヌ文化が波及していたことは明らかである。

「日ノモト」アイヌが新たなラッコ皮交易を進めようとする時、夷嶋《えぞがしま》の交易を集中管理する「三守護体制」が大きな障害となったことを考えると、両者の結節点である志濃里館でアイヌの戦いが勃発したのは象徴的である。

蠣崎・安藤両氏に姻戚関係を拡大した武田氏

コシャマインの戦いが終わった直後、下之国の守護・下国(安藤)家政が戦勝を祝う「献酬の礼」をおこなうため、上之国の「若狭守**修理大夫**《しゅりたいふ》」(蠣崎季繁)のもとにやってきた。

その際に家政は、刀を武田信広に「授《さず》」(上から下へ)け、季繁は喬刀《たち》(太刀)を同

志苔(志濃里)館付近で出土した古銭(市立函館博物館蔵)

修理大夫 平安時代、宮中の造営や修理を任務とした修理職の長官。のちに単なる尊称となった。

じく「授」けた。それに対し、信広は大刀を家政に「進」（下から上へ）じている。信広にとって、安藤・蠣崎両氏が身分的に上位にあったことを、『記録』も認めているのだ。

この「献酬の礼」を経て、信広は蠣崎家の家督を継ぐことになる。しかし『記録』によると、修理大夫（蠣崎季繁）は自分の娘を信広に嫁がせることで家督をつがせたが、その娘は実は安藤政季の息女で、季繁が養女としたものであったという。「実は安東太政季の聟《むこ》（婿）たるなり」とも述べられているように、この婚姻によって信広は、蠣崎・安藤両氏に姻戚関係を拡大し、他の館主層に優越する立場を手に入れたことになる。

函館湾に面した海岸段丘に広がる志苔（志濃里）館跡
（函館市教育委員会提供）

季繁の死と、蠣崎氏の家督を簒奪した武田氏

とはいえ、この家督移譲がスムーズに実現したとは思えない。『福山秘府』（以下『秘府』）は蠣崎季繁の没年月日を寛正《かんしょう》3（1462）年5月12日としている。『秘府』は、松前藩8代藩主・**松前道広**《みちひろ》の命をうけた家老の**松前広長**《ひろなが》が、安永《あんえい》9（1780）年に脱稿した松前

松前道広　1754～1832年。第8代藩主として、寛政元（1789）年に起きた「クナシリ・メナシの戦い」に家臣を多数派遣して鎮圧した。

松前広長　1738～1801年。第6代藩主・邦広（くにひろ）の5男。村上系松前家をつぎ、藩財政の再建に務めるとともに、『福山秘府』『松前志』などの編集・執筆も手がけた。

藩史料の集大成である。

その『秘府』の「凡例追記」には、『記録』が「始祖之嗣父《しふ》(継父)」である季繁の卒年《そつねん》(没年)を掲載しなかったのは重大な手落ちであるとして、道広の了解を得て卒年と諡《おくりな》を追記したと書かれている。

このように『記録』が、季繁の晩年を無視するような扱いをしていることからも、信広が家督と「上之国守護」を簒《さん》奪《だつ》したという従来の見解は妥当であると思われる。

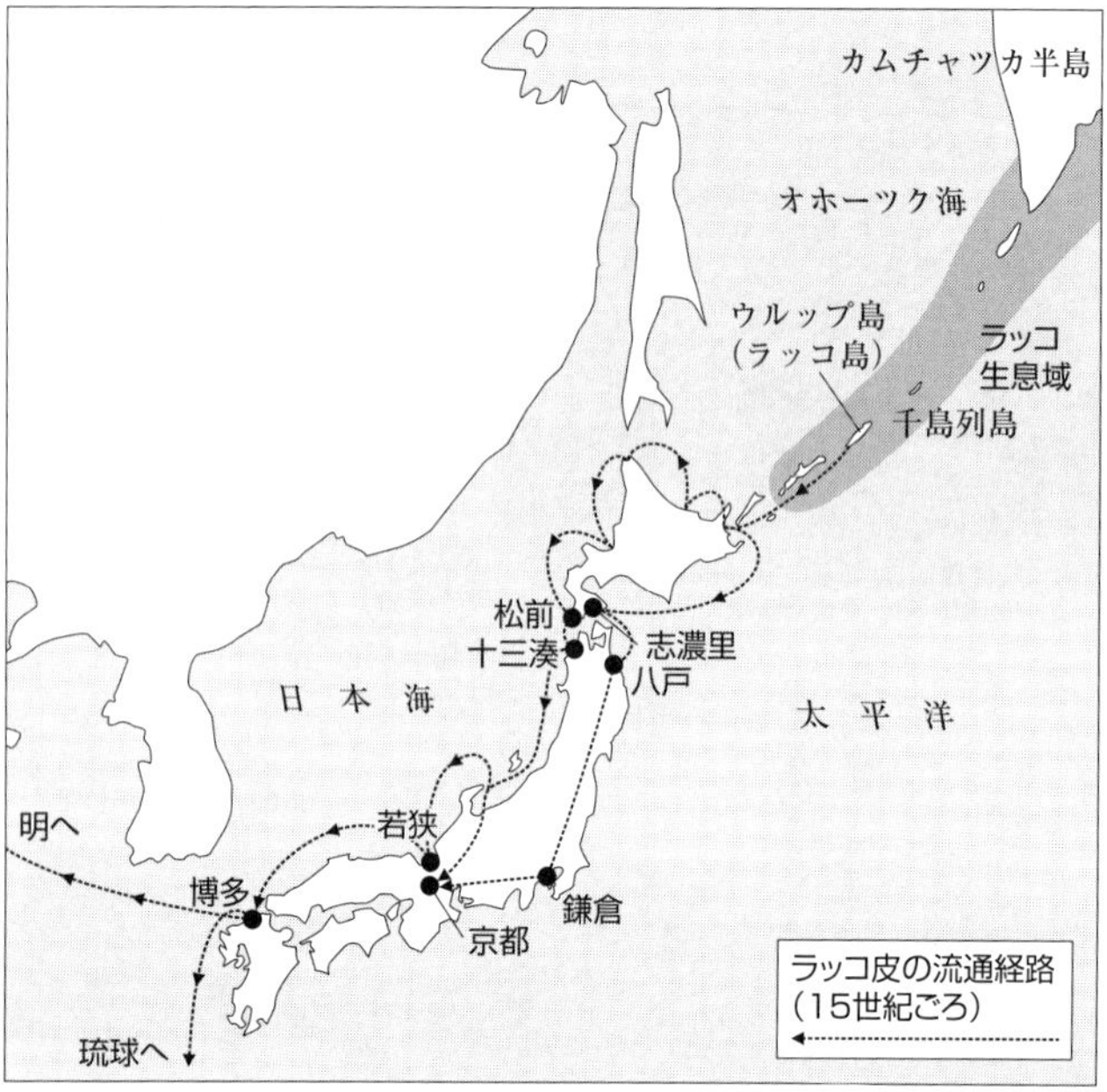

ラッコ皮の流通経路（15 世紀ごろ）

諡　貴人の死後、生前の事績への評価に基づいて奉る名。

簒奪　君主などの地位の継承資格がない者が、その地位を奪い取ること。

トピック24で、信広が寛正3年、上之国に毘沙門堂《びしゃもんどう》を建立したエピソードを紹介したが、これによって信広は、北天の守護神として「上之国守護」の地位を獲得し、蠣崎氏の家督を手に入れたことを表明したとみてよいだろう。これ以降、信広は「上之国守護」として本格的に活動し、明応《めいおう》3(1494)年に64歳で没している。

『記録』には「康正《こうしょう》二年より治世三十九年」とあり、信広の政治の起点を康正2(1456)年においている。また『家記』は、「渡島ヲ総轄シ其《その》業ヲ創《はじ》メ其国ヲ建ルハ、実ニ長禄元年歳次《さいし》(年)丁丑《ひのとうし》ニ在リ」として、長禄元(1457)年を起点にしている。

いずれも、信広の覇権の起点として意味を持つが、簒奪したものという見方からすれば、寛正3(1462)年に画期があったとみることができる。

丁丑　干支の一つで、1457年がそれにあたる。

[参考文献]
大塚和義編『北太平洋の先住民交易と工芸』〈児島恭子「日本史のなかのラッコ皮交易」〉(思文閣出版、2003年)
『北海道大学総合博物館研究報告6』〈関口明「中世日本の北方社会とラッコ皮交易」〉(北海道大学総合博物館、2013年)
入間田宣夫他編『北の内海世界　北奥羽・蝦夷ケ島と地域諸集団』〈斉藤利男「北緯四〇度以北の十から十二世紀」〉(山川出版社、1999年)

topic..... 28

約1世紀続いたアイヌ民族の戦いと箱館地域の状況

「宇楚里鶴子遍地」をめぐる戦いと安藤氏

北海道の時期区分		本州
旧石器		旧石器
縄文		縄文
続縄文		弥生
		古墳
	オホーツク	飛鳥
擦文		奈良
	トビニタイ	平安
中世（館）	アイヌ	鎌倉
		室町
近世（松前藩）		江戸

長期にわたった
アイヌ民族の戦い

志濃里の鍛冶屋村で端を発したアイヌ民族の戦いは、『記録』に「夷狄《いてき》悉《ことごと》く蜂起して、康正《こうしょう》二年夏より大永《だいえい》五年春に迪《いた》るまで、（略）活き残りし人皆松前と天河《あまのがわ》とに集住す」とある。康正2（1456）年に起きたアイヌの戦いが、大永5（1525）年まで70年近く続き、生き残った和人は松前と天《あま》の川（上之国）に集住したという。

『記録』は、大永5年の戦いの内容について触れていないが、この年に「集住」のきっかけとなる戦いがあったと考えてよいだろう。そこで『記録』などの記述から、アイヌの戦いや殺害事件に限って拾い出してみると、次ページの表のようになる。

これによると、長禄《ちょうろく》元（1457）年に武田信広がコシャマイン父子を射殺したのち、一応は平和な状態が続いているようにみえるが、16世紀になると再び

【アイヌの戦いと武田氏の謀略】　＊『記録』より抽出し、他の史料による場合は出典を付記した

発生年	アイヌ側	和人・武田氏側
１４５６年	夷狄悉く蜂起	志濃里の鍛冶屋村が発端
１４５７年	夷狄蜂起、コシャマイン父子射殺	茂別館と花沢館を残し十館陥落
１５１２年	夷賊、宇須岸・志濃里・與倉前を攻落	河野季通・小林政景殺害
１５１３年	夷狄発向(出発)、松前大館攻落	守護相原季胤・村上政儀殺害
１５１５年	夷賊徒蜂起	蠣崎(武田)光広、ショヤ・コウジ兄弟を松前で斬殺、他のアイヌも討殺
１５２５年	東西蝦夷蜂起	和人　松前天河に集住(『松前家記』)
１５２８年	狄忍び来り郭内を刧(おびや)かさんとす	蠣崎義広、鑓で突き殺す
１５２９年	狄発向、上之国和喜館を攻めんとす	義広、酋長タナサカシ射殺、数百のアイヌ討殺
１５３１年	狄忍び来り松前大館を侵さんとす	義広、射殺
１５３６年	狄(タリコナ夫婦)斬殺　＊タナサカシの聟(むこ)	「以後国内東西安全」
１５６２年	夷賊茂別館を攻撃	下国師季　松前逃来(『安倍姓下国氏系譜』)

断続的な戦いが続いている。こうした動きに対し『記録』は、**蠣崎光広**《みつひろ》や**義広**の智略・謀略により難局を切り抜けたと描写している。勝つためには手段を選ばない戦国武将の姿が、そこにみてとれる。

一方のアイヌ民族は、コシャマイン亡きあとも戦いを続けていたようで、後述するように、15世紀の第3**四半世紀**（1450〜1474年）ごろまで、箱館周辺を支配下においていたとみられる。このように、16世紀になっても戦いは止まず、時には松前大館まで攻撃を仕掛けていたことがわかる。

「東西数十日程」に居住していた「者某《しゃも》」（和人）は、70年近くにおよぶ戦いのなかで「松前と天河《あまのがわ》（上之国）」への集住を余儀なくされ、天文《てんぶん》5（1536）年の**タリコナ夫婦**の謀殺により、ようやく「松前と天河」の「国内東西安全」が実現したと『記録』にある。しかし、永禄《えいろく》5（1562）年になってもアイヌが茂別館を攻撃しているように、蠣崎（武田）氏は変わらず守勢に立たされていた。

安藤氏が回復を願った所領とは

コシャマインの戦いから20年ほど下った応仁《おうにん》2（1468）年、安藤師季《もろすえ》（政季のことか）は**熊野那智大社**《くまのなちたいしゃ》に所領回復の**願文**《がんもん》を奉納している。そこには次のように書かれていた。

右意趣《いしゅ》は、奥州下国弓矢《ゆみや》（戦い）に本意を達し、本の如《ごと》く津軽外浜《そとがはま》・宇楚《うそ》

蠣崎光広　1456〜1518年。武田信広の子。本拠地を松前大館に移し、夷嶋の経営に注力した。

義広　蠣崎義広。良広とも。1479〜1545年。蠣崎光広の子。

四半世紀　1世紀を4分割し、25年単位で時期を特定する方法。

タリコナ夫婦　『記録』によると、タナサカシの娘である妻の勧めによって、夫婦で蠣崎義広の殺害を企てたとある。

熊野那智大社　和歌山県にある、那智の滝を中心に中世修験道とともに栄えた神社。2004年、「紀伊山地の霊場と参詣道」の一部として世界文化遺産に登録された。那智権現とも。

里鶴子遍地《りけしべち》悉く安堵仕り候はば、重ねて寄進申す処実なり。怨敵退散、武運長久、息災延命、殿中安穏、心中に願う所、皆満足せしめ、祈り奉り申す所の願書の状件の如し。

この記述からは、師季が熊野大社に「津軽外浜」と「宇楚里鶴子遍地」の回復を願っている様子がわかる。

熊野那智大社本殿（尾関健治氏撮影）

「津軽外浜」が**南部氏**によって**押領**《おうりょう》されたのは15世紀半ばのことであるが、問題は「宇楚里鶴子遍地」である。「宇楚里鶴子遍地」を宇楚里《ウソリ》(下北半島)と鶴子遍地《つるこべち》の2地名とする見解もあるが、「**宇楚里鶴子遍地**」は、『画詞《えことば》』にみえる「宇曽利鶴子別《うそりけしべつ》」と同一地名とみなし、函館周辺をさす古地名とみるべきであろう。

安藤師季は函館周辺の領地の回復を願っているが、この地域を失った理由と思われる出来事は、コシャマインの戦い以外に考えられない。この戦いでアイヌ民族側はコシャマイン父子を失ったが、実は戦いから20年を経過してなお、

願文　神仏に願いを伝える際、その趣意を書いた文書。

南部氏　181ページ参照。

押領　他人の所領を力ずくで奪い取ること。

宇楚里鶴子遍地　ウソリケシベチの語原はアイヌ語で、ウソリはふところ・湾・入江を、ケシは彼方・しもてを、ベツは川を意味する。かつて函館は、ウスケシ（宇須岸）と呼ばれた（『記録』）が、これはウスリケシが訛ったものという。

函館地域を確保し続けていた。だからこそ師季は、下国安藤氏として熊野那智大社にこの地域の回復を祈願したのである。

さらに『記録』は、永正《えいしょう》9（1512）年に宇須岸《うすけし》・志濃里・與倉前《よくらまえ》の3館がアイヌに攻め落とされたことを述べたうえで、次のエピソードを紹介している。「宇須岸全盛の時、毎年三回づつ《ママ》若州より商船来《き》」ていた。その時期に若狭（福井県）出身の和尚が随岸寺《ずいがんじ》を建立し、若狭の松を植樹した。初代和尚が亡くなった時、その松も枯れたので、2代目の和尚がその枯松で**医王如来**《いおうにょらい》像を造り、御堂（枝薬師《えだやくし》）に安置した。その御堂も今は「回禄《かいろく》（焼失）して只基礎を遺すのみ」と、宇須岸の衰退ぶりを描写している。

『記録』は、アイヌの相次ぐ戦いが函館周辺地域の衰退をもたらしたと強調したいのだろう。しかしこの地域の衰微は、安藤―武田氏による重層的な交易システムを、アイヌ民族が排除するための戦いによって生じた現象ともいえるのである。

［参考文献］

青森県史編さん中世部会編『青森県史〈資料編　中世1〉』（青森県、2004年）
榎森進『アイヌ民族の歴史』（草風館、2007年）
新藤透『松前景広『新羅之記録』の史料的研究』（思文閣出版、2009年）

医王如来　治病・医薬の仏として広く信仰される、大乗仏教の仏。薬師如来とも。

topic…… 29

交易拠点・勝山館の繁栄と蠣崎氏による守護職の独占

松前守護職を簒奪した蠣崎（武田）氏の策謀

北海道の時期区分		本州
旧石器		旧石器
縄文		縄文
続縄文		弥生
続縄文		古墳
続縄文	オホーツク	飛鳥
擦文	オホーツク	奈良
擦文	トビニタイ	平安
中世（館）	アイヌ	鎌倉
中世（館）	アイヌ	室町
近世（松前藩）	アイヌ	江戸

北方社会との交易拠点となった上ノ国勝山館

コシャマインの戦いが鎮められた直後の長禄《ちょうろく》元（1457）年8月、『家記』に「新城ヲ天王河北《あまのがわきた》ニ築キ勝山ト名《な》ケ《づ》信広従《うつ》ル」とあるように、武田信広は上之国天の川に新たに築いた勝《かつ》山館《やまたて》へ移ったとある。

これによると、勝山館は「天王河北」に造られたことになるが、考古学的には15世紀の第4四半世紀ごろ（1475〜1499年）に造られたといわれており、しかも場所は天《あま》の河《かわ》（川）の南なので、この記述は誤りである。

『秘府』は文明《ぶんめい》5（1473）年条に『**松前年代記**』を引用して、「是歳《このとし》八幡宮を上国館《かみのくにたて》の上に造立し館神《たてがみ》と称す」と記している。上国館が勝山館を指すとすると、この年に八幡宮が館神（館の守護神）として建立され、勝山館が完成したことになる。

松前年代記 1668年ごろに成立した松前藩の年代記。『秘府』に引用されているが、現存せず、詳細は不明。

勝山館最盛期の様子を復元した模型（上ノ国町教育委員会蔵）

これは、寛正《かんしょう》3（1462）年5月12日に蠣崎季繁が死去したことで自立した信広（以降、蠣崎姓）が、蠣崎家の家督継承者として、上之国守護の新拠点を構想した結果とはいえないだろうか。

勝山館は、標高70～110メートルほどの南北に延びる尾根の上に造られている。館の入り口には**切岸**《きりぎし》・柵列・二重の空堀・橋が設けられた、堅固な館である。

また、館の内部には館主が住み、客殿と呼ばれる大きな建物のほか、銅細工・大鍛冶・小鍛冶などの手工業者の竪穴建物、井戸などもみつかっている。

勝山館は和人勢力の前進基地としてのみ、その役割を評価されが

切岸　敵の侵入を防ぐために、斜面を削り人工的に断崖とする防御施設。鎌倉時代から戦国時代にかけての、特に山城の周囲に多い。

ちだが、館跡からはアイヌの狩猟・漁労具である骨角器が大量に出土し、またシロシ(印)が刻まれたマキリ鞘、陶磁器が出土している。

さらに、後背地にある**夷王山墳墓群**《いおうざんふんぼぐん》からは、伸展葬東頭位《とうい》で太刀・漆器・骨角器が副葬され、両耳に耳飾りを装《そう》したアイヌの墓がみつかっており、この館にアイヌと和人が混住していたことが明らかとなった。そこからは、「アイヌ対館主(和人)」のような構図だけでは説明しきれない複雑な様相がうかがえ、今後のさらなる研究が待たれる。

また、館外の大澗《おおま》湾や天ノ川河口部には港湾施設が設けられ、本州・北方社会との交易の拠点になっていたことが想定される。『秘府』の文明17(１４８５)年条には「是歳《このとし》、北夷《ほくい》**瓦硯**《がけん》を出す」とあり、「北夷《ほくい》」(唐子アイヌ)が**銅雀台**《どうじゃくだい》の瓦硯を献上している。その献上先こそが勝山館とみられ、15世紀末には勝山館が、上之国守護職の居城として、北方社会と蝦夷をつなぐ交易の拠点になっていたことがうかがえる。

光広の策謀により失脚した下国氏

蠣崎氏は、アイヌとの安定した関係を確立する必要に迫られながら、一方で他の有力館主層との覇権争いを繰りひろげていた。まず、信広から家督を継いだ光広は、松前守

夷王山墳墓群　夷王山の山裾にある、600基ほどの墳墓のこと。勝山館があった時代の墓とされる。

瓦硯　石の硯(すずり)が主になる前、使われた陶製の硯。「かわらすずり」とも。

銅雀台　魏の曹操が築いた河南省鄴城内西北隅にある建物。その瓦を硯にしたものが珍重され、蠣崎(松前)氏も家宝とした。

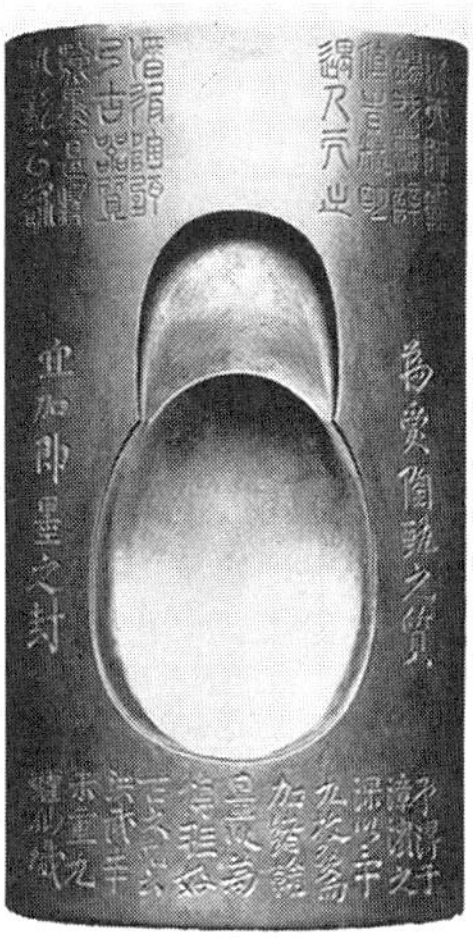

松前町郷土資料館蔵の銅雀台瓦硯
(北海道大学附属図書館提供)

護職への圧力を強めた。松前では下国《しものくに》(安東)定季《さだすえ》の死去後、息男の恒季《つねすえ》が家督を継いでいたが、行動が乱暴で無実のものを殺してしまう有様であった。

それに対して光広は、「諸士等此旨《このむね》を檜山に**注進**《ちゅうしん》するの間、**討手**《うって》を下し遣し」、明応《めいおう》5(1496)年に恒季を殺害したという。諸士の注進を受け、討手を派遣したのは**檜山**の**安藤宗家**と読めるが、安藤宗家が夷嶋《えぞがしま》へ軍事権を発動じたことは一度もなく、討手の主体は蠣崎氏と読むべきであろう。

すなわち、松前諸士の訴えに対して、上之国守護職の蠣崎光広が、安藤氏に代わって軍事権を発動したと考えられるのである。

日本海を臨む高台に位置する勝山館跡。かつての道や屋敷跡が整備・復元されている

実はこの事件、光広の陰謀と思われる。明応《めいおう》7(1498)年、その2年前に討った恒季の霊が、巫女に託して「我、神と為れり」と語ったことから、祠《ほこら》を知内村《しりうちむら》(現・知内町)に建てて崇《あが》めたという。

これは古代以来の怨霊思想(恨みを抱いて死んだ者の霊が祟りをなすという考え方)によるもので、政治的に不遇な死を遂げた政敵の霊を祀《まつ》る場合と同じである。恒季は、光広の謀

注進　上役に意見を伝えること。

討手　敵や罪人などを討ったり、捕らえたりする人。

檜山　秋田県能代市南東部に位置する、檜山安藤氏居城の地。

安藤宗家　南部氏に敗れ松前へ逃れた安藤政季が、秋田に所領を与えられ檜山城を築いたことにはじまる。宗家は、一族の正統な血筋を引く家系のこと。

相原季胤　?～1513年。夷嶋の豪族。下国恒季の死後、大館の館主となるが、のちに蠣崎光広により謀殺されたようである。

略で殺害されたとみて間違いない。

これにより、松前守護職は**相原季胤**《あいはらすえたね》、副守護は**村上政儀**《むらかみまさよし》にゆだねられた。あるいは蠣崎氏と相原・村上両氏とが謀議のうえで実行した可能性もあるが、次は蠣崎氏の側から両氏を追い落とす陰謀が用意されていたのである。

松前守護職の簒奪に成功した蠣崎氏

『記録』によると永正《えいしょう》10（1513）年6月、アイヌが軍を発して松前の大館《おおだて》（のちの福山館）を攻め落とし、守護の相原季胤と副守護の村上政儀を殺害するという事件がおきた。

しかし、この事件には大きな疑念がある。天明《てんめい》4（1784）年当時、幕府**勘定組頭**《かんじょうくみがしら》であった**土山宗次郎**《つちやまそうじろう》の指示により蝦夷地調査がおこなわれており、その報告書「**蝦夷地一件**」に次のような記述があるからである。

> 松前の儀も元来蝦夷地にて、往古は秋田城（安藤氏・秋田氏）の助持《じょじ》に（助成によって）相成り（成り立っており）、秋田家より代官として、蠣崎若狭守　相原周防守両人を差し置き、若狭守は松前の内上ノ国村、周防守は松前大舘と申す所に住居いたし、二代目若狭守と周防守争ひ出来し、同人を若狭守殺害に及び、大坂え罷《まか》り登り、夫《そ》より蠣崎家にて松前　蝦夷地共手に附け、（以下略）

村上政儀　?〜1513年。相原政胤とともに下国恒季に仕え、恒季の死後は相原季胤に仕えた。

勘定組頭　江戸幕府の役職。財政と農政を担う勘定奉行の下、勘定所諸役人の指揮・監督をおこなった。

土山宗次郎　1740〜1788年。江戸幕府の旗本。老中・田沼意次に登用され、勘定組頭となる。対ロシア政策の必要性を提言し、天明の蝦夷地調査に大きな役割を果たした。

蝦夷地一件　天明4（1784）年から寛政2（1790）年にかけておこなわれた蝦夷地調査の報告書。

蠣崎氏と相原氏は、もともと秋田(安藤)氏の代官として上之国と松前におかれていたが、光広と胤季の代に「争ひ」が起こり、光広が胤季を殺害して「大坂」(大館)に移り、蠣崎氏が松前と蝦夷地を手に入れたという。18世紀後半の松前ではこのような噂が広がっており、それが幕府の役人の耳に入ったのである。おそらく、簒奪は事実なのであろう。

翌永正11年3月、蠣崎光広・義広親子は、小船180余艘を仕立て、上之国から松前に拠点を移した。その旨を檜山の**安藤尋季**《ひろすえ》に伝えること二度、何の音沙汰もなかったという。

そこで義広は、紺備後《こんびんご》という良器《りょうき》(優れた人物)を檜山の安藤氏のもとに派遣し、「狄《えぞ》の嶋《しま》を良(義)広に預け賜ひ」「国内を守護すべき」という尋季自署の文書を受け取ることに成功する。これにより蠣崎氏は、「国内」(松前・上之国・下之国)の守護職を独占することになったのである。

その見返りは、諸国から来る商船に「年俸」を出させ、その過半を檜山の安藤氏に上納することであった。これは従来、下之国・松前・上之国の三守護が個別に上納していた「年俸」を、蠣崎氏が一括して上納する権利を手に入れたことを意味していた。

安藤尋季 ?～1547年。戦国時代の出羽国を治めた大名。檜山安藤氏の第5代当主。

松前町に残る史跡「大館跡」(松前町郷土資料館提供)

『朝鮮王朝実録』に現れる「夷千島王遐叉」とは

『李《り》朝《ちょう》実録』とも呼ばれる史書『朝鮮王朝実録』は、**李《り》氏《し》朝鮮《ちょうせん》**初代の太祖《たいそ》(王朝始祖の称号)から27代純宗《じゅんそう》にいたる、1392年から1910年にかけての朝鮮王朝の公式記録である。この史書に北海道のことが出てくる。成宗《せいそう》13(1482)年に「夷千島王《えぞちしまおう》遐叉《かしゃ》」が、朝鮮国王のもとに使者を派遣したという。

南閻浮州《みなみえんぶしゅう》(仏教的世界観を示す語)東海路夷千島王遐叉、朝鮮殿下に呈上す。朕《ちん》が国元《くにもと》仏法無く、扶桑《ふそう》(日本)と通和《つうわ》より以来、仏法有るを知りて、今に三百余歳。扶桑有る所の仏像・経巻、悉《ことごと》く求めて有り。扶桑元大蔵《だいぞう》経《きょう》無し。此を以《も》って未だ得ざること久し。之を貴国に求めんと雖《いえど》も、海天遥かに遠く、音塵通じ難く、**因循《いんじゅん》**して今に至る。聞くならく扶桑元貴国の仏法伝わり、朕が国又扶桑の仏法伝わる。之に由り之を観るに、朕が国の仏法、亦《また》貴国の**東漸《とうぜん》**也。俯して大蔵経を賜り、以って朕が三宝《さんぼう》(仏・法・僧)を全《まった》からしめば、貴国の王化仏法、遠く東夷を衣被《いひ》する者也。若《も》し賜わりべくんば重ねて、幣帛《へいはく》(献上物)を厚く使船《しせん》を遣わさん。朕が国卑拙《ひせつ》と雖《いえど》も、西裔《さいえい》(西端)は貴国に接す。之を**野老浦《やろうほ》**と謂《い》う。聖恩《せいおん》(天子の恩恵)を蒙《こうむ》ると雖も、動もすれば返逆《へんぎゃく》(反乱)を致す。若し尊命《そんめい》(ご命令)を承らば、罰を以って其の罪を征伐せんてへり。朕が国人《こくじん》言語通じ難し。国

李氏朝鮮　朝鮮半島最後の王朝。李成桂（りせいけい）が1392年に高麗を倒して建国した。

因循　物事が進展しないさま。

東漸　勢力が東の方角へ次第に広まっていくこと。

野老浦　中国東北地方にある「オランカイ」を指すと思われる。

中に命じて扶桑人（日本人）を専使《せんし》（特別な使者）と為《な》さん。

「夷千島王遐叉」が、仏教興隆のために朝鮮国王へ使者を派遣し、大蔵経（全ての仏教聖典）の**下賜**《かし》を求めたのである。そして、「東海《とうかい》（日本海）」をはさんで「夷千島」が「朝鮮」と向かいあい、沿海地方にある「野老浦」と西側で接しているという。これは、「夷千島」のアイヌが、日本海をはさんで沿海地方と交易活動をおこなった結果生まれた地理認識であろう。

この使節については、**対馬**《つしま》の王が派遣した**偽使**《ぎし》とする考え方がある。その一方、正使とみなし、「夷千島王遐叉」を安藤政季と想定する見方もある。

しかし、上之国守護として勝山館を築造し、ここに拠点をおいた蠣崎（武田）信広が、「夷千島王遐叉」として「東海」を北上し、「北夷《ほくい》（北方の異民族）」さらに沿海地方の「野老浦」にまで交易圏を広げていた、と考えることもできるのである。

下賜　高貴な者から身分の低い者に物を与えること。

対馬　九州北方の玄界灘に浮かぶ対馬島のこと。朝鮮半島に近く、大陸と日本をつなぐ文化・経済の窓口としての役割を果たした。

偽使　正使ではなく、他人の名を騙って外交・貿易をおこなう偽の使節。室町～江戸初頭にかけて、貿易拡大を目的に通行権を持つ者の名をかたる偽使が、日本から朝鮮へ多数派遣された。

［参考文献］
長節子『中世日朝関係と対馬』（吉川弘文館、１９８７年）
大石直正ほか『周縁から見た中世日本』（講談社学術文庫、２００９年）
網野善彦ほか監修『よみがえる中世４　北の中世津軽・北海道』（平凡社、１９８９年）

topic..... 30

婚姻ネットワーク戦略で基盤強化を図る蠣崎（松前）氏

蠣崎氏が求めた武田氏・将軍家との結びつき

北海道の時期区分		本州
旧石器		旧石器
縄文		縄文
続縄文		弥生
続縄文		古墳
擦文	オホーツク	飛鳥
擦文	オホーツク	奈良
擦文	トビニタイ	平安
中世（館）	アイヌ	鎌倉
中世（館）	アイヌ	室町
近世（松前藩）	アイヌ	江戸

若狭武田氏に取り入って将軍家と結びついた蠣崎氏

16世紀半ば、蠣崎氏は安藤・若狭武田両氏との関係強化を図っている。天文《てんぶん》15（1546）年、出羽（山形県と秋田県の一部）の河北郡深浦《ふかうら》（現西津軽郡）にある森山館の館主・飛騨季定《すえさだ》が反乱を起こした際、蠣崎季広は安藤尋季《ひろすえ》の求めに応じて軍勢を派遣し、季定を射殺している。

また、その3年前の天文12年、蠣崎義広（季広の父）は彼らが出自とする若狭の**武田信豊**《のぶとよ》のもとに使者を遣わし、本格的に接触をはじめた。続いて同17年には、季広も信豊に使者を送り、信豊の息男である**義統**《よしずみ》の代まで毎年、書状を交換する関係を保つようになった。

この時期、蠣崎氏は将軍家とのつながりもできたようである。天文19年ごろ、室町幕府12代将軍の**足利義晴**《あしかがよしはる》が武田義統へ送った**御内書**《ごないしょ》に、「獺虎《らっこ》の**革**《かわ》

武田信豊　1514～不詳。戦国時代の大名。若狭武田氏の当主。晩年は嫡男である義統との間で内紛を起こした。

義統　武田義統。1526～1567年。信豊の嫡男。若狭の戦国大名。正室は将軍足利義晴の娘。没後間もなく若狭武田氏は滅亡した。

足利義晴　1511～1550年。第11代将軍・義澄の長男。管領の細川高国に擁立されて征夷大将軍にな

袴《ばかま》到来、殊《こと》に珍しく候間《そうろうあいだ》(あるので)、喜び入り覚え候」とあり、義統が贈ったラッコ革袴の珍しさに、将軍が「喜び入」っていることがわかる。このラッコ革袴は、蠣崎氏がもたらしたとみて間違いない。

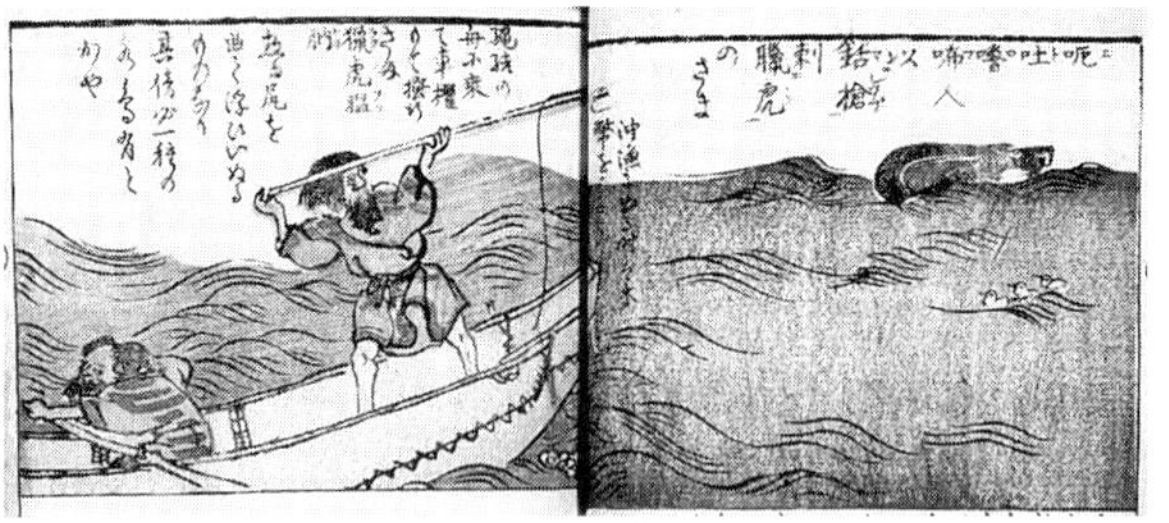

安政6(1859)年に松浦武四郎が著した『蝦夷漫画』で描かれた、アイヌによるラッコ猟の様子(北海道大学附属図書館蔵)

とくに若狭武田氏との関係が成立した天文17(1548)年は、義統が将軍・義晴の娘を正室に迎えた年であった。そこで、若狭武田氏に取り入りたい蠣崎氏が、アイヌとの交易で入手したラッコ皮を土産物として贈り、それを若狭武田氏が将軍に献上したのであろう。蠣崎氏は若狭武田氏を介して、将軍家と結びつくことができたのである。

蠣崎氏が図った婚姻関係による有力者との関係強化

蠣崎季広は、正室として宇須岸館主・河野季通の息女を娶ったほか、複数の家女がいたようで12男14女の子宝に恵まれ、息女を積極的に館主層に嫁がせた。『記録』によると、その婚姻関係は次ページのようになる。

るも実権はなく、政争に翻弄され、将軍職を子の義輝に譲った。

御内書　室町幕府の将軍が、私的な書状の形式で発給した公文書。

革袴　通常は染め革などでつくった袴を指すが、ここでは希少なラッコの毛皮が使われている。

【季広息女の嫁ぎ先】

息女	嫁ぎ先・備考
一女	脇本館主南條季継の末孫、上之国和喜の城代・南條広継の内儀
二女	茂別館主・下国師季の北の方
三女	津軽北郡司・喜庭秀信の北の方
四女	小平季遠の内儀(嫡男季長は寛永期金山奉行に就き、財政担当の重臣か)
五女	比石館主・厚谷重政の子孫季貞の内儀
六女	秋田湯河湊の屋形・安藤九郎左衛門督安日茂季の御台所
七女	松前大館の副守護・村上政儀の孫忠儀の母、即ち季儀の室か
八女	秋田の豪族・神浦季綱の内儀
九女	下国重季の母儀(九女は師季の継室)
十女	下国直季の内儀(嫡子・由季の男子慶季、下国重季の聟として家督を継ぐ)
十一女	秋田の豪族神浦の一族・佐藤季連の内儀
十二女	松前の副守護・村上政儀の孫直儀の内儀
十三女	新田広貞の内儀(文禄年間に新井田に改姓)
十四女	不明

その嫁ぎ先をみると、まず脇本・茂別・比石・松前大館などの館主層、次いで秋田湯河湊《ゆかわみなと》の屋形《やかた》（主人）・安藤氏や津軽北**郡司**《ぐんじ》の喜庭氏、秋田神浦《かのうら》氏、さらに**小平氏**・**新田氏**などの有力家臣団などに集中していることがわかる。

また次は、信広以下の蠣崎（松前）氏が迎えた正室をまとめた一覧である。

【蠣崎氏・松前氏の正室】 ＊『新撰北海道史』『松前家記』参照

①信広	季繁養女（安藤政季の息女）	⑩矩広	唐橋在庸女（公家）
②光広	上国士人某氏の女	⑪邦広	高野保光の女房子（公家）
③義広	菰鎚季直孫女	⑫資広	八条隆英の女辨子（公家）
④季広	河野季通女	⑬道広	花山院常雅の女敬子（公家）
⑤慶広	村上季儀女	⑭章広	なし
⑥盛広	下国直季女	⑮良広	小笠原長貴（越前勝山藩主）の女＊未婚死
⑦公広	大炊御門資賢女（公家）	⑯昌広	松平乗全（三河西尾藩主）の女浪子＊未婚死
⑧氏広	蠣崎友広女	⑰崇広	相馬益胤（相馬中村藩主）の妹維子
⑨高広	蠣崎利広女	⑱徳広	内藤正縄（信濃岩村田藩主）の女寿子

〔⑮⑯の未婚死〕＝両女とも幕府から結婚が許可されたが、婚儀前に死去した。

郡司 律令制下、郡を治める地方豪族。この場合は地域の有力者の意。

小平氏 前頁表中の季広四女を参照。

新田氏 前頁表中の季広十三女を参照。なお『松前家記』の新田千里は同族。

当初、①信広から⑥盛広までと、⑧氏広と⑨高広は、館主層出身者の女を正室として迎えている。②光広は不明であるが、館主層に準ずるものとみてほぼ間違いないだろう。

その後、⑩矩広から⑬道広までは公家出身者を娶っている。これは慶長《けいちょう》15(1610)年、松前に**配流**《はいる》された京都の公家・**花山院忠長**《かさんいんただなが》が厚遇されたことをきっかけに、京都との密接な関係が生まれたためといわれる。

さらに、⑮良広から江戸時代最後の藩主⑱徳広までは、小藩ではあるが各藩主の女を正室に迎えている。松前藩権力が確立する過程で、館主層が蠣崎氏の家臣団に組み込まれると、松前藩は婚姻ネットワークの対象を館主層から公家へ、そして大名へと移す戦略をとった。そこからは、蠣崎(松前)氏が自らの権力基盤を強化する戦略がみてとれる。

［参考文献］
海保嶺夫『中世の蝦夷地』(吉川弘文館、1987年)
北海道庁編『新撰北海道史』(北海道庁、1936～37年)

配流　罰として罪人を遠隔地へ送ること。流罪とも。

花山院忠長　1588～1662年。江戸時代初期の朝臣。後陽成天皇の女官との密通が発覚し、蝦夷地へ配流された。松前藩の厚遇を得たことから、京文化を伝える契機となったとされる。

topic...... 31

支配関係の第一歩となった蠣崎氏とアイヌの「和平」

「夷狄《いてき》の商船往還の法度」から、支配強化へ

アイヌとの関係改善で得た「神位得位」

天文《てんぶん》19（1550）年、檜山の屋形・安藤尋季《ひろすえ》の嫡男舜《きよ》季《すえ》が夷嶋《えぞがしま》にやってきた。これを「東公《とうこう》の嶋渡《しまわたり》」という。その目的は、『家記』に「松前ニ来ツテ森山《もりやま》ノ戦労ヲ謝ス」と記されているように、天正《てんしょう》15（1587）年の蠣崎季広《すえひろ》の**内地出兵**に対するねぎらいにあった。

この時、蠣崎季広と安藤舜季との間には、先に述べたような婚姻ネットワークの約諾が成立する。その内容は、舜季の次男茂季《しげすえ》を婿とすることと、北津軽の北郡司《ぐんじ》・**喜庭《きてい》**秀信を婿とすることであった。安藤氏や津軽の豪族との関係強化を図り、アイヌに対する備えを築こうとしたものであろう。

その一方で季広は、翌年、アイヌとの関係改善を試みている。これが「**夷狄《いてき》**の商船往還《しょうはくおうかん》（商船往復）の法度（法律）」である。『記録』によると、季広は手はじ

内地出兵　トピック30でふれた飛騨季定の乱に対する、蠣崎季広の出兵を指す。

喜庭　喜庭氏は安藤氏の被官。「きてい」の音は、「北＝きた」に因むか。

夷狄　ここではアイヌ民族のこと。

めにアイヌが喜ぶ多数の宝物《ほうもつ》を与えた。その懇切な配慮に喜んだアイヌは、季広を「神位得位《かむいとくい》」と称し慎み敬ったことから、「国内静謐」になったという。

この「神位得位」の「神位」は、アイヌ語(kamuy=カムイ)でアイヌの神を指し、転じて日本を指すこともある。「得位」は、アイヌ語(tokuy=トクイ)で友達を指す一方、和語でも親しい友=「得意」を指す。すなわち「神位得位」が意味するのは、アイヌにとって「親しい日本の友」ということになる。

季広は、アイヌに多数の宝物を贈って親しい友となることで、贈与交換(交易)の条件を成立させた。その上で、両者の交易関係を具体化するために、季広は「夷狄の商船往還の法度」をアイヌとの間で締結したのである。

「国内静謐」を実現した「夷狄の商船往還の法度」

「夷狄の商船往還の法度」について『記録』は、

「勢田内《せたない》の波志多犬《ハシタイン》を召寄せ上之国天河の郡内に居へ置きて西夷の尹《かみ》(長)と為し、亦《また》志利内《しりうち》の知蒋多犬《チコモタイン》を以て東夷の尹と為し、夷狄の商船往還の法度を定む」と記している。

勢田内(瀬棚《せたな》)のアイヌ・ハシタインを上ノ国の天の川に移して「西夷の尹」とし、志利内《しりうち》(知内)のアイヌ・チコモタインを「東夷の尹」とするうえで、アイヌの商船に関する「法度」を定めたのである。

ところで、この「法度」の具体的な内容は、どのようなものであったのだろ

勢田内　北海道南西部に位置する、せたな町の瀬棚区(旧瀬棚町)にあたる。

谷元旦画『蝦夷紀行附図』より。アイヌは板を綴った船（イタオマチプ）を操り、北の海で交易していた（函館市中央図書館蔵）

うか。『記録』は次に、「故に諸国より来れる商賈をして年俸を出さしめ、其内を配分して両酋長に賚《たま》ふ。之を夷役《いやく》と謂《い》ふ」と記す。諸国からやってくる商人に、ハシタインとチコモタインの「年俸」(税金)を負担させ、それを「夷役《いやく》」と称したのである。

それまでの年俸は、蠣崎氏が「諸州から来る商船旅人」から徴収し、その過半を湯《ゆ》河湊《かわみなと》(出羽国秋田郡)の安藤氏に上納していた。そしてこの時、そのうちの一部がアイヌに与えられることになったというのである。

しかし、これだけでは「夷狄の商船往還の法度」の内容とは読めない。むしろ、その次に続く部分が「法度」の実情にふさわしい内容を持つ。

而《しか》る後《のち》西より来る狄《えぞ》の商船は必ず天河《あまのがわ》の沖にて帆を下げ休んで一礼を為して往還し、東より来る夷の商船は必ず志利内の沖にて帆を下げ休んで一礼を為して往還する事、偏《ひとえ》に季広を慫慂《しょうけい》(敬いおそれる)せしむる処なり。

西と東のアイヌの商船が、「天河の沖」(上ノ国)と「志利内の沖」(知内)を往還する際に、「帆を下げ、休んで一礼」することが決められた。これこそが、「夷狄の商船往還の法度」の本旨とみられる。

そもそも「帆を下げ休んで一礼」する行為は、中世の商船が「**海関**《かいかん》」を通過する際の一種の表敬儀礼とみられ、そこを通過する船から関料(通行料)を徴収する代わりに、船の航行と交易の安全を保障するものとされている。

このように「夷狄の商船往還の法度」は、狭義には東西のアイヌが海上を往還する際、彼らのリーダーに「礼帆《れいほ》」(関料徴収の意も含まれるかもしれない)の儀をおこなうことを定めたものである。と同時に、広義には東西のアイヌのリーダーに対し、夷島にやってくる商人の「年俸」の一部を「夷役」として配分することを認めたものとも理解できる。

この法度が定められたことにより、アイヌ民族は長年の戦いの結実として、和人勢力を初期の和人地である「松前と天河」に封じ込めることに成功し、一時的な「国内静謐」を実現したのである。

海関　海港に設けられた税関。中世、有力者が交通の要衝に設け、関料を徴収した。

秀吉が与えた「国政の御朱印」

蠣崎慶広は天正10（1582）年、季広から家督を嗣ぐ。この年、織田信長が本能寺で殺害され、豊臣秀吉が全国統一を目指したことで、歴史は大きく動きはじめていた。

秀吉は天正18年、小田原の北条氏を滅ぼして全国統一を完成。その直後から**奥羽の検地**をはじめると、その動向におびえた慶広は「心元なく思ひ」、9月に渡海。秀吉の家臣である前田利家《まえだとしいえ》、木村秀綱《きむらひでつな》、大谷吉《おおたによし》忠《ただ》に相ついで面会し、上洛の手はずを整えてゆく。

それを知らされた秀吉は、「狄の嶋の主」の上洛を「珍事」として待つなか、12月6日に慶広が入洛、29日にはついに拝謁することがかなう。そこで従五位下**民部太《みんぶたい》輔《ふ》**に任じられたことで、蠣崎氏は名実ともに安藤氏のもとを離れ、豊臣氏の配下に属することになっ

阿吽寺蔵の「木造松前慶広坐像」（『松前町史』通説編第一巻上〈1984年〉より、松前町郷土資料館提供）

奥羽の検地　豊臣秀吉が全国でおこなった「太閤検地」の一環として、1590年に奥羽でおこなわれた検地。反抗する者には徹底的な弾圧が加えられた。

民部太輔　律令制における民部省の役職。武家社会では律令制の官職が、身分標示として重宝がられた。

たのである。

文禄2(1593)年正月5日、慶広は朝鮮出兵の後方基地である**名護屋**の地で、再び秀吉に拝謁した。秀吉は「思ひも寄らず狄の千嶋屋形 遼遠《りょうえん》(遥か遠い)の路を凌ぎ来るの儀、誠に以て神妙(殊勝)なり。高麗国を手裏に入れらるる綷《こと》更《さら》に疑ひ無し」といたく喜び、慶広を**志摩守**に任じる。さらに、慶広の所望に応じて、「国政の御朱印」を与えたのである。

『秘府』によると、**朱印状**には次のように記されていた。

松前に於いて諸方より来る船頭商人等、夷人《いじん》に対し、地下人《じげにん》に同じく、非分《ひぶん》(不当なこと)の義《ぎ》申し懸けるべからず。並びに船役の事、前々より有来《ありきたる》の如く、之を取るべし。自然此の旨に相背《あいそむ》く族これ在るに於いては、急度《きっと》(必ず)言上すべし。速《すみ》やかに御誅罰加うべきもの也。

この朱印状において、豊臣秀吉は蠣崎慶広に次のことを認めた。

①諸国の船乗り・商人らによる「夷人」(アイヌ)・「地下人」(和人の庶民)に対する不当行為の禁止、②「船役」(年俸か)の徴収権、③違反者に対する懲罰権。

これにより蠣崎氏は、松前・蝦夷地における交易権、船役徴収権を保障されたのである。

名護屋 肥前国松浦郡(現在の佐賀県唐津市)に位置し、豊臣秀吉の命で名護屋城が築かれた。

志摩守 豊臣政権における大名の地位。「島守」に因む呼称か。

朱印状 将軍や武将などが下す命令・承認などを記した公文書のこと。朱色の印章を用いたことによる。

統一政権の軍事力を背景に強圧な姿勢に転じた蠣崎氏

とくに注目されるのは、『記録』に記された以下の部分である。慶広が松前に帰国した年の夏、東西のアイヌを招集し、御朱印を披露し、それをアイヌ語に通訳して読み聞かせた。さらに、アイヌが慶広の命令に違背したり、諸国から往来する和人に猛悪をふるった場合は、「関白殿数十万の人勢を差遣はし悉《ことごと》く夷狄を追伐せらる」と申し聞かせたというのだ。

すなわち、統一政権となった秀吉の軍事力を背景に、蠣崎氏がアイヌ民族に対して強圧的な姿勢に転換したことが、ここからは読み取れる。この朱印状は、秀吉が蠣崎氏に「狄の嶋」の知行権を賜与し、「主《あるじ》」として安藤氏から独立することを承認する、というのが本旨であろう。

ここには、アイヌ民族が「夷狄の商船往還の法度」によって受け取ることができた「夷役」についての言及はない。しかし、その後

松前神社蔵の桐章。謁見の際、慶広が秀吉から拝領したとされる（松前町郷土資料館提供）

「夷役」が史料の上から消えていることから推して、おそらく「夷役」の制度は、「船役」制の施行によって破棄された可能性が高い。また、同じく「礼帆」についても、実質的に廃止されたと察せられるのである。

慶広がアイヌを招集し、軍事的に脅迫したのは、アイヌ民族から既得権を奪取するためであったと思われる。その意味で、『記録』が「夷狄弥《あまね》く和平せしめ、諸国の商賈《しょうこ》心安く、数《あまた》(多)の船来りて国内増(々)豊饒なり」と記したのは、蠣崎氏の主導下による「和平」実現の宣言とみることができる。

これ以後、「松前と天河」は、アイヌ民族に対してさまざまな圧力を加えるようになっていくのである。

〔参考文献〕

田端宏ほか『北海道の歴史』(山川出版社、2000年)
田端宏・桑原真人監修『アイヌ民族の歴史と文化』(山川出版社、2000年)
榎森進ほか『北海道の歴史　上』(北海道新聞社、2011年)
蓑島栄紀編『アイヌ史を問いなおす　生態・交流・文化継承(アジア遊学139)』〈谷本晃久「アイヌ的近世をめぐって」〉(勉誠出版、2011年)

topic..... 32 おわりにかえて——幕藩体制が生んだ夷嶋の大名・松前氏

徳川家康発給の黒印状で蝦夷島の交易を独占

北海道の時期区分		本州
旧石器		旧石器
縄文		縄文
続縄文		弥生
続縄文		古墳
続縄文	オホーツク	飛鳥
擦文	オホーツク	奈良
擦文	トビニタイ	平安
中世（館）	アイヌ	鎌倉
中世（館）	アイヌ	室町
近世（松前藩）	アイヌ	江戸

徳川家康の黒印状により交易権を独占した蠣崎氏

慶長《けいちょう》3（1598）年に秀吉が亡くなったのち、蠣崎慶広は天下人への道を歩み出した徳川家康に接近し、同4年には家康の命によって「松前」に改姓した。その結果、慶広は同9年正月27日、家康から次のような**黒印状**を発給されたのである。

一、諸国より松前へ出入の者ども、志摩守（蠣崎氏）に相断らずして夷人（アイヌ）と直ニ商買仕《つかまつ》り候儀、曲事《くせごと》（違法）たるべし

一、志摩守ニ断りなくして渡海せしめ売買仕り候は、急度《きっと》言上致すべき事　付けたり、夷の儀は、何方へ往行候とも、夷の次第に致すべき事

一、夷人に対し非分《ひぶん》（不当なこと）申し懸けるは堅く停止の事

右条々もし違背の輩においては、厳科に処すべき者也。仍《よっ》て件の如し

黒印状　将軍などが墨を用いて押印した上で発給した公文書。

最初の2項は、松前に来る商人に対して、対アイヌを含め自由商売の禁止を規定しており、3項目はアイヌに対する非法行為の禁止を規定している。これにより松前藩は、アイヌ民族との交易を独占することとなり、経済的基盤を確立したといわれる。

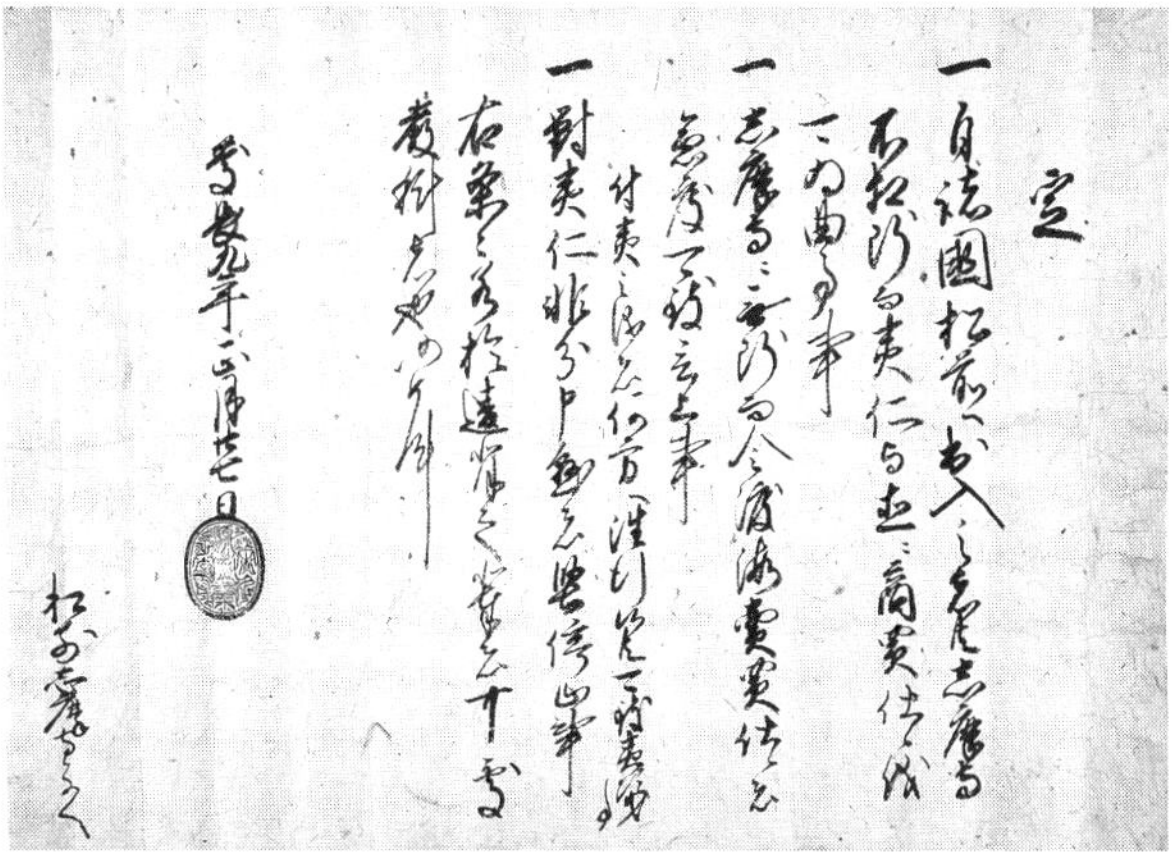

徳川家康黒印状（北海道博物館蔵）

ここで注目したいのは、2項目にある付言である。これは、アイヌに自由往来を認めたものといわれる。つまりアイヌが、本州あるいは千島・カラフト方面へ自由に往来することを認めたものと理解されている。しかし、この項が実際に意味するところは、もう少し違うところにもあるのではなかろうか。

「夷狄の商船往還の法度」においては、東西からやって来たアイヌの商船が、知内沖と上ノ国沖で「礼帆《れいほ》」をおこなうことが定められていた。それを完全に廃止し、「何方へ往行」

慶応3年撮影とされる松前福山城。木津幸吉・田本研造の撮影か
（函館市中央図書館蔵）

するのも「夷の次第」ということも意味すると考えられるのである。

それによって、アイヌ民族が交易をおこなう際、アイヌのリーダーに対しておこなっていた「礼帆」を廃止し、松前藩主のみを「慫憼《しょうけい》」(敬いおそれる)することになった、と読み取ることはできないだろうか。

蠣崎(松前)氏は、秀吉から朱印状、家康から黒印状を発給されることで、蝦夷島における交易の独占権を手中に収めた。そして、東西アイヌのリーダーに対する「礼帆」を廃止することによって、自らが夷嶋《えぞがしま》の第一人者であることを宣言したのである。

松前藩は、慶長11（1606）年に完成した**松前福山城《ふくやま》**を拠点に、**幕藩体制**による強力な軍事力を背景としながら、**近世大名《きんせいだいみょう》**への道を歩みはじめる。一方、アイヌ民族は困難な局面に追い込まれながら、独自の道を模索していくことになる。

松前福山城　慶長5（1600）年、松前慶広が福山（現在の松前）に新たな陣屋を設けた。これがのちの松前城で、その後改修を重ね、江戸時代末まで松前氏の居城となった。

幕藩体制　江戸時代、幕府とその配下にある諸藩とを統治機関とした封建的な社会体制。

近世大名　江戸時代の大名。他の時代の大名と区別するための呼称。

松前町の藩士の子孫に伝えられた「ふくさ」。明治8年作成の裏書きがあり、近年まで慶事に使われていた（工藤幸蔵氏蔵）

［参考文献］
田端宏ほか『北海道の歴史　上』（北海道新聞社、2011年）
大石直正『中世北方の政治と社会』（校倉書房、2010年）

コラム

ラッコ皮と政権

——献上品で関係を結ぶ

千島列島産のラッコ皮が、室町時代にアイヌ民族の手から、蠣崎氏→安藤氏→若狭武田氏のルートを経由して、足利将軍家まで献上されたことは本文（トピック27、199ページ参照）でも述べた。

しかし、織豊《しょくほう》時代〜徳川期においても、ラッコ皮が蠣崎（松前）氏と政権との間を結んでいたことを示す史料が残っている。

①天正5（1577）年　檜山の下国（安藤）愛季《ちかすえ》が「浪虎皮十枚」を織田信長に献上。

②天正19（1591）年　蠣崎慶広が「落虎皮三枚」を豊臣秀吉に献上。

③慶長7（1602）年　松前慶広が「ラッコ皮二枚」を徳川家康に献上。

①の安藤氏が信長に献上したラッコ皮は、蠣崎氏を通して入手したものに違いない。②③は、蠣崎（松前）氏が秀吉と家康に直接贈ったものである。これらの献上に対する政権側の反応は不明であるが、『記録』に興味深い記事がある。

元和元（1615）年、メナシ（道東）のアイヌ・ニシラケアインが松前にもたらしたラッコ皮は、長さ7尺（210センチメートル）、肩幅2尺8寸（84センチメートル）もある「熊皮」のように大きなものであった。

ニシラケアインは、これを「前代未聞の皮」といい、松前の側でも「是《こ》の如き獺虎の皮を見ず」と感嘆している。結局この皮は、駿府《すんぷ》（現在の静岡）の家康の元に献上されることとなり、家康は「珍《めずら》敷《し》き獺虎なり」といって、大いに喜んだという。

また、『松前志』（1781年）によると、ラッコ皮は「藩主朝覲《ちょうきん》の時是《これ》を官《かん》え献ずる」もので、藩主が参勤交代する際に献上するものとしている。このように当時は、稀少価値のある高価なものとみなされていたのである。

このほか、松前藩は鷹の献上をおこなうことにより、統一政権に対する臣従《しんじゅう》（臣下としてつき従うこと）の証とする一方、鷹の売買によって藩財政の半ばを補っていた。

ラッコ皮が、松前藩の財政に占めた比重はわかっていない。しかしながら15世紀以降、武田（蠣崎・松前）氏にとってラッコ皮の献上は、本州側の権力者と関係を結び、それを発展させるための重要な契機となったことがうかがえる。

◆特集

北海道主要遺跡ガイド

北海道には、各文化期の遺跡や記念物が各地に残されている。ここでは、古代から中世にかけての各文化における主要な遺跡から、実際に訪れることができるものを中心に取り上げた。発掘現場が見学できない遺跡については、出土した遺物などを展示する施設や資料館を紹介した。遺跡を訪れ、さまざまな時代に北海道で暮らした、先人たちの息吹を感じてみてはいかがだろう。

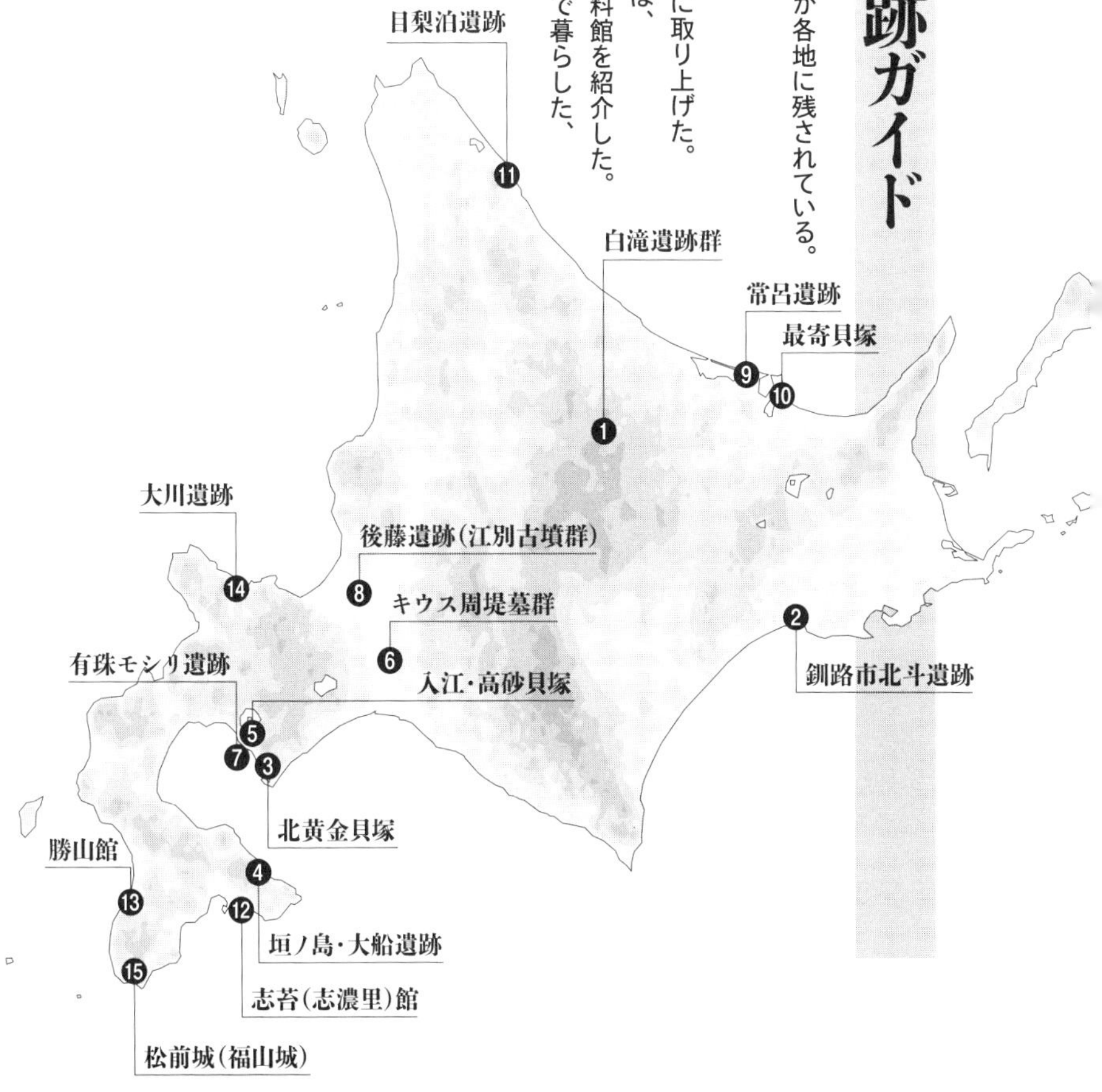

後期旧石器文化

01 白滝遺跡群《しらたき》 遠軽町

国内最大級の黒曜石原産地・赤石山周辺で、旧石器時代の遺跡が100カ所以上確認されている。これは世界的にみても規模の大きな遺跡群であり、遺跡から出土した石器や、それに伴う大量の石片から、旧石器時代における石器製作の様子を知ることができる。

●さらに詳しく知りたいなら

遠軽町埋蔵文化財センター（遠軽町役場白滝総合支所内）
紋別郡遠軽町白滝 138-1　☎ 0158-48-2213　開館時間：9～17時（入館は～16時30分）
入館料：大人300円、高校生以下150円／休館：無休（11月～4月は土・日曜、祝日）、年末年始

旧石器文化、縄文・続縄文・擦文文化

02 釧路市北斗《ほくと》遺跡 釧路市

釧路湿原を望む台地に位置する遺跡で、縄文文化から擦文文化の、各文化にわたる竪穴式住居跡が300基以上みつかっている。擦文文化の住居跡からは鉄器、炭化した織物などの繊維製品、機織り具の一部に加えて、アサやキビなどの栽培植物の種子も発見されている。

●さらに詳しく知りたいなら

史跡北斗遺跡展示館
釧路市北斗 6-7　☎ 0154-56-2677　開館時間：10～16時
入館料：無料／休館：月曜、11月16日～4月15日

縄文文化早期～中期頃

03 北黄金貝塚《きたこがね》 伊達市

約15万㎡の台地上にあり、5カ所の貝塚や住居跡などから多数の人骨、石器、土器、精巧な骨角器が出土している。貝塚の下からは墓も発掘され、貝塚が単なるゴミ捨て場ではなく、神聖な「送り場」であったことを物語る。また、湧き水の近くでは、祭祀の場所もみつかっている。

●さらに詳しく知りたいなら

北黄金貝塚情報センター
伊達市北黄金町 75　☎ 0142-24-2122　開館時間：9～17時
入館料：無料／休館：12～3月

縄文文化早期〜後期

04 | 垣《かき》ノ島《しま》・大船《おおふね》遺跡 | 函館市

函館市提供

垣ノ島遺跡は、約6000年にわたり人々が定住していたことを示す集落遺跡。早期の土坑墓群から足形付土版などが出土し、長さ約160 mという国内最大級の盛土遺構も発見されている。約5 ㎞離れた大船遺跡も集落遺跡で、100棟以上の竪穴式住居や土壙墓がみつかっている。

●さらに詳しく知りたいなら

函館市縄文文化交流センター

函館市臼尻町551-1　☎0138-25-2030　開館時間：9〜17時（11〜3月は〜16時30分）
入館料：大人300円、学生・児童・生徒150円／休館：月曜（祝日の場合は翌日）、毎月最終金曜、年末年始

縄文文化前期末〜晩期中葉

05 | 入江《いりえ》・高砂《たかさご》貝塚 | 洞爺湖町

内浦湾沿いの台地にある集落遺跡群で、住居跡や墓、貝塚などが発掘された。貝塚からは海獣類の骨が出土し、イノシシの牙でつくられた製品や貝輪など、北海道で手に入らないものも残る。また、発見された墓から、縄文人が貝塚を特別な場所として利用していたことがうかがえる。

●さらに詳しく知りたいなら

史跡入江・高砂貝塚館

洞爺湖町高砂町44　☎0142-76-5802　開館時間：9〜17時　入館料：大人150円、
小・中・高校生100円／休館：月曜、祝日の翌日、12〜3月

縄文文化後期

06 | キウス周堤墓《しゅうていぼ》群 | 千歳市

千歳市市街地の北東にある、縄文文化後期後半（紀元前1200年頃）の大規模な共同墓地。地面を円形状に掘り、その周囲に掘った土を積み上げる大型の「周堤墓」8基が、国指定の史跡になっている。周堤墓は他地域にもあるが、ここは規模が大きく、同墓制を代表する存在といえる。

●さらに詳しく知りたいなら

千歳市教育委員会埋蔵文化財センター

千歳市長都42-1　☎0123-24-4210　開館時間：9〜17時
入館料：無料／休館：土・日曜、祝日（各月の第2日曜は開館）、年末年始

続縄文文化

07 | 有珠《うす》モシリ遺跡 | 伊達市

大小の小島が点在する伊達市有珠湾にある、縄文文化の終わり頃から続縄文文化にかけての遺跡。貝塚と墓がみつかった島（モシリ）の遺跡からは、恵山文化特有の骨角器に加え、南海産のイモガイ製腕輪などが出土しており、本州以南との関係性がうかがえる。

●さらに詳しく知りたいなら

伊達市開拓記念館・Jomon Art Gallery

伊達市梅本町 61-2　☎ 0142-23-2061　開館時間：9～17 時

入館料：大人 260 円、中・高校・大学生 200 円、小学生 130 円／休館：12～2 月

擦文文化

08 | 後藤《ごとう》遺跡（江別古墳群） | 江別市

野幌丘陵北西端に残る、8 世紀から 9 世紀中頃の古墳群。東北地方でつくられた群集墳の系譜をひき、本州とのつながりを示す重要な古墳群となっている。北海道式古墳ともいわれ、江別、恵庭など 3 カ所で確認されている。副葬品は土師器、土製紡錘車、蕨手刀、勾玉など。

●さらに詳しく知りたいなら

江別市郷土資料館

江別市緑町西 1 丁目 38　☎ 011-385-6466　開館時間：9 時 30 分～17 時

入館料：大人 200 円、小・中学生 100 円／休館：月曜（祝日の場合は翌日）、年末年始

続縄・擦文・オホーツク文化

09 | 常呂《ところ》遺跡 | 北見市

縄文、続縄文、擦文、オホーツク文化、アイヌ文化の遺跡からなる大規模な遺跡群。約 3000 基の竪穴式住居跡が発見されており、特に擦文文化の集落遺跡としては最大級のスケールを誇る。また、オホーツク文化の集落跡や墓地も、複数の地点でみつかっている。

●さらに詳しく知りたいなら

ところ遺跡の森

北見市常呂町字栄浦 371　☎ 0152-54-3393　開館時間：9～17 時／入館料：大人 240 円、高校・大学生 140 円、小・中学生と 70 歳以上 50 円（ところ遺跡の館）／休館：月曜（祝日の場合は翌日）、年末年始

オホーツク文化

10｜最寄貝塚《もよろ》｜網走市

オホーツク文化の代表的な遺跡で、ヒグマや海獣の骨をはじめ、骨角器や動物をかたどった土製品などが発見されている。また、人骨の頭部に甕(かめ)型の土器をかぶせた特異な埋葬形式の墓や、大陸との関係性がうかがえる青銅製の帯金具、鈴など金属製品も出土している。

●さらに詳しく知りたいなら

モヨロ貝塚館

網走市北1条東2丁目　☎0152-43-2608　開館時間：9～17時(11～4月は～16時)／入館料：大人300円、高校・大学生200円、小・中学生100円／休館：月曜・祝日、年末年始(7～9月は無休)

オホーツク文化

11｜目梨泊《めなしどまり》遺跡｜枝幸町

オホーツク海に面した段丘上の遺跡。大陸と本州という二つの地域からもたらされた、青銅製の帯金具や蕨手刀が出土している。玉類では、軟玉製の環飾やガラス玉などがあるほか、動物をかたどった土製品や「ソーメン文」が特徴の土器もみつかっている。

●さらに詳しく知りたいなら

オホーツクミュージアムえさし

枝幸郡枝幸町三笠町1614-1　☎0163-62-1231　※2015年4月現在、展示内容リニューアルのため2016年5月まで休館中。遺跡に関する問い合わせは対応可

中世

12｜志苔《しのり》(志濃里《しのり》)館《たて》｜函館市

函館市教育委員会提供

中世城郭跡で、小林氏によって築かれた道南十二館のひとつ。ほぼ長方形の館跡は四方を土塁に囲まれ、その外側に壕が巡らされている。発掘調査では、青磁や白磁などの陶磁器が出土しており、また現場から100m離れた場所で、大甕に入った中国の古銭が大量に発見されている。

●さらに詳しく知りたいなら

志苔館跡

函館市志海苔町、赤坂町　☎0138-21-3456(函館市教育委員会生涯学習部文化財課)

開館時間：見学自由／入館料：無料／休館：なし

中世

13 | 勝山館《かつやまたて》 | 上ノ国町

上ノ国町教育委員会提供

標高159mの夷王山頂上付近から海岸近くにまでいたる中世城郭跡。松前氏の祖・武田氏が15世紀後半に築城し、16世紀末まで武田(蠣崎)氏の日本海側の拠点であった。陶磁器や金属器などのほか、アイヌが使っていた骨角器も出土しており、アイヌと和人の混在もうかがえる。

●さらに詳しく知りたいなら

勝山館跡ガイダンス施設

檜山郡上ノ国町字勝山427　☎0139-55-2400　開館時間：10〜16時／入館料：大人200円、小・中・高校生100円／休館：月曜(祝日の場合は翌日)、11月第3月曜〜4月第4金曜

縄文文化〜近世

14 | 大川《おおかわ》遺跡 | 余市町

余市町教育委員会提供

余市川河口にある縄文文化から近世にかけての遺跡。住居跡や墓などが数多く発見されており、縄文文化の墓からはヒスイの玉、擦文文化の墓からは青銅製垂飾具などが出土している。また、中世のものでは青磁や白磁の碗なども発見され、当時の人々の交流の様相がみえる。

●さらに詳しく知りたいなら

よいち水産博物館・余市歴史民俗資料館

余市郡余市町入舟町21　☎0135-22-6187　開館時間：9時〜16時30分

入館料：大人300円、小・中学生100円／休館：月曜(祝日の場合は翌日)、12月中旬〜4月上旬

近世

15 | 松前城《まつまえじょう》(福山城《ふくやまじょう》) | 松前町

道内唯一の日本式城郭。松前家の前身・蠣崎氏は松前大館を拠点としていたが、江戸初期の1606年に大館南方の台地に福山館を築城。そして幕末の1854年、幕府の命で築城されたのが現在の松前城である。明治、昭和と度重なる焼失被害を経て保存整備され、現在にいたる。

●さらに詳しく知りたいなら

松前城資料館

松前郡松前町松城　☎0139-42-2216　開館時間：9〜17時

入館料：大人360円、小・中学生240円／休館：12月11日〜4月9日

夷嶋《えぞがしま》の中世関連年表

西暦	年号	夷嶋（北海道）
1051	永承6	前九年合戦勃発（～62年）。この頃、安倍頼時「胡国」往還の説話あり。
1070	延久2	延久二年合戦勃発。「衣曾別嶋の荒夷」が発兵し討伐される。
1083	永保3	源義家陸奥守就任、三日厨で「羽・あざらし」が献上される。
		後三年合戦勃発（～87年）
1105	長治2	藤原清衡中尊寺を建立（～24年）。
1150	久安6	藤原基衡毛越寺を建立（～56年）。
1153	仁平3	大曾禰庄の年貢に「水豹皮5枚」、遊佐庄の年貢に「鷲羽5」がみえる。
1189	文治5	源頼朝、平泉藤原氏を滅ぼす。藤原泰衡、「夷狄島」（北海道）を目指すも斬殺される。
1192	建久3	源頼朝、征夷大将軍に就任。
1202	建仁2	西獄の囚人等を奥州夷に給し放遣す。
1205頃	元久2	安藤五郎、三郎を蝦夷代官に補す。
1216	建保4	東寺の凶賊以下強盗・海賊の類50余人、奥州で夷嶋に放つ。
1235	文暦2	夜討強盗の枝葉の輩を関東に召し、夷嶋に遣る。
1251	建長3	讃岐国の海賊の張本を関東に召し下し、夷嶋に遣る。
1264	文永元	元、「吉里迷（ニブフ）」の求めでサハリンに侵攻。
1275	建治元	安藤五郎の殺害事件起こる。
1286	弘安9	元、軍勢1万でアムール川下流域からサハリンのアイヌを征討。
1297	永仁5	アイヌ、シベリア大陸側で元と衝突。
1308	徳治3	アイヌ、元に服属。

西暦	年号	夷嶋（北海道）
14世紀初頭		津軽で安藤氏の乱勃発。
1423	応永30	安藤陸奥守、ラッコ皮30枚を足利義量に献上。
1433	永享5	日明貿易の品に「ランコ皮」(原文ママ)がみえる。
1443	嘉吉3	安藤盛季、十三湊を捨て小泊から夷嶋へ渡る。
1452	享徳元	武田信広、前年に若狭を出奔し陸奥蠣崎を知行する
1454	3	安藤政季、武田信広と同心して夷嶋へ渡る。
1456	康正2	安藤政季、男鹿半島に戻る。その際、三守護体制を設置。志濃里でアイヌの男性と鍛冶屋との間でマキリをめぐる諍い。「夷狄悉く蜂起」し、これがコシャマインの戦いの契機となる。下北半島で蠣崎蔵人の乱勃発、翌年まで続く。
1457	長禄元	コシャマインの戦い勃発。道南十二館のうち10館が陥落し、武田信広が制圧。
1462	寛正3	蠣崎季繁没す。武田信広、天ノ川洲崎館の北に毘沙門堂を建立。
1468	応仁2	安藤師季、熊野那智大社に「津軽外浜」と「宇楚里鶴子遍地」の回復を願う。
1473	文明5	上国館に八幡宮を建立し、これを館神とした。勝山館の完成か。
1482	14	「夷千島王遐叉」が朝鮮国王のもとに使者を派遣。
1485	17	アイヌ、勝山館に銅雀台の瓦硯を献上。
1496	明応5	松前守護職、下国恒季謀殺さる。
1498	7	下国恒季の霊を知内村に祀る。
1512	永正9	アイヌ、宇須岸・志濃里・與倉前を攻落。
1513	10	アイヌ、松前大館攻略。
1514	11	蠣崎光広・義広親子、上ノ国から松前に拠点を移す。紺備後を檜山の安藤尋季に派遣し、義広に「狄の嶋」を預け、「年俸」の過半を安藤氏に出すことを約す。
1515	12	蠣崎光広、ショヤ・コウジ兄弟を松前で斬殺。

1525	大永5	東西のアイヌ蜂起。
1528	8	アイヌ、大館に侵入。義広、鑓で殺害。
1529	享禄2	アイヌ、上之国和喜館攻撃。義広、タナサカシ殺害。
1531	4	アイヌ、大館侵入。義広射殺。
1536	天文5	タリコナ夫妻謀殺。以後、「国内東西安全」。
1543	12	蠣崎義広、若狭の武田信豊に初めて使者を送る。
1546	15	出羽の河北郡深浦森山の館主・飛騨季定の反乱に蠣崎季広が参戦、飛騨季定を射殺。
1548	17	蠣崎季広、若狭の武田信豊に使者を派遣し書状を交換。
1550	19	檜山の屋形・安藤尋季の嫡男舜季が夷嶋へ。「東公の嶋渡」。「夷狄の商船往還の法度」により「国内静謐」。
1562	永禄5	アイヌ、茂別館攻撃。
1590	天正18	蠣崎慶広、豊臣秀吉に拝謁。
1593	文禄2	蠣崎慶広、豊臣秀吉から朱印状を得て直臣となる。
1599	慶長4	蠣崎慶広、徳川家康に拝謁。

索 引

■著者プロフィール

関口明（せきぐち・あきら）

北海道大学大学院文学研究科後期博士課程修了、博士（文学）。前・札幌国際大学人文学部教授。専門分野は古代・中世の北方史。著作に、『北海道の歴史』（共著、山川出版社、２０００年）、『古代東北の蝦夷と北海道』（吉川弘文館、２００３年）など。

越田賢一郎（こしだ・けんいちろう）

立教大学大学院文学研究科修士課程修了、北海道教育委員会、北海道埋蔵文化財センターを経て、現・札幌国際大学人文学部教授。専門分野はアイヌ考古学、東北アジア史。著作に、『北海道の歴史上』（共著、北海道新聞社、２０１１年）など。

坂梨夏代（さかなし・なつよ）

東京大学大学院新領域創成科学研究科修了、博士（環境学）。現・札幌国際大学専任講師。専門分野は先史考古学。論文に、「ロシア極東アムール川流域の細石刃石器群」（札幌国際大学北海道地域・観光センター年報創刊号、２００８年）など。

＊本書の制作にあたり、各施設・団体および市町村より多大なるご協力をいただきました。この場を借りて、厚くお礼申し上げます。

■編集スタッフ
宮川健二
野崎美佐
加藤太一

■編集協力
高並真也

北海道《ほっかいどう》の古代《こだい》・中世《ちゅうせい》がわかる本《ほん》

二〇一五年四月二十七日　第一刷発行

著　者　関口《せきぐち》　明《あきら》
　　　　越田《こしだ》賢一郎《けんいちろう》
　　　　坂梨《さかなし》夏代《なつよ》
装　幀　佐々木正男
編集人　井上哲
発行人　和田由美
発行所　株式会社亜璃西社（ありすしゃ）
　　　　札幌市中央区南二条西五丁目メゾン本府七階
　　　　ＴＥＬ　〇一一―二二一―五三九六
　　　　ＦＡＸ　〇一一―二二一―五三八六
　　　　ＵＲＬ　http://www.alicesha.co.jp/
印　刷　株式会社アイワード

ISBN 978-4-906740-15-4　C0021
＊乱丁・落丁本は小社にてお取り替えいたします。

＊定価はカバーに表示してあります。